나의 첫

대체
투자
공부

현명한 투자자를 위한
대체투자 입문서

나의 첫

김대중 지음

대체
투자
공부

원앤원북스

대한지방행정공제회 30만 회원들에게
이 책을 바칩니다.

현명한 투자자를 위한
대체투자 입문서

대체투자란 무엇일까요? 대체(代替)라는 말을 사전에서 찾아보았더니 '대신할 만한 것으로 바꿈'이라는 뜻을 가지고 있었습니다. 대체투자(代替投資)의 뜻도 찾아보았습니다. 그랬더니 '기존의 투자를 대신하는 새로운 투자'라고 설명되어 있었습니다. 찾는 김에 대체투자상품(代替投資商品)에 대해서도 찾아보았습니다. 대체투자상품은 '주식, 채권 등을 대신하는 새로운 투자상품'을 뜻한다고 합니다. 이를 종합하면 원래 투자상품은 주식과 채권이고, 주식과 채권을 대신하는 투자상품이 대체투자상품이며, 따라서 대체투자란 주식과 채권을 제외한 나머지에 투자한다는 의미인 것 같습니다.

국민연금의 포트폴리오 현황(2020년 4월 기준)

(단위: %)

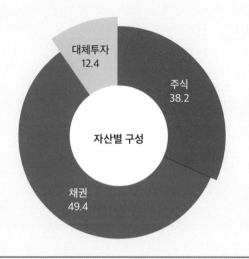

대체투자
12.4

주식
38.2

자산별 구성

채권
49.4

　　투자의 세계에서 절대적으로 큰 부분을 차지하는 중요한 상품은 주식과 채권이었습니다. 이는 국민연금의 포트폴리오를 보면 쉽게 알 수 있습니다. 우리나라에서 가장 큰 규모의 투자를 하고 있고 연기금 규모로는 세계 3위인 국민연금의 경우 주식이 38.2%, 채권이 49.4%, 대체투자가 12.4%의 점유율을 보이고 있습니다(2020년 4월 기준). 주식과 채권의 규모를 합하면 87.6%입니다. 압도적이지요.

　　채권은 확정된 금리를 받을 수 있어 안정적으로 투자하기에 매우 적합한 상품입니다. 문제는 금리가 낮다는 점이지요. 우리나라의 금리는 1980년대 초에는 20%를 넘기도 했고, 1997년 IMF 외환위기 시절에는 30%에 육박하기도 했습니다. 하지만 경제가 고도성장기에서 안정성장기에 접어들면서 금리도 서서히 낮아졌습니다. 2020년 5월 한국은행 금융통화위원회는 기준금리를 0.75%에서 0.50%로 인하했습니다. 2020년 7월 1일을 기준으로 국고채 3년물의 금리는 0.847%, 국고채 5년물은 1.132%, 국고채 10년물은 1.402%에 불과합니다. 사정이 이렇다 보니 투자자들은 채권보다 더 높은 수익을 올릴 수 있는 다른 투자상품을 찾게 되었습니다.

투자자들이 가장 쉽게 접근할 수 있는 상품은 주식이었습니다. 주식은 1년(혹은 반기나 분기)마다 한 번씩 배당을 주는 상품으로, 배당만 받아도 은행 예적금 1년 이자보다 더 높은 수익을 올리는 경우도 꽤 있습니다. 여기에 시황이 좋아 2만 원에 산 주식을 3만 원에 판다면 50%의 수익을 올릴 수 있는 등 시세차익까지 누릴 수 있는 훌륭한 상품입니다. 더군다나 절세효과까지 누릴 수 있습니다. 우리나라는 주식을 사고팔아 생기는 이익, 즉 자본이득(capital gain)에 대해서는 세금을 징수하지 않습니다. 하지만 주식에도 약점은 있습니다. 2만 원에 산 주식이 3만 원이 될 수 있다는 것은 3만 원에 산 주식이 2만 원으로 떨어질 수도 있다는 뜻입니다. 이럴 경우에는 손실이 발생하고 자산 규모가 쪼그라들게 됩니다.

사람들은 채권처럼 안전하면서도 주식처럼 높은 수익을 올릴 수 있는 투자상품을 찾기 시작했습니다. 채권보다 수익이 좋고, 동시에 주식보다 리스크가 적은 상품은 무엇일까요? 대체투자에 대한 사람들의 관심은 이렇게 시작되었습니다. 대체투자상품은 종류가 많습니다. 부동산과 관련된 상품도 있고, 사모펀드와 관련된 상품도 있습니다. 심지어 선박이나 항공기와 관련된 상품도 있습니다. 아직까지 대중화되지는 않았지만 삼림이나 악기 등에 투자하는 상품도 있습니다. 저는 이 책을 통해 이러한 사례 하나하나를 최대한 쉽게 풀어나가려고 합니다. 금융과 부동산에 대한 전문지식이 부족하더라도 쉽게 이해할 수 있도록 실제 사례를 활용해 설명할 계획입니다. 전문용어도 최대한 사용하지 않으려 합니다. 전문용어를 모르더라도 내용만 이해하면 되니까요. 그래서 롱숏(long-short)은 "사고팔기"라는 식으로 표현하고, 스프레드(spread)는 "가격 차이", 배리어(barrier)는 "숫자"라고 표현해 접근성을 높였습니다.

이 책은 대체투자에 대한 소개서이자 입문서입니다. 이 책의 1차적인 독자는 매달 대한지방행정공제회에 공제회비를 납부하는 30만 명의 회원들입니다. 현업이 바빠 자신이 맡긴 돈이 어떻게 관리되고 있는지 잘 모르는 경우가 많을 것입니다. 가끔씩 설명을 듣기는 듣는데 어려운 전문용어도 많고, 무슨 말을 하는지 제대로 알아듣지 못하는 경우도 생깁니다. 그래서 그냥 '에이, 모르겠다. 알아서 잘 관리하겠지, 뭐!'라고 생각하며 넘어가는 회원들도 많을 것 같습니다. 이 책은 그런 분들을 위해 집필된 책입니다. 잘 이해되지 않는 부분이 있더라도 일단 끝까지 쭉 읽어보세요. 중간에 어려운 부분이 나오면 그냥 넘어가도 좋습니다. '이런 것도 있구나!' 하고 생각하며 편하게 읽으면 됩니다. 그렇게 다 읽으면 '아, 내 돈이 이렇게 관리되고 있구나.'라고 생각하게 될 것입니다.

이 책의 2차적인 독자는 한국교직원공제회, 군인공제회, 경찰공제회 등에 매달 회비를 내고 있는 회원들입니다. 대한지방행정공제회 회원들뿐만 아니라 다른 기관의 회원들에게도 공제회의 특성에 잘 맞는 대체투자에 대한 이해가 중요하기 때문입니다. 이 책의 3차적인 독자는 다양한 투자 방식에 궁금증을 느끼는 금융사 직원들입니다. 특히 증권사 직원들에게 이 책을 권합니다. 필자 역시 30년간 증권사에서 근무했지만 그동안 주류로 통한 투자 방식은 주식과 채권이었습니다. 하지만 앞으로는 대체투자의 시대가 될 것입니다. 아울러 금융권 취업을 준비하는 취업준비생들에게도 적극 추천합니다. 끝으로 이 책의 4차적인 독자는 다양한 투자 방식에 관심이 있는 투자자들입니다. 지금까지 전통투자에만 관심이 있었다면 앞으로는 대체투자에도 관심을 가지기 바랍니다.

나의 첫 대체투자 공부

이 책을 읽을 필요가 없는 사람들도 알려드리겠습니다. 이미 주식과 채권, 선물과 옵션 등 전통투자에 익숙하다면 1부는 읽지 않아도 됩니다. 또한 대체투자에 대해 전문적인 지식을 가지고 있다면 이 책이 큰 도움이 되지 않을 것입니다. 이 책은 말 그대로 대체투자에 대해 소개하는 소개서로, 입문 과정에 있는 사람들에게 필요한 책입니다. 대체투자가 무엇인지 궁금하거나 소위 '간을 보고 싶은 분'에게 추천합니다.

최초의 원고를 초보자의 입장에서 읽고 여러 가지 조언을 주신 대한지방행정공제회 이충열 관리이사님께 특별히 감사의 말씀을 드립니다.

저자의 말은 여기까지 하겠습니다. 부디 이 한 권의 책이 여러분들의 성공적인 투자에 도움이 되기를 기원합니다.

김대중

차례

1부

전통투자란
무엇인가?

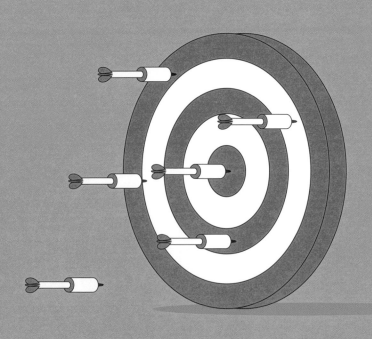

1부 '전통투자란 무엇인가?'에서는 주식투자와 채권투자에 대해 설명합니다. 우리나라뿐만 아니라 세계적으로도 가장 오랫동안 주류로 자리 잡은 투자 방식이지요. 사실 그동안 주식과 채권을 제외하면 마땅히 투자할 상품이 없었습니다. 좋아서가 아니라 대안이 없어서 주식과 채권이 전통투자의 대명사가 된 것이지요. 또한 주식과 채권은 서로 보완적인 역할도 했습니다. 경기가 좋으면 주가가 올라가서 주식에서 수익이 발생하고, 경기가 나쁘면 채권가격이 상승해서 채권에서 수익이 발생했지요. 자연스럽게 주식과 채권은 서로를 보완하면서 분산투자의 역할을 했습니다. 하지만 몇 번의 금융위기 이후 주식과 채권의 전통적인 상관관계는 많이 흐트러졌습니다. 특히 금융정책당국의 통화정책으로 인해 분산투자 효과는 더욱 감소되었습니다.

그러던 차에 대체투자가 등장하면서 전통투자의 입지는 점점 축소되고 있습니다. 심지어 전통투자보다 대체투자의 비중을 더 높이는 기관투자자들도 나타나고 있습니다. 비록 주식과 채권의 입지가 예전 같지는 않지만 그래도 아직까지 많은 사람들이 '전통'이라 인정해주는 투자 분야입니다. 주식과 채권의 핵심만 정리해 요약해두었습니다. 이 부문에 지식이 풍부한 사람이라면 1부는 그냥 넘어가도 좋습니다. 주식과 채권에 대한 지식이 없는 사람이라면 정리된 내용들을 차분히 읽어보시기 바랍니다.

1장

주식투자와
채권투자

주가는 무엇으로
결정되는가?

주식이란 주주임을 증명하는 증서로, 누군가 어떤 회사의 주식을 가지고 있다는 것은 그 사람이 해당 회사의 주주라는 뜻입니다. 예를 들어 내가 삼성전자의 주식을 가지고 있으면 나는 삼성전자의 주주가 됩니다. 주주는 회사의 경영에 관여할 수 있고, 대표이사를 선출할 수도 있습니다. 다만 갖고 있는 주식의 수만큼 권한이 있기 때문에 1주를 가지고 있으면 1주만큼의 의결권이 있고, 100주를 가지고 있으면 100주만큼의 의결권이 있고, 1만 주를 가지고 있으면 1만 주만큼의 의결권이 있습니다. 이렇게 의결권을 행사할 수 있는 주식을 '보통주'라고 합니다.

의결권이 없는 '우선주'라는 주식도 있습니다. 우선주는 보통주와 달리 의결권이 없기 때문에 보통주보다 낮은 시세에서 거래됩니다. 다만 배당은 보통주보다 1%를 더 받습니다. 여기서 1%는 액면가를 기준으로 계산합니다. 액면가가 1만 원이라면 100원을 더 받을 수 있고, 5천 원이라면 50원을 더 받을 수 있고, 100원이라면 1원을 더 받을 수 있습니다.

우선주는 다시 '누적적 우선주'와 '비누적적 우선주'로 나뉩니다. 누적적 우선주는 올해 배당을 못 받아도 그다음 해에 못 받은 배당금까지 누적해서 받는 주식이고, 비누적적 우선주는 올해 배당을 못 받으면 그냥 그것으로 끝나는 주식입니다.

주식의 가격은 '주가'라고 하는데 주가는 주식마다 천차만별입니다. 몇백 원대의 주가도 있는가 하면 몇백만 원대의 주가도 있습니다. 이때 주식 1주의 원래 가격을 액면가라고 하는데, 액면가는 100원도 있고 200원도 있고 500원도 있고 5천 원도 있습니다. 어느 회사의 자본금이 100억 원일 때 액면가가 5천 원이라면 주식의 수는 2만 주가 됩니다.

예를 들어 삼성전자의 자본금이 9천억 원이고 액면가가 100원이라면 주식의 수는 90억 주가 됩니다. 내가 만약 삼성전자 주식을 1주 가지고 있다면 '1/90억'만큼의 의결권을 가지게 되는 것이지요. 참고로 2020년 1월을 기준으로 삼성전자의 최대주주는 10.62%의 지분을 갖고 있는 국민연금입니다. 그다음이 8.51%를 가지고 있는 삼성생명이고, 그다음은 각각 5.03%와 5.01%의 지분을 가지고 있는 블랙록

(BlackRock)이라는 펀드와 삼성물산이지요. 우리가 잘 아는 이건희 회장은 4.18%의 지분을 가지고 있습니다. 이런 사람들을 흔히 대주주라고 하지요.

액면가와
주가가 다른 이유

삼성전자의 액면가가 100원인데 현재 주가는 4만 5천 원 정도에 거래된다고 가정합시다. 100원의 가치가 450배 올라 4만 5천 원이 된 것입니다. 주가가 액면가보다 높아진 이유는 무엇일까요? 삼성전자는 9천억 원의 자본금으로 1,730조 원의 자본을 만들었기 때문입니다. 처음에는 9천억 원이었는데 그동안 창출해낸 이익과 증자하면서 생긴 차익금 등을 모아 1,730조 원이라는 자본총계를 만든 것이지요. 자본금과 자본총계의 차이는 1,900배가 넘습니다. 1년 순이익도 32조 원에 달합니다.

누군가 9천만 원을 투자해 치킨가게를 열었는데, 그동안 장사를 잘해서 가게의 가치를 1,730억 원으로 만들었고 1년에 순이익만 32억 원을 낸다고 가정해봅시다. 이 치킨가게를 인수하고 싶어 하는 사람들이 얼마나 많겠습니까? 몸값이 천정부지로 뛰겠지요. 주식에서는 그 몸값이 바로 주가로 표현됩니다. 그래서 삼성전자는 액면가보다 수백 배 높은 가격에 거래가 이루어지는 것이지요. 이렇듯 주가가 높은 종목은 주가가 높은 이유가 있고, 주가가 낮은 종목은 주가가 낮은 이유가 있습니다.

주식투자를
하는 이유

주식투자는 주식을 매수해 일정 기간이 지난 후 되팔아 이익을 남기는 것을 목적으로 하는 행위입니다. 주식투자를 할 때는 주가가 높아야 하는데 저평가를 받아 주가가 낮은 종목을 매수하고, 주가가 낮아야 하는데 버블이 끼어 주가가 높은 종목을 매도해야 합니다. 흔히 주식을 증권과 혼용해서 사용하는데 주식은 증권의 한 부분입니다.

이해를 돕기 위해 추가 설명을 드리겠습니다. 증권은 화폐증권·상품증권·자본증권으로 구분합니다. 화폐증권은 현금·수표·어음 등을 말하는 것이고, 상품증권은 선하증권·창고증권·화물상환증권 등을 말하는 것이고, 자본증권은 주식·채권·수익증권·파생증권 등으로 구분됩니다. 즉 다음과 같은 관계가 성립되게 됩니다.

증권 > 자본증권 > 주식

주식투자를 하는 이유는 크게 네 가지입니다. 첫 번째는 역시 시세차익이지요. 2만 원에 산 주식이 3만 원으로 오르면 50%의 수익을 얻

나의 첫 대체투자 공부

을 수 있습니다. 두 번째는 배당수익입니다. 1천만 원어치 주식을 가지고 있는데 배당금으로 50만 원이 나왔다면 5%의 수익을 올린 것입니다. 세 번째는 유무상증자의 수익입니다. 유상증자는 실제 거래되는 가격보다 할인된 가격으로 주식을 살 수 있는 권리이고, 무상증자는 공짜로 주식을 받을 수 있는 권리입니다. 이런 유무상증자로 인해 수익이 늘어납니다. 네 번째는 세제 혜택입니다. 앞서 이야기한 대로 주식은 사고팔 때 그 차익에 대해서는 세금을 내지 않습니다. 부동산의 경우 설사 산 가격보다 낮은 가격에 팔더라도 세금은 반드시 내야 합니다. 살 때는 취득세, 보유할 때는 보유세, 팔 때는 양도소득세 등을 내게 됩니다. 반면 주식은 살 때도 세금을 내지 않고, 보유하고 있어도 세금을 내지 않으며, 팔 때만 0.25%의 작은 세금을 거래세로 냅니다.

주가를
형성하는 요인

주가를 형성하는 요인은 기업의 내적 요인과 외적 요인 두 가지로 구분할 수 있습니다. 내적 요인은 다시 양적 요인과 질적 요인으로 구분합니다. 양적 요인은 그 기업의 안정성, 수익성, 성장성이 포함되며, 질적 요인은 경영자의 자질, 노사 관계, 연구개발능력, 기술 수준, 주주 현황 등이 포함됩니다. 기업의 외적 요인은 시장내적 요인과 시장외적 요인으로 구분합니다. 시장내적 요인은 수급 관계, 기관투자자의 동향, 시장 규제, 투자자의 심리 동향, 제도적 요인 등이 있으며, 시장외적 요인으로는 경기 변동, 물가·이자율·환율 변화, 정치·사회적 변화 등을 들 수 있습니다. 주가에 가장 크게 영향을 미치는 것은 기업의 내적 요인 중 양적 요인입니다. 즉 그 기업이 가지고 있는 안정성, 수익성, 성장성이 가장 큰 변수가 됩니다.

1. 안정성

안정성, 수익성, 성장성 중에서 가장 중요한 것은 안정성입니다. 일단 기업은 안전해야 합니다. 주가가 일시적으로 하락하는 것은 얼마든지 참을 수 있는 부분입니다. 하지만 기업이 부실해서 부도의 위험이 있거나 상장폐지될 위험이 있다면 환금성에 문제가 생깁니다. 그래서 가장 먼저 그 기업이 안전한 회사인지 부실한 회사인지를 파악해야 합니다. 안전성을 파악하는 방법은 재무제표를 보고 유동비율과 부채비율, 차입금 의존도 등을 체크해보는 것입니다.

유동비율은 유동자산(1년 이내 환금할 수 있는 자산)을 유동부채(1년 이내 갚아야 할 부채)로 나눈 것입니다. 숫자가 높을수록 부채에 대한 지급능력이 높아져 유연한 몸놀림을 보일 수 있습니다. 부채비율은 빚을 자기자본으로 나눈 것입니다. 빚이 회사가 출자한 자본금의 몇 %인지 확인할 수 있습니다. 숫자가 높을수록 부채의 비율이 높다는 뜻이니 나쁜 것이겠지요.

1990년대 말 IMF 외환위기 때 무너진 많은 기업들의 공통점은 모두 부채비율이 높았다는 점입니다(여러분 혹시 대치동 은마아파트 상가에 본사가 있었던 한보그룹을 기억하시나요? 한보그룹의 부채비율은 2,066%였습니다. 삼미특수강으로 유명한 삼미그룹은 자본잠식 상태였고, 진로의 부채비율은 무려 4,167%였습니다. 현대차에 인수된 기아차의 부채비율은 521%였지요). 부채비율이 높다 보니 돈을 많이 벌어도 이자 갚기에 벅차고, 안정성이 떨어지는 것이지요.

끝으로 차입금 의존도는 차입금을 총자산으로 나눈 것입니다. 차입금에 많이 의존하면 당연히 경기 상황이 좋지 않을 때 회사가 흔들리기 쉽지요.

2. 수익성

두 번째로 중요한 것은 수익성입니다. 기업은 이익을 내야 합니다. 그래야 직원들에게 월급도 주고 주주들에게 배당을 줄 수 있기 때문이지요. 이익이 있어야 투자에도 적극적으로 나설 수 있습니다. 기업이 적자를 내게 되면 투자에 나서거나 주주에게 배당을 주기는커녕 직원들 월급 주기에도 허덕일 것입니다. 적자가 누적되면 자본잠식 상태에 빠질 것이고, 상장폐지가 되고, 결국은 망할 것입니다. 그래서 수익성은 주가를 형성하는 데 매우 중요한 부분입니다. 여담이지만 필자는 개인적으로 적자기업에는 투자하지 않습니다.

수익을 내더라도 쥐꼬리만큼 내어서는 곤란하겠지요. 얼마나 수익을 내는지를 알아보는 지표로는 자기자본순이익률(ROE; Return On Equity), 매출액영업이익률, 총자산순이익률 등이 있습니다.

자기자본순이익률은 당기순이익을 자기자본으로 나눈 수치입니다. 이 숫자는 높을수록 좋습니다. 상식적으로 생각했을 때 은행 이자보다도 낮은 숫자가 나온다면 굳이 사업을 할 필요가 없겠지요. 그냥 은행에 맡겨놓아도 알아서 이자가 나올 테니 말입니다. 자기자본순이익률이 은행 이자보다 못한 기업이라면 투자 여부를 다시 한번 고려해야 합니다.

매출액영업이익률은 영업이익을 매출액으로 나눈 것입니다. 기업이 얼마나 이익을 많이 남기느냐를 볼 수 있는 수치입니다. 물건은 많이 파는데 이익이 적다면 아무래도 운영이 힘들 것입니다. 매출액과 이익이 함께 늘어나면 평균 이상의 외형 신장과 내실경영을 잘했다고 판단합니다. 매출액은 많이 늘었는데 이익이 늘지 않았다면 시장 여건은 좋았지만 내실경영을 제대로 하지 못했다고 판단합니다. 매출액은 줄었는데 순이익이 늘어났다면 시장 여건은 평균 이하였지만 내실경영을 잘했다고 판단합니다. 매출액도 줄고 순이익도 줄었다면 시장 여건도 좋지 않았고 내실경영도 잘하지 못했다고 판단합니다. 이렇게 매출과 이익의 관계를 통해서 여러 가지 해석을 할 수 있습니다.

총자산순이익률은 당기순이익을 총자산으로 나눈 것입니다. 자산과 순이익의 비율을 알아볼 수 있지요. 해당 기업이 자산을 얼마나 효율적으로 운용했는지 알 수 있습니다.

3. 성장성

세 번째로 중요한 것은 성장성입니다. 기업은 성장해야 합니다. 작년보다 올해의 매출액이 더 늘어나야 하고, 순이익도 늘어나야 합니

나의 첫 대체투자 공부

다. 여러분 혹시 한국이동통신이라는 회사를 아시나요? 한국이동통신은 SK텔레콤의 옛날 이름입니다.

한국이동통신은 필자가 증권사에서 사원으로 근무하던 1989년에 상장되었습니다. 그 당시 한국이동통신의 주사업은 '삐삐'였습니다(요즘 젊은 분들은 삐삐를 모를 수도 있겠네요. "삐삐~ 삐삐~"하고 소리 나는 조그만 무선호출기를 말합니다). 한국이동통신이 핸드폰사업에 처음 뛰어들었을 때는 핸드폰이 참으로 귀한 시절이었습니다. 대기업의 임원 정도는 되어야 가질 수 있었죠. 기계값은 200만 원이 넘는 고가였고, 크기는 벽돌 한 장 정도의 큰 크기였습니다. 당연히 호주머니에는 들어가지 않아 들고 다녀야만 했지요. 그래서 손(hand)에 들고 다니는 폰(phone)이라고 해서 핸드폰이라고 불렀습니다. 그리고 10년이 지나 2000년이 되자 핸드폰은 초등학생도 가지고 다닐 만큼 대중화되었습니다. 이렇게 핸드폰 시장이 크게 증가하면서 한국이동통신 또한 엄청나게 성장했습니다.

1989년에 2,200원이었던 한국이동통신의 주가는 2000년에 접어들자 50만 원대로 상승했습니다. 약 230배 상승한 것입니다. 1989년에 200만 원으로 핸드폰을 사지 않고 한국이동통신 주식을 샀다면, 2000년에 4억 6천만 원을 챙길 수 있었을 것입니다. 이후 핸드폰 시장이 포화되면서 주가는 더 이상 올라가지 못하고 2020년 7월을 기준으로 20만 원대에 머물고 있습니다. 경쟁사가 늘면서 성장성에 한계를 보인 것이지요. 이처럼 기업이 성장을 멈추면 다른 사업 분야를 찾아야 합니다. 이를 흔히 '사업 다각화'라고 이야기합니다. 사업 다각화

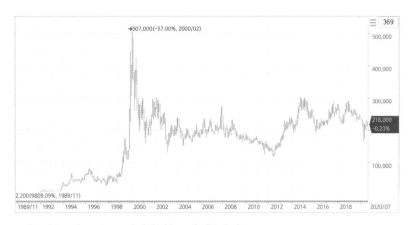

▲ 한국이동통신(SK텔레콤)의 상장 이후 주가 변동 추이

에 성공하면 그 기업은 다시 한번 성장세를 타게 되고, 실패하면 역사의 뒤안길로 사라지게 됩니다.

성장성을 알아보는 지표로는 매출액증가율, 영업이익증가율, 당기순이익증가율 등이 있습니다. 매출액증가율은 작년에 비해서 올해 매출이 얼마나 늘어났는지, 영업이익증가율은 작년에 비해서 올해 영업이익이 얼마나 늘어났는지, 당기순이익증가율은 작년에 비해서 올해 순이익이 얼마나 늘어났는지를 말해줍니다. 이 수치가 높게 나올수록 성장성이 뛰어나다고 보는 것이지요.

이렇게 안정성과 수익성과 성장성을 겸비한 종목들은 대부분 주가 수준이 높습니다. 양적 요인이 뛰어난 주식은 주가 수준이 높더라도 매수해야 합니다. 이런 종목들은 잠시 주가가 하락하더라도 다시 회복되는 경우가 많기 때문에 마음 편하게 투자할 수 있습니다. 반면 안정

나의 첫 대체투자 공부

성에 문제가 있어 기업이 흔들리거나, 수익성에 문제가 있어 적자기업이거나, 성장성에 문제가 있어 사양기업인 경우에는 대부분 주가 수준이 낮습니다. 이런 종목에 잘못 투자하면 마음고생을 심하게 할 수도 있습니다. 주가가 하락해서 손실을 보는 것은 물론이고, '혹시 부도가 나지는 않을까?' 하는 걱정도 해야 하기 때문입니다.

기본적 분석과
기술적 분석

주식투자자들은 어떻게 하면 저평가된 주식을 사고 고평가된 주식을 팔 수 있을지 고민합니다. A주식이 저평가 상태인지, 고평가 상태인지를 알기 위해서는 그 기업의 내재가치나 주가 움직임 등을 분석해야 하는데요. 그래서 나온 것이 기본적 분석과 기술적 분석입니다.

기본적 분석은 '주가는 장기적으로 기업의 내재가치를 반영한다.'라는 믿음에서 나온 분석방법입니다. 내재가치가 훌륭한 주식은 주식 시장에 부침이 있더라도 결국에는 상승하고, 내재가치가 낮은 주식은 주식 시장의 부침과 관계없이 결국에는 하락한다는 믿음을 갖고 있습니다. 기술적 분석은 과거의 주가, 거래량의 추세와 변동 패턴에 대한 역사적 정보를 수집해 미래의 주가를 예측하는 기법입니다. 기본적 분석과 기술적 분석의 핵심만 차례대로 살펴보겠습니다.

내재가치를 찾는
기본적 분석

주가가 장기적으로 기업의 내재가치를 따라간다고 믿는 사람들은 '어떻게 하면 기업의 내재가치를 정확히 분석할 수 있을까?' 하고 고민합니다. 그러다가 기업의 재무제표에 주목하게 됩니다. 삼성전자와 같이 이익을 많이 내는 회사에 투자해야 주가가 올라간다는 것을 인지하게 된 것이지요.

주당순이익비율(PER)

그래서 나온 것이 바로 주당순이익비율(PER; Price Earning Ratio)입니다. 주당순이익비율은 주가를 주당순이익(EPS; Earning Per Share)으로 나눈 값입니다.

예를 들어 삼성전자의 주가를 4만 5천 원이라고 가정하고, 주당순이익을 6천 원이라고 가정합시다. 이 경우 주가를 주당순이익으로 나눈 주당순이익비율은 45,000/6,000 =7.5가 됩니다. 주당순이익비율이 낮다는 것은 분자인 주가가 저평가되었음을 의미하고, 주당순이익비율이 높다는 것은 분자인 주가가 고평가되었음을 의미합니다. 즉 기업의 이익금과 주가를 비교해서 기업의 이익금보다 주가가 높은 수준이면 매도하고, 주가가 낮은 수준이면 매수하는 것입니다. 이런 식으로 기업의 내재가치 판단 여부에 따라 매매를 해서 수익을 올릴 수 있습니다.

1990년대 중반, 우리나라 주식 시장이 외국인에게 개방된 이후 '저(低)PER혁명'이라고 하는 사건이 일어났습니다. 외국인들이 PER가 낮은 종목을 집중적으로 매입해 저PER주들의 주가가 몇 배씩 올랐습니다. 업종에 따라 다르지만 일반적으로 PER가 10 이하면 저PER주로 분류합니다.

PER의 크기에 따라 해당 기업의 가치를 평가하는 방법에는 주의해야 할 점이 있습니다. 저평가와 고평가 여부를 판단하는 절대적인 기준이 없다는 점입니다. 주당순이익비율이 몇 이상이면 고평가, 몇 이하라면 저평가라고 규정하는 기준이 없습니다. 업종에 따라 다르고, 종목에 따라 다르지요. 이렇게 상대적으로 가치 평가를 해야 한다는 것이 PER 분석의 단점으로 꼽힙니다.

또 하나의 단점은 시기가 불일치한다는 점입니다. 분모의 주당순이익은 작년의 순이익인 반면, 분자의 주가는 지금 현재의 주가입니다. 분모는 과거의 숫자이고 분자는 현재의 숫자인 것이지요. 작년의 실적과 올해의 실적이 큰 차이가 없다면 별 문제가 없겠지만, 작년의 실적과 올해의 실적 간에 차이가 심하다면 PER는 의미 없는 숫자가 되어버립니다. 예를 들어 올해 실적이 엄청 좋아진 경우에는 비록 지금 PER가 높다고 하더라도 낮게 평가된 것이고, 올해 실적이 엄청 나빠진 경우라면 비록 지금 PER가 낮다고 하더라도 높게 평가된 것입니다. 이를 방지하기 위해 분모의 주당순이익을 작년의 순이익이 아니라 올해의 추정순이익으로 계산하기도 하지만 정확도 면에서는 아무래도 차이가 날 수밖에 없습니다.

주당순자산비율(PBR)

다른 한편으로 자산가치에도 주목하게 됩니다. 그래서 나온 것이 바로 주당순자산비율(PBR; Price Book-value Ratio)입니다. 주당순자산비율은 주가를 주당순자산가치(BPS; Book-value Per Share)로 나눈 비율입니다. 주가가 주당순자산가치에 비해 몇 배로 거래되고 있는지를 측정하는 지표입니다.

PBR이 1보다 적으면 주가가 회사의 장부가치에도 미치지 못한다는 것을 의미합니다. 예를 들어 여의도역 사거리 노른자위 땅에 19층짜리 사옥을 가지고 있는 교보증권의 PBR은 2020년 8월 기준으로 0.3에 불과합니다. 이론적인 이야기지만 교보증권 주식을 모두 사서 자산을 모두 팔면 3.3배의 수익을 거둘 수 있습니다.

순자산가치는 장부가를 기준으로 하기 때문에 현재 시세와 괴리가 있는 경우가 있습니다. 대표적인 것이 토지의 시세입니다. 회사가 보유하고 있는 토지가격은 재평가를 하지 않는 한 처음의 매입가로 남아 있습니다.

우리나라 증시가 외국인에 개방된 직후에 '저PER혁명'과 더불어 '저PBR혁명'도 함께 일어났는데요, 이때는 장부가와 시세가 벌어진 땅을 많이 가지고 있는 회사의 주가가 크게 오르기도 했습니다. 이 외에도 특허권이나 지적자산 등의 무형자산은 반영되지 못한다는 문제점이 있어 정확한 숫자를 산출하는 데 한계가 있습니다.

삼성전자와 같이 그동안 벌어놓은 돈이 많은 회사는 자산가치가 엄청납니다. 개발된 지역에 땅을 가지고 있는 경우도 마찬가지입니다. 이렇게 자산가치가 높은 종목을 골라 주가와 비교해본 뒤, 자산가치보다 주가가 높은 수준이라면 매도하고 주가가 낮은 수준이라면 매수해 수익을 올리게 됩니다.

함께 활용하면 좋은
기술적 분석

기술적 분석은 차트를 통해서 이루어집니다. 차트는 매일매일의 주가를 그래프로 기록한 것으로, 투자자는 여기서 교훈과 힌트를 얻게 됩니다. 예를 들어 주가가 급등하면 반드시 조정을 거치게 되고, 주가가 급락하면 반발매수 세력이 들어온다는 것 등을 경험으로 깨닫게 되지요. 기본적 분석과 기술적 분석은 따로 이루어지는 것보다 같이 어우러지는 것이 더 효율적입니다. 종목을 선정할 때는 기본적 분석을 활용하고 선정된 종목을 매수 혹은 매도하기 위해서는 기술적 분석을 활용합니다.

나의 첫 대체투자 공부

봉

기술적 분석을 알기 위해서는 가장 먼저 일봉차트를 읽을 줄 알아야 합니다. 일봉차트의 봉은 하루 동안의 주가 흐름을 요약해서 보여줍니다. 총 12개의 형태가 있습니다. 또한 시가(始價)·종가(終價)·고가(高價)·저가(低價)의 개념을 알아야 합니다. 아침에 시작하는 가격이 시가, 끝날 때 가격이 종가, 그날 제일 높은 가격이 고가, 제일 낮은 가격이 저가입니다.

봉 모양에 따른 구분	
	먼저 봉의 색깔부터 확인합니다. 색깔이 흰색이므로 시가보다 종가가 높습니다. 몸통의 아랫부분이 시가가 되고 윗부분이 종가가 됩니다. 또한 아랫수염은 저가가 되고 윗수염은 고가가 됩니다.
	이 봉의 색깔은 까맣습니다. 시가가 종가보다 높습니다. 윗수염은 고가가 되고 아랫수염은 저가가 됩니다.
	봉의 색깔이 하얀 것으로 보아 시가보다 종가가 높은 경우입니다. 이 그림의 특징은 윗수염은 있는데 아랫수염이 없는 것입니다. 시가와 저가가 같은 경우입니다. 저가가 곧 시가이기 때문에 아랫수염이 나타나지 않습니다.
	봉의 색깔이 까만색이니 시가보다 종가가 낮습니다. 또한 사각형의 밑면이 종가입니다. 종가와 저가는 같은 가격입니다.
	아랫수염은 있는데 윗수염이 없는 경우입니다. 색깔은 흰색이니까 종가가 시가보다 높다는 것을 알 수 있고 몸통의 윗면이 종가인 것을 알 수 있습니다. 윗수염이 없으니까 고가가 바로 종가입니다.
	색깔이 까만색이어서 몸통의 윗면이 시가입니다. 윗수염이 없기 때문에 시가와 고가는 같습니다. 아랫수염은 저가입니다.

▯	아랫수염, 윗수염이 없습니다. 색깔은 하얀색입니다. 몸통의 아랫부분이 시가고 윗부분이 종가입니다. 그리고 수염이 없으니까 몸통 아랫부분이 저가가 되고 몸통 윗부분이 고가가 됩니다. 즉 시가=저가, 종가=고가가 됩니다.
▮	아랫수염, 윗수염이 없습니다. 색깔은 까만색입니다. 몸통의 윗부분이 시가이고 몸통의 아랫부분이 종가입니다. 몸통의 아랫부분은 종가도 되고 저가도 됩니다. 윗부분은 시가도 되고 고가도 됩니다. 즉 시가=고가, 종가=저가가 됩니다.
†	시가와 종가가 같으니까 사각형 모양이 나올 수 없습니다. 그래서 몸통이 없습니다. 아랫수염이 저가가 되고 윗수염은 고가가 됩니다. 이 봉의 특징은 시가=종가라는 것입니다.
—	이런 모양은 시가=저가=종가=고가인 경우에 생깁니다. 하루 종일 한 가격을 지키고 있을 때 생기는 모양입니다. 주가가 변화가 없으니 당연히 이런 모양이 나옵니다.
⊥	이 모양도 몸통이 없습니다. 몸통이 없다는 뜻은 결국 시가와 종가가 같다는 뜻입니다. 그런데 아랫수염마저 없습니다. 따라서 저가도 시가와 종가와 같습니다. 즉 시가=종가=저가일 때 이런 모양이 나타납니다.
⊤	위의 그림과 아래위로 방향만 다릅니다. 아랫수염이 있으니 저가만 다른 금액이고 시가=종가=고가입니다.

　글로만 보면 잘 이해가 가지 않으니 12개 봉 모양의 설명을 담은 도표를 참고하기 바랍니다. 일봉차트에는 가운데 네모난 사각형이 있는데요. 사각형의 안에 까맣게(혹은 파랗게) 색깔이 칠해져 있으면 시가보다 종가가 낮은 경우이고, 하얗게(혹은 빨갛게) 색깔이 칠해져 있으면 시가보다 종가가 높은 경우입니다. 사각형이 하얀색일 때는 사각형의 아랫면이 시가 그리고 윗면이 종가가 되고, 사각형이 까만색일

나의 첫 대체투자 공부

때는 사각형의 윗면이 시가 그리고 아랫면이 종가가 됩니다. 사각형을 몸통이라고 표현하고, 사각형의 아래와 위에 있는 직선을 수염이라고 표현합니다. 사각형의 위쪽에 있는 수염을 윗수염, 아래쪽에 있는 수염을 아랫수염이라고 합니다. 윗수염은 고가를 나타내고, 아랫수염은 저가를 나타냅니다. 이렇게 12개 봉이 매일매일 모여서 만들어진 그림을 일봉차트라고 하며, 주간 단위로 모이면 주봉차트, 월간 단위로 모이면 월봉차트라고 합니다.

참고로 우리나라와 반대로 미국은 봉이 빨간색이면 종가가 시가보다 하락한 경우를 나타내고, 봉이 파란색이면 종가가 시가보다 상승한 경우를 나타냅니다. 왜 그럴까요? 우리나라의 일봉차트는 미국에서 들여온 것이 아니라 일본에서 들여왔기 때문입니다. 봉차트는 일본 에도시대 쌀 거래로 일본 경제를 뒤흔들었던 거상 혼마 무네히사(本間宗久)에 의해 만들어졌다고 알려져 있습니다. 예로부터 일본은 자기네 나라를 태양의 나라라고 여겨 빨간색을 선호했다고 합니다. 일본의 일장기도 빨간 태양을 상징하고 있지요. 중국만큼은 아니지만 일본도 빨간색에 큰 호감을 가졌던 모양입니다. 아무튼 그런 이유로 종가가 시가보다 올라가면 빨간색, 내려가면 파란색을 사용했습니다.

혹자는 순이익이 마이너스인 적자기업의 경우에는 빨간색으로 표시하고 '아카지(赤字)'라고 하면서 왜 주가가 올라갈 때도 빨간색으로 표시하는지 의구심을 가질 수 있을 것입니다. 과거에는 장부를 정리할 때 주로 까만 묵(墨)과 붉은 묵(朱墨)만을 사용했다고 합니다. 그래서 손실이 난 경우는 빨간색으로 작성할 수밖에 없었던 것이지요.

참고로 봉차트를 미국에서는 캔들(candle)차트라고 합니다. 봉의 모양이 양초를 닮았기 때문입니다. 애초에 미국에서는 캔들차트보다 바(bar)차트를 많이 사용했는데요. 바차트는 시가를 표현하지 못하는 단점이 있어 지금은 미국에서도 캔들차트를 많이 사용하고 있습니다.

추세선

최초의 기술적 분석은 추세선 분석에서부터 시작되었습니다. 추세선은 저점끼리 연결하고 고점끼리 연결해 그 실선의 방향을 보는 것입니다. 추세선의 방향이 우상향으로 움직이면 상승추세라고 하고 우하향으로 움직이면 하락추세라고 합니다.

추세선을 활용하는 방법은 상승추세인 종목을 매수하는 것입니다. 물론 상승추세로 움직이다가 내가 주식을 사면 그때부터 하락 반전할 수도 있습니다. 그럴 때는 다시 팔아야겠지요. 내가 가진 주식이 하락추세인 경우에는 매도를 고려합니다. 쉽게 말해 주가가 상승추세선을 이탈할 때는 매도를 고려하고, 하락추세선을 이탈할 때는 매수를 고려하는 것입니다. 추세선을 이용한 다양한 매매방법이 있지만 이 책은 대체투자에 초점을 두었기 때문에 더 자세한 내용은 생략하겠습니다.

지지선과 저항선

주가가 어느 수준까지 하락하면 더 이상 하락하지 않고, 반대로 어느 수준까지 상승하면 더 이상 상승하지 않는 경우가 있습니다. 이런 경우 전자를 지지선이라고 하고, 후자를 저항선이라고 합니다. 주가가

지지선과 저항선 예시

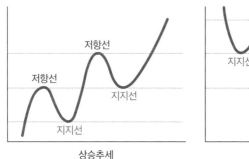

상승추세

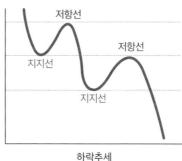

하락추세

일정 기간 상승추세에 있으면 저항선이 새로운 지지선이 되기도 하고, 반대로 하락추세가 이어지면 기존의 지지선이 새로운 저항선이 되기도 합니다.

지지선과 저항선을 이용한 매매기법으로는 지지선 근처에서 주식을 사고 저항선 근처에서 주식을 파는 박스권 매매 전략이 있습니다. 이 외에도 심리선 분석이나 이격도 분석 등 다양한 매매기법들이 있습니다. 자세한 내용은 기술적 분석을 다룬 책을 참고하기 바랍니다.

시세차익은 덤,
배당투자

기업은 1년에 한 번 혹은 여러 번 배당을 줍니다. 은행에 돈을 맡기면 이자가 나오듯이 기업에 투자하면 배당이 나옵니다.

배당성향과
배당수익률

최근에는 배당투자에 대한 관심이 높아지고 기업들도 배당을 늘리는 추세여서 은행 이자보다 더 높은 배당을 주는 회사도 꽤 많습니다. 배당투자에 대해 구체적으로 설명하기에 앞서 몇 가지 용어부터 알아보겠습니다.

배당성향은 배당액을 당기순이익으로 나눈 것입니다. 배당성향을 통해 당기순이익에서 어느 정도 수준을 주주들에게 돌려주는가를 알 수 있습니다. 순이익이 100억 원인 회사가 주주의 몫인 배당으로 30억 원을 책정했다면 배당성향은 30%가 됩니다. 일반적으로 기업들은 배당성향을 매년 일정하게 유지하는 경향이 있습니다. 그래서 과거의 배당성향을 보고 앞으로 줄 배당도 미리 예측할 수 있지요. 예를 들어 A회사가 작년에 100억 원의 순이익을 보았고 배당금으로 1주당 500원을 주었다고 가정해봅시다. 올해 500억 원의 순이익이 예상된다면 배당금은 2,500원을 받을 것으로 예상할 수 있습니다.

배당수익률은 배당금을 배당부주가로 나눈 것입니다. 배당금으로 주당 500원을 받았는데 배당부주가가 2만 원이라면 배당수익률은 500/20,000=2.5%가 됩니다. 배당부주가란 배당을 받을 수 있는 마지막 날의 주가로 그다음 날이 되면 배당을 받을 수 없습니다. 그래서 그 다음 날의 주가를 배당락주가라고 합니다.

12월 31일을 기준으로 배당을 주는 회사가 있다고 가정해봅시다. 만일 이 회사의 주식을 사서 배당을 받으려면 12월 31일에 주식을 보유해야 합니다. 주식은 매수한다고 바로 자신의 것이 되는 것이 아니라 이틀 뒤에 계좌로 들어오기 때문에 12월 29일에 매수해야 합니다. 그래야 12월 31일에 주식이 내 계좌에 들어오고 배당을 받을 수 있는 자격이 주어집니다. 원활한 결제를 위해 3일 결제 제도를 채택하고 있기 때문인데요. 따라서 12월 29일은 배당을 받을 수 있는 마지막 날로 이 때의 주가가 바로 배당부주가가 됩니다. 12월 30일이 되면 12월 29일 종가에서 전년도 배당금을 뺀 금액을 기준가로 잡습니다. 이 가격을 배당락주가라고 합니다.

배당률은 배당금을 액면가로 나눈 것입니다. 예를 들어 삼성전자의 배당률이 354%이고 LG전자의 배당률이 15%라면, 각각의 배당금은 어떻게 될까요? 얼핏 보기에 354%에 달하는 삼성전자에 비해 15%에 불과한 LG전자의 배당금은 매우 적을 것 같습니다. 하지만 계산을 해보면 그렇지 않습니다. 액면가 차이 때문입니다. 삼성전자의 액면가가 100원이고 LG전자의 액면가가 5천 원이라면, 삼성전자의 배당금은 100×3.54=354원이 되고 LG전자의 배당금은 5,000×0.15=750원이 됩니다. 액면가 차이로 인해 배당률이 낮은 LG전자의 배당금이 배당률이 높은 삼성전자의 배당금보다 2배 정도 많은 것이지요.

우선주 vs. 보통주

배당투자에 좋은 주식은 우선주입니다. 우선주는 의결권이 없는 대신 보통주보다 배당을 1% 더 받습니다. 주가는 종목에 따라 다르지만 대부분의 우선주는 보통주보다 작게는 15%, 많게는 절반에도 못 미치는 가격을 보입니다.

2019년의 예를 들어보겠습니다. LG화학의 경우 보통주의 배당부주가는 30만 8천 원, 배당금은 2천 원, 배당수익률은 0.65%입니다. 반면 우선주의 배당부주가는 17만 3천 원, 배당금은 보통주보다 1% 더 많은 2,050원, 배당수익률은 1.19%입니다. 보통주에 투자하면 0.65%의 수익률을 올릴 수 있지만 우선주에 투자하면 1.19%의 수익률을 올릴 수 있는 것이지요.

다른 예도 살펴보겠습니다. LG전자의 경우 보통주의 배당부주가는 7만 1,300원, 우선주의 배당부주가는 2만 9,050원입니다. LG전자의 보통주 배당금은 750원이고, 우선주 배당금은 보통주보다 1% 더 높은 800원입니다. 이 경우 LG전자 보통주의 배당수익률은 750/71,300=1.05%지만, 우선주의 배당수익률은 800/29,050=2.8%입니다. 우선주에 투자할 시 보통주보다 월등히 높은 수익률을 기대할 수 있는 것이지요.

높은 배당성향은 주가의 하방경직성으로도 작용합니다. 앞에서 예시로 든 LG전자 우선주의 경우 주가가 2만 9천 원일 때 2.8%의 배당수익률을 보이고 있습니다. 그런데 만약 분모의 주가가 2만 5천 원까지 하락한다면 배당수익률은 3.2%까지 올라가게 됩니다. 그러다 보니 배당수익을 노린 신규 매수세가 들어와서 주가의 하락을 방지하는 역할을 하곤 합니다.

채권의
특성과 분류

채권이란 자금을 조달하기 위한 목적으로 발행하는 차용증서입니다. 채권의 발행자는 채권의 보유자에게 정해진 날짜에 정해진 금액을 지급할 것을 약속합니다. 예를 들어 손오공이 저팔계에게 1만 원을 빌렸습니다. 돈을 빌리면서 손오공이 저팔계에게 내일까지 원금 1만 원과 이자 100원을 갚겠다고 종이에 써주었다면, 이 종이가 바로 채권입니다. 결국 채권은 돈이 필요한 곳에서 발행하는 차용증서라는 것을 알 수 있습니다.

채권의 발행자는 정부, 지방자치단체, 은행, 기업 등입니다. 정부에서 정책 집행에 소요되는 자금을 조달하기 위해 발행한 채권이 바로 국채입니다. 하지만 국회의 의결을 거쳐야 하기 때문에 정부에서 마음대로 국채를 발행할 수는 없습니다. 마찬가지로 지방자치단체에서 채권을 발행하면 지방채가 됩니다. 지방채는 특별시·광역시와 같은 지방자치단체가 「지방재정법」에 의거해 특정한 목적의 달성에 필요한 자금을 조달하기 위해 발행하는 채권을 뜻합니다. 특수채는 한국전력공사, 한국토지주택공사, 예금보험공사 등 「특별법」에 의해 설립된 법인이 발행하는 채권이며, 이 밖에도 은행에서 발행하는 은행채와 기업에서 발행하는 회사채가 있습니다.

만기 원리금이
보장되는 채권

채권은 이자를 주기 때문에 주로 자산운용사, 보험사, 은행, 개인투자자가 삽니다. 손오공은 저팔계에게 1만 원을 빌렸지만 실제로 갚아야 하는 돈은 이자 100원을 더한 1만 100원입니다. 자산운용사나 보험사들은 이런 이자를 챙기려는 목적으로 채권을 매수하는 것이지요. 다시 말해 자산운용사나 보험사 입장에서는 채권이 하나의 투자상품인 것입니다.

채권은 기본적으로 만기까지의 원리금 지급 기준이 확정되어 있습니다. 만기는 돈을 갚는 날이고, 원리금은 원금과 이자를 더한 금액입니다. 손오공은 저팔계에게 내일까지 원금 1만 원과 이자 100원을 갚겠다고 했으므로, 이때 만기는 내일이 되고 원리금은 1만 100원이 됩니다.

채권의 또 한 가지 특징은 이자지급증권입니다. 채권을 발행한 사람은 자신의 경제적 사정과 관계없이 정해진 이자를 정해진 날짜에 채권 보유자에게 지급해야 합니다. 이것이 주식의 배당과 다른 점입니다. 기업은 실적이 나빠져 적자가 나면 배당을 지급하지 못하지만, 채권은 다른 변수에 관계없이 반드시 이자를 지급해야 합니다. 만일 이자를 지급하지 못하면 이 회사는 부도가 난 것이 됩니다.

참고로 채권은 대체로 3년, 5년, 10년 등 장기증권입니다. 이해를 돕기 위해 손오공이 저팔계에게 하루 만에 돈을 갚는 예시를 들었지만, 실제로는 채권을 발행해서 갚을 때까지의 기간이 매우 깁니다. 또한 채권은 기한이 정해져 있습니다. 채권의 발행자는 채권 보유자에게 3년이면 3년, 10년이면 10년, 그 기한이 지나면 원리금을 모두 돌려줍니다. 이렇게 채권의 상환이 모두 종료되는 날까지의 소요 기간을 만기라고 합니다.

채권의
세 가지 특성

채권의 특성은 크게 세 가지로 설명할 수 있습니다. 첫 번째가 수익성이고, 두 번째가 안정성, 세 번째가 유동성입니다.

나의 첫 대체투자 공부

첫 번째 특성은 수익성입니다. 채권의 수익은 이자소득과 자본소득으로 구성됩니다. 채권을 가지고 있으면 이자가 나오는데, 이로 인한 수익이 바로 이자소득입니다. 또한 채권도 주식처럼 가격이 변하기 때문에 갖고 있는 채권의 가격이 올라서 팔게 되면 자본소득도 얻게 됩니다.

두 번째 특성은 안정성입니다. 일반적으로 채권을 발행하는 곳은 정부, 지방자치단체, 공공단체, 금융기관, 신용등급이 높은 주식회사 등입니다. 그러다 보니 돈을 갚지 않을 위험이 상대적으로 적습니다. 물론 1997년 IMF 외환위기 때처럼 급격하게 경제 상황이 나빠지거나 경영 실적이 극도로 악화되면 갚지 못하기도 합니다(이렇게 돈을 갚지 못하는 위험을 채무불이행 위험이라고 합니다). 아주 가끔씩은 신용이 좋은 곳에서도 돈을 갚지 못하는 경우가 발생하기 때문에 신용등급이 낮은 곳이 발행하는 채권은 아무도 사가지 않습니다.

세 번째 특성은 유동성입니다. 채권은 돈이 필요할 때 언제든 팔아서 현금으로 바꿀 수 있습니다. 채권이 거래되는 유통 시장이 있기 때문에 만기가 되기 전이라도 자유롭게 중도 매매가 가능합니다. 이렇게 언제든지 현금으로 바꿀 수 있는 것을 유동성이 좋다고 표현합니다.

주식과 채권을 잠깐 비교해보도록 하겠습니다. 주식은 자기자본이므로 자본금으로 계산되는 반면, 채권은 타인자본이기 때문에 부채로 계산됩니다. 또한 주식을 가진 사람은 주주라고 하고 채권을 가진 사람은 채권자라고 합니다. 주주는 배당을 받고 채권자는 이자를 받습니다. 투자를 회수할 때는 주식은 매도를 하거나 특별한 경우에 회사에

주식과 채권의 차이

구분	주식	채권
발행 주체	주식회사	정부, 지방자치단체, 은행, 기업 등
자본의 성격	자기자본(자본금)	타인자본(부채)
소유자의 지위	주주	채권자
상환기간 여부	상환기간이 없으며 배당을 지급	이자를 지급하며 만기 시 원금을 상환
회사 청산 시	후순위 변제권	선순위 변제권

주식을 사달라고 하는 주식매수청구권을 행사합니다. 채권은 만기에 상환을 받거나 아니면 중도에 매도하기도 합니다. 주식은 상환기간이 없지만 채권은 상환기간이 있습니다.

채권의 분류

채권은 종류가 많습니다. 앞서 국채와 지방채 등에 대해 설명을 드렸는데요. 이는 채권을 발행한 곳을 기준으로 한 분류입니다. 채권을 나누는 기준은 여러 가지가 있는데, 하나씩 알아보도록 하겠습니다.

보증 유무에 따라 채권은 보증채와 무보증채로 구분합니다. 채권

나의 첫 대체투자 공부

을 발행한 곳에서 돈을 갚지 못해도 대신 갚아주겠다고 보증을 서는 곳이 있으면 보증채, 없으면 무보증채입니다. 옛날에는 증권사에서 "만일 이 채권이 부도나면 내가 모두 물어주겠소." 하고 채권을 팔았습니다. 증권사에서 보증을 약속하고 보증채를 발행한 것이지요. 그러다가 1997년 IMF 외환위기가 터져 회사채를 발행한 많은 회사들이 부도가 났습니다. 경제 상황이 어려운 와중에도 보증채를 발행한 증권사는 채권자에게 돈을 모두 물어줄 수밖에 없었지요. 물어주지 못한 몇몇 증권사는 부도가 나기도 했습니다. 이후 보증채는 자취를 감추게 되었고 지금은 무보증채만 거래되고 있습니다. 그러다 보니 신용도가 낮은 중소기업은 돈이 필요해도 채권을 발행하지 못하는 실정입니다.

채권은 이자를 지급하는 방법에 따라서도 분류됩니다. 단리채, 할인채, 복리채, 이표채로 나누어지는데요. 단리채는 만기일에 원리금을 일시에 받는 채권으로, 단리 이자를 가정해 만기 원리금을 계산합니다. 단리채와 달리 할인채는 단리로 계산된 만기까지의 이자를 액면금액에서 빼서 발행합니다. 예를 들어 연 3% 이자, 1년 만기, 1만 원짜리 채권을 9,709원에 사서 만기가 되면 1만 원을 받는 식입니다. 복리채는 만기일에 원리금을 일시에 받는 채권으로 처음에 정한 이율로 복리로 재투자해 만기 원리금을 계산합니다. 1만 원짜리 채권을 3% 이자, 3년 만기로 샀다고 가정해봅시다. 3년이 지나 만기가 되면 $10,000 \times (1+0.03)^3 = 10,927$원을 받게 됩니다. 이표채는 이자 지급을 약속하는 이표가 부여된 채권으로, 이자 날짜가 되면 이표를 하나씩 떼고 대신 이자를 줍니다.

액면이자를 기준으로 분류하기도 합니다. 이자가 사전에 정해진 채권은 고정금리채, 이자가 특정 기준금리에 연동되어 변하는 채권은 변동금리채라고 합니다. 기준금리의 움직임과 반대로 이자를 지급하는 채권은 역변동금리채라고 합니다.

상환방법에 따라 분류하면 채권의 원금을 일시에 상환하는 만기상환채, 일정 기간 거치 후에 액면을 분할 상환하는 분할상환채로 나누어집니다. 기간에 따라서는 1년 이하를 단기채, 1~10년을 중기채, 10년 이상을 장기채라고 합니다.

채권 중에서 조금 특이한 채권이 있습니다. 후순위채라고 하는 것입니다. 후순위채는 채권을 발행한 곳이 망했을 때, 다른 일반 채권자들의 빚이 모두 청산된 다음에서야 자신의 원리금을 받을 수 있는 채권입니다. 그러다 보니 이율은 높습니다. 또한 주로 은행처럼 거의 망하지 않을 회사들이 발행하곤 합니다.

최근에는 신종자본증권이라는 것도 나타났습니다. 신종자본증권의 만기는 보통 30년 정도입니다. 채권을 발행한 곳이 망했을 때 후순위채보다도 더 뒤에 돈을 돌려받습니다. 후후순위채입니다. 따라서 만일 무슨 일이 생기면 돈을 돌려받지 못하는 것을 각오해야 합니다. 이렇게 위험하다 보니 역시 이자는 높게 줍니다. 그리고 후순위채와 같이 거의 망하지 않을 회사들이 주로 발행합니다. 신종자본증권을 발행하는 이유는 신종자본증권은 채권이지만 주식처럼 자본으로 인정받기 때문입니다. 그래서 재무건전성을 확보하고자 하는 은행에서 많이 발행합니다.

채권과 주식을
절충한 메자닌

다음은 채권의 성격을 가진 주식, 주식의 성격을 가진 채권에 대해서 알아보겠습니다. 이런 투자상품은 주식과 채권의 중간 정도에 위치한다고 해서 건물 1층과 2층 사이에 있는 라운지 공간을 의미하는 메자닌(mezzanine)이라는 이름이 붙었습니다.

먼저 상환전환우선주(RCPS; Redeemable Convertible Preferred Stock)에 대해 알아보겠습니다. 상환전환우선주는 보통주보다 먼저 배당을 받고, 남은 재산을 분배할 때도 우선적으로 받는 주식입니다. 주주의 선택에 의해서 일정한 기간 동안 확정된 배당을 받습니다. 보통주는 실적이 안 좋으면 배당을 주지 않지만 상환전환우선주는 배당을 줘야 합니다. 만일 그 해에 실적이 나빠 주지 못했다면 그다음 해에는 배당을 줘야 하며, 그다음 해에도 주지 못했다면 내후년에라도 줘야 합니다. 즉 누적적으로 배당을 받을 수 있습니다. 그리고 일정한 기간이 지나면 보통주로 전환하거나 아니면 상환할 수 있는 권리가 부여되어 있는데요. 자본으로 인정받는 주식이지만 성격은 채권과 같습니다.

신주인수권부사채(BW; Bond with Warrant)는 일정 기간이 지나면 미리 정해진 가격으로 신주를 살 수 있는 권리가 부여된 채권입니다. 정해진 가격이 주가보다 낮으면 그 차액만큼 이익이 나게 됩니다. 만일 정해진 가격이 주가보다 높으면 주식을 사지 않으면 됩니다. 신주를 인수할 때는 추가로 자금을 넣어야 합니다. 전환사채(CB; Convertible Bond)는 일정한 조건에 따라 채권을 발행한 회사의 주식으로 전환할 수 있는 권리가 부여된 채권입니다. 신주인수권부사채와 마찬가지로 가격이 낮으면 사서 이윤을 남기고, 가격이 높으면 포기하면 되지요. 주식을 사게 되는 경우에는 사채가 주식으로 전환하게 됩니다. 신주인수권부사채와 전환사채는 이렇게 유리한 점이 있다 보니 일반 채권을 발행할 때보다는 이자가 낮습니다.

교환사채(EB; Exchangeable Bond)는 일정 조건에 따라 채권을 발행한 회사가 보유하고 있는 다른 회사의 주식으로 전환할 수 있는 권리가 부여된 채권입니다. 전환사채와 거의 흡사합니다. 다른 점은 채권 발행사의 주식을 받느냐, 채권 발행사가 보유한 다른 회사의 주식을 받느냐 하는 것입니다.

사모대출에서의 메자닌투자는 M&A를 통한 상장, 재금융(기존 대출을 새로운 대출을 통해 상환하는 것) 등 자본 조달이 필요한 기업을 대상으로 합니다. 주로 후순위 대출 및 일부 지분에 투자해 안정적인 이자수익과 자본 차익을 추구하지요. 기대수익률은 채권보다 높은 편이며 할인 발행, 현물지급채권, 조기상환수수료 등이 포함된 조건으로 실행합니다. 대출 만기는 6~8년이지만 조기상환되는 경우가 많습니다.

채권수익률과
수익률곡선

이번에는 조금 딱딱한 이야기를 해야 할 것 같습니다. 숫자와 공식이 나오거든요. 그냥 읽어보시고 '그렇구나.' 하고 넘어가도 좋습니다.

채권수익률을
구하는 방법

먼저 이자율에 대해 알아보겠습니다. 이자는 화폐의 시간적 가치입니다. 그리고 이자율은 화폐의 현재가치와 미래가치의 교환비율입니다.

일반적으로 미래가치는 현재가치에 '(1+이자율)'을 곱해서 계산됩니다. 예를 들어 사과가 하나 있습니다. 지금 이 사과는 1천 원이지만 내년에는 1,100원이 됩니다. 이 경우 이자는 100원이고, 이자율은 10%가 됩니다.

채권수익률도 계산을 통해 구할 수 있습니다. 채권수익률은 현재 거래되고 있는 채권의 가격과 앞으로 이 채권을 가지고 있을 경우에 받을 수 있는 총금액의 가치를 일치시켜주는 숫자입니다. 편하게 만기까지 가지고 있으면 내가 받을 수 있는 수익률이라고 생각하면 됩니다. 이를 식으로 나타내면 다음과 같습니다. 단번에 이해하긴 어려우니 그냥 넘어가도록 하겠습니다.

$$PV_0 = \sum_{t=1}^{N} \frac{FCF_t}{(1+R)^t}$$

* FCF$_t$: 채권으로부터 발생하는 매기 말 기대 현금흐름
* PV$_0$: 채권의 현재 가격

채권수익률은 종류가 많습니다. 먼저 표면이자율(coupon rate)은 채권의 표면에 기재된 이율입니다. 표면금리라고 하지요. 만기수익률(YTM; Yield to Maturity)은 투자자가 채권을 구입해 만기까지 보유할 경우 얻게 되는 수익률입니다. 보통 채권수익률이라고 이야기하면 만기수익률을 이야기하는데요. 만기수익률로 채권 간의 수익률을 비교할 수 있고, 채권을 매매할 때는 매매호가의 기준으로도 이용합니다. 총투자수익률은 채권을 샀다가 팔았을 경우 그 기간 동안 벌어들인

회사채의 등급

AAA	원리금 지급 확실성이 최고 수준이며, 예측 가능한 장래의 환경 변화에 영향을 받지 않을 만큼 안정적이다.
AA+, AA, AA-	원리금 지급 확실성이 매우 높으며, 예측 가능한 장래의 환경 변화에 영향을 받을 가능성이 적다.
A+, A, A-	원리금 지급 확실성이 높지만, 장래의 환경 변화에 영향을 받을 가능성이 상위 등급에 비해 높다.
BBB+, BBB, BBB-	원리금 지급 확실성은 있으나, 장래의 환경 변화에 따라 지급 확실성이 저하될 가능성이 내포되어 있다.
BB+, BB, BB-	최소한의 원리금 지급 확실성은 인정되지만, 장래의 안정성 면에서는 투기적 요소가 내포되어 있다.
B+, B, B-	원리금 지급 확실성이 부족하며, 그 안정성이 가변적이어서 매우 투기적이다.
CCC	채무불이행이 발생할 가능성이 높다.
CC	채무불이행이 발생할 가능성이 매우 높다.
C	채무불이행이 발생할 가능성이 극히 높고 합리적인 예측 범위 내에서 채무불이행 발생이 불가피하다.
D	현재 채무불이행 상태에 있다.

자료: 한국기업평가

수익률입니다. 연평균수익률은 미래가치를 투자원금인 현재가치로 나누어 연단위 단리수익률로 나타낸 것입니다.

2019년 9월을 기준으로 우리나라의 채권수익률은 국고채 1년이 1.2%대, 3년이 1.3%대, 5년이 1.35%대입니다. 회사채의 수익률은 더 높아서 신용등급이 AA-인 CJ대한통운이나 롯데카드는 1.6%대, 신용등급이 A+인 대림산업, OCI는 1.8%대, 신용등급이 A인 롯데건설, SK케미칼은 2.0%대, 신용등급이 A-인 한화갤러리아, 대우건설은 2.5%대를 보이고 있습니다. 이보다 신용등급이 낮은 BBB+의 대한항공이나 SK해운의 경우에는 5.1%대를 보이고 있습니다.

참고로 회사채 등급은 신용도에 따라 AAA, AA+, AA, AA-, A+, A, A-, BBB+, BBB, BBB-, BB+, BB, BB-, B+, B, B-, CCC, CC, C, D의 20개 등급으로 나뉘어져 있습니다. BBB- 등급 이상은 투자등급, BB+ 이하는 투기등급으로 분리하고 있습니다.

수익률곡선이란 무엇인가?

수익률곡선이라고 하는 것이 있습니다. 한 시점에서 신용도가 동일한 발행 주체가 발행한 동질의 채권을 대상으로 만기별 이자율을 만기에 따라 연결한 선을 뜻합니다. 그래서 채권 시장의 각 만기별로 기준금리의 성격을 지니고 있습니다.

말이 좀 어렵습니다. 쉽게 말해 우리가 은행에 가서 1년 정기예금을 가입하면 1%, 2년 정기예금을 가입하면 1.2%, 3년 정기예금을 가입하면 1.3%의 이자를 준다고 가정해봅시다. 이 경우 1, 1.1, 1.2, 1.3을 이은 선이 바로 수익률곡선입니다.

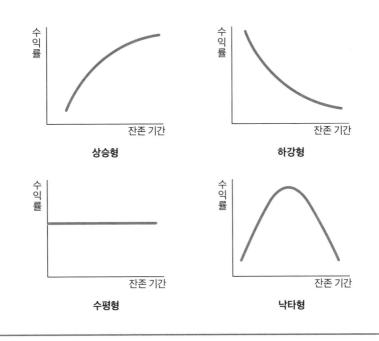

수익률곡선의 형태는 몇 가지가 있는데요. 가장 일반적인 경우가 바로 앞에서 이야기한 것과 마찬가지로 기간이 길수록 상승하는 상승형 수익률곡선입니다. 정상수익률곡선이라고도 하지요. 단기이자율이 장기이자율을 하회하는 수익률곡선으로, 앞으로 이자율이 상승할 것으로 전망되는 시기에 발생합니다. 하강형 수익률곡선은 단기이자율이 장기이자율을 상회하는 수익률곡선입니다. 이 곡선은 현재 이자율수준이 상당히 높은 수준에 있을 때 관찰됩니다.

수평형 수익률곡선은 단기이자율과 장기이자율이 거의 같은 수준으로 유지되는 형태입니다. 앞으로의 이자율 수준이 현재의 이자율 수준과 변동이 없을 것이라는 전망하에 나타나는 형태입니다. 마지막으로 낙타형 수익률곡선은 단기이자율이 급격히 상승하다가 어느 시점에서 장기이자율이 서서히 하강하는 형태입니다. 정부의 일시적 금융긴축으로 시중의 단기자금이 아주 악화되었을 때 관찰됩니다.

버턴 말킬의
다섯 가지 원리

미국의 경제학자 버턴 말킬(B.G Malkiel)은 채권가격의 움직임에 대해 몇 가지 원리를 들어 설명합니다. 그냥 읽으면 무슨 말인지 잘 모르겠지만, 그가 정리한 다섯 가지 원리를 재차 곱씹어 읽어보면 무슨 뜻인지 이해가 갈 것입니다.

첫 번째는 채권가격이 채권수익률과 반비례한다는 것입니다. 앞서 채권수익률을 구하는 공식에서도 채권가격은 분자에 위치해 있고 채권수익률은 분모에 위치해 있습니다. 그러므로 채권수익률이 올라가면 채권가격이 내려가고, 채권수익률이 내려가면 채권가격이 올라가게 됩니다.

두 번째는 만기가 긴 채권일수록 수익률 변동에 따른 채권가격의 변동 폭이 더 크다는 것입니다. 아무래도 기간이 길수록 이런저런 일이 많이 발생하겠지요. 그러니 변동 폭도 더 클 수밖에 없습니다.

나의 첫 대체투자 공부

세 번째는 채권수익률 변동에 따른 채권가격의 변동 폭은 만기가 길어지면 커지지만 그 증가율은 체감, 즉 줄어든다는 것입니다. 이것도 곰곰이 생각해보면 금방 이해가 갈 것입니다. 만기가 길어질수록 그 증가율은 한계가 있기 때문에 체감할 수밖에 없지요.

네 번째는 만기가 일정할 때 수익률 하락으로 인한 가격 상승폭은 수익률 상승으로 인한 가격 하락폭보다 크다는 것입니다. 예를 들어 2만 원이 1만 5천 원으로 하락하면 25% 하락하는 것이지만, 1만 5천 원이 다시 2만 원으로 상승하려면 33% 상승해야 합니다. 마찬가지로 100만 원이 50만 원으로 하락하면 50% 하락하는 것이지만, 50만 원이 다시 100만 원으로 상승하려면 100% 상승해야 합니다.

다섯 번째는 채권수익률 변동으로 인한 채권가격의 변동률은 표면이율이 높을수록, 채권의 이자 지급 주기가 짧을수록 작아진다는 것입니다. 표면이자율이 높을수록 그 한계가 있고, 이자 지급 주기가 짧을수록 현금흐름도 같이 증가하기 때문에 변동률도 작아지는 것입니다.

이 다섯 가지 원리를 곰곰이 생각해보면 채권가격의 움직임에 대해 이해하기 쉬울 것입니다.

채권투자 전략과 리스크

채권투자 전략은 크게 소극적 전략과 적극적 전략으로 나뉩니다. 소극적 전략에는 채권을 일단 매입하면 만기까지 보유하는 만기보유 전략, 자금운용 기간을 듀레이션(채권투자자금의 평균 회수 기간)과 일치시키는 면역 전략, 최장 만기를 정하고 이 기간 내에 각 만기별 채권을 균등하게 보유해 만기를 분산시킴으로써 위험도 같이 분산시키고 유동성도 높이는 사다리형만기 전략, 단기채와 장기채에만 투자하고 중기채는 보유하지 않음으로써 위험 분산과 유동성을 높이는 바벨형 전략이 있습니다.

적극적 전략에는 수익률을 예측해서 수익률 하락이 전망되면 장

채권투자 전략

소극적 전략

| 만기보유 전략 | 면역 전략 | 사다리형만기 전략 | 바벨형 전략 |

적극적 전략

| 수익률예측 전략 | 수익률곡선타기 전략 | 교체매매 전략 | 스프레드운용 전략 |

기채 위주로 투자하고 수익률 상승이 전망되면 단기채 위주로 투자하는 수익률예측 전략, 수익률곡선에서 만기는 짧아지는데 수익률은 그대로 유지될 경우 매입하는 수익률곡선타기 전략, 채권 시장의 상황에 따라 채권을 적극적으로 매매하는 교체매매 전략, 채권 종목 간의 수익률 격차가 벌어졌을 때 사용하는 스프레드운용 전략 등이 있습니다.

필자는 과거 증권사에서 채권운용본부장으로 일한 적이 있는데요. 채권부서 팀장들, 채권펀드매니저들과 항상 회의한 주제가 향후 금리 예측에 대한 내용이었습니다. 앞으로 금리가 상승할 것인지, 하락할 것인지에 따라 투자 전략이 완전히 달라지기 때문입니다. 사실 이런 채권투자 전략은 채권펀드매니저가 사용하는 방법이라서 일반투자자들이 굳이 알 필요는 없습니다. 하지만 채권에 대한 이해를 위해 '채권펀드매니저들이 이런 방법으로 운용하는구나!' 하고 알아두면 좋을 것 같아 소개하게 되었습니다.

채권 시장의
강세와 약세

앞에서도 이야기했지만 채권수익률과 채권의 가격은 반비례 관계에 있습니다. 채권수익률 계산식에서 이자율 r은 분모에 있습니다. 그래서 이자율이 하락하면 채권가격은 상승하고, 이자율이 상승하면 채권가격이 하락합니다. 채권 시장의 강세는 채권가격이 상승하는 것이고 따라서 채권수익률이 하락할 때입니다. 이 부분은 주식 시장과 다릅니다. 주식 시장의 강세는 주식의 가격이 상승할 때이고 종합주가지수가 상승할 때입니다. 하지만 채권은 채권수익률이 하락할 때가 강세 시장입니다.

　이 부분을 어려워하는 분들이 많아서 간단한 예를 하나 들어보겠습니다. 1년 만기이고, 액면가는 1만 원, 이자가 8%인 채권이 있다고 가정합니다. 원리금은 1만 800원이 됩니다. 이때 채권수익률이 8%라면 채권가격은 다음과 같이 구할 수 있습니다.

$$\frac{10,800}{(1+0.08)}=10,000원$$

만일 채권수익률이 6%로 하락하거나, 10%로 상승하면 채권가격은 어떻게 될까요?

$$\text{채권수익률 6\% 하락: } \frac{10,800}{(1+0.06)} = 10,188원$$

$$\text{채권수익률 10\% 상승: } \frac{10,800}{(1+0.10)} = 9,818원$$

즉 채권수익률이 6%로 하락하게 되면 채권 가격은 1만 188원이 되어 채권의 강세가 이루어지고, 채권수익률이 10%로 상승하게 되면 채권 가격은 9,818원이 되어 채권의 약세가 되는 것입니다.

채권투자의
리스크

채권투자의 리스크는 채권 시장 전체에 미치는 리스크인 이자율 리스크와 구매력 리스크가 있고, 개별 채권에 미치는 리스크인 채무불이행 리스크, 신용 리스크, 수의상환 리스크, 유동성 리스크가 있습니다.

이자율 리스크는 다시 가격 리스크와 재투자 리스크로 구분됩니다. 가격 리스크는 이자율이 상승하는 경우 채권가격이 하락하게 되는 리스크로, 채권의 만기까지 채권을 보유함으로써 회피할 수 있습니다. 재투자 리스크는 이자율이 하락해 이자 또는 원금을 재투자할 때 기

채권투자 리스크의 종류

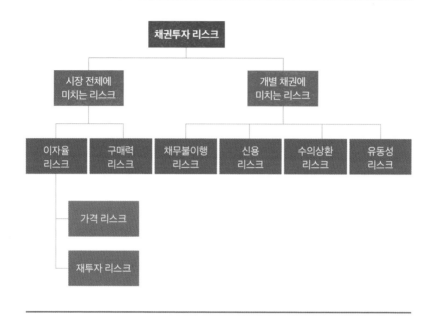

존보다 낮은 수익을 얻는 리스크입니다. 재투자 리스크는 채권의 만기까지 채권을 보유해도 회피할 수 없습니다. 가격 리스크와 재투자 리스크는 서로 상반되는 모습을 보입니다. 이자율이 하락하면 채권가격은 상승하지만 재투자수익은 감소하고, 이자율이 상승하면 채권가격은 하락하지만 재투자수익은 증가합니다.

구매력 리스크는 명목이자율의 변동이 없는 상황에서 인플레이션이 높은 경우 실질이자율이 감소해 구매력이 줄어드는 리스크입니다. 인플레이션 증가에 따른 리스크를 극복하기 위해서는 인플레이션과 연동해 원리금을 지급하는 물가연동국고채에 투자하는 방법이 있습

나의 첫 대체투자 공부

니다. 이를 통해 인플레이션 위험을 효과적으로 제거할 수 있습니다. 반대로 인플레이션이 극도로 낮거나 디플레이션이 발생하는 경우에는 실질이자율이 증가해 구매력이 늘어납니다.

개별 채권에 미치는 리스크인 채무불이행 리스크는 돈을 갚지 못하는 리스크입니다. 가장 최악의 리스크라고 할 수 있습니다. 신용 리스크는 채권 발행자의 신용등급이 하락해서 채권가격도 같이 하락하는 리스크입니다.

수의상환 리스크는 중간에 상환해버리는 리스크입니다. 콜옵션부 채권은 채권 발행자가 만기 이전에 원금을 상환할 수 있는 권리가 부여된 채권입니다. 채권의 이자율보다 시장이자율이 낮아지게 되면 콜옵션을 행사해 중간에 상환하게 되는데, 기존 원금을 갚고 시장에서 새로 발행하게 되면 그 차익만큼 이익이 됩니다. 채권 발행자 입장에서는 당연히 옵션을 행사하겠지요. 채권 발행자 입장에서는 이익이지만 채권 보유자 입장에서는 높은 이자를 잘 받고 있다가 돈을 다 갚아버리니 아쉽습니다. 채권 보유자는 수의상환 리스크로 인해 애초에 예상한 기대수익률 달성에 실패하게 되고, 또 다른 투자처를 찾아나서야 합니다.

마지막으로 유동성 리스크는 채권을 매도하려고 할 때 매수 상대방을 찾지 못하는 리스크입니다. 이 경우 적정가격을 받지 못할 가능성이 매우 큽니다. 일반적으로 사겠다는 사람과 팔겠다는 사람의 가격 차이가 적을수록 유동성 리스크는 낮다고 봅니다.

2장

공모펀드와
파생상품

펀드란
무엇인가?

투자의 방법에는 직접투자와 간접투자가 있습니다. 직접투자는 개인이 투자에 대한 책임을 지고 투자하는 것이며, 간접투자는 전문가에게 투자를 맡기는 것입니다. 전문가는 그 분야의 전문성을 가지고 적절한 포트폴리오를 구축해 체계적으로 위험 관리를 하는 사람입니다. 우리는 이런 사람들을 보통 펀드매니저라고 부릅니다. 펀드매니저는 자산운용사와 같은 전문 금융기관에 소속되어 주식과 채권을 중심으로 운용합니다.

간접투자의 대표적인 상품은 펀드입니다. 펀드는 독립적으로 운용되고 있는 자금의 모임으로, 크게 공모펀드와 사모펀드로 구분합니다.

공모펀드는 일반 대중을 상대로 한 펀드이고, 사모펀드는 일정 수 이하의 제한된 투자자들을 모집해 운영되는 펀드입니다. 사모펀드에 참여할 수 있는 투자자의 수는 100인(과거 49인에서 변경) 이하이지요.

이번 장에서는 공모펀드에 대한 이야기를 하겠습니다. 펀드의 첫 번째 장점은 포트폴리오의 구축이 용이하다는 점입니다. 개인투자자가 자신이 가진 100만 원으로 적절한 포트폴리오를 구축하기란 힘듭니다. 하지만 100만 원씩 가진 1만 명이 모여 100억 원이 된다면 포트폴리오를 구축하기 용이해지지요. 두 번째 장점은 전문가의 도움을 받을 수 있다는 점입니다. 물론 공짜로 받지는 못합니다. 수수료를 내야 합니다.

펀드의
분류

펀드는 주식형과 채권형, 그리고 혼합형으로 구분됩니다.

주식형펀드는 펀드 재산의 60% 이상을 주식 및 주식 관련 파생상품에 투자하는 펀드입니다. 운용 전략, 투자 테마, 포트폴리오 구성 방식에 따라 다양한 형태로 구분됩니다. 지수보다 더 높은 수익을 추구하는 액티브(active)형과 지수를 추종하는 패시브(passive)형으로 나누기도 하고, 가치(value)주와 성장(growth)주로 나누기도 하며, 대형주와 중형주와 소형주로 나누기도 합니다. 섹터펀드, 산업펀드, 그룹형

나의 첫 대체투자 공부

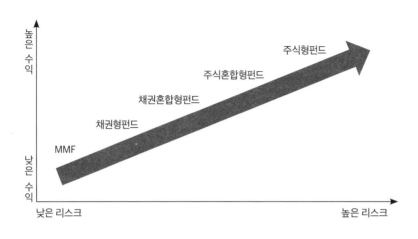

펀드로 나누기도 하지요.

채권형펀드는 펀드 재산의 60% 이상을 채권 및 채권 관련 파생상품에 투자하면서 주식을 편입하지 않는 펀드입니다. 채권형펀드는 시장금리의 영향을 받으며 주식형펀드에 비해 기대수익률과 리스크가 낮은 저위험 저수익 상품입니다. 일반적으로 펀드의 리스크는 적극적펀드가 소극적펀드보다 더 크고, 회사채형펀드가 국공채형펀드보다 더 크며, 듀레이션이 긴 펀드가 듀레이션이 짧은 펀드보다 더 큽니다.

혼합형펀드는 주식과 채권 등에 적절히 배분해 투자하는 상품입니다. 주식의 최고 편입비율이 50% 이상인 경우 주식혼합형펀드라고 하고, 주식의 최고 편입비율이 50% 이하인 경우 채권혼합형펀드라고 합니다.

기대수익률은 주식형펀드가 가장 크고 그다음이 주식혼합형펀드, 채권혼합형펀드, 채권형펀드의 순입니다. 리스크도 역시 주식형펀드가 가장 크고 그다음이 주식혼합형펀드, 채권혼합형펀드, 채권형펀드의 순입니다.

이 밖에도 전환형펀드와 모자(母子)펀드가 있는데요. 전환형펀드는 서로 다른 여러 종류의 펀드상품으로 전환할 수 있는 권리가 부여된 펀드입니다. 일반적으로 먼저 별도의 독립된 하위펀드를 구성하고, 이러한 독립된 하위펀드 몇 개를 모아서 하나의 전환형펀드를 구성하는 방식입니다. 전환형펀드는 투자자에게 펀드 전환권을 부여하고 환매수수료와 선취판매수수료를 징구하지 않기 때문에 수수료를 절감할 수 있습니다.

모자펀드는 모(母)펀드와 자(子)펀드를 설정하고, 자펀드는 모펀드의 펀드를 취득하는 형태로 운용하는 펀드입니다. 투자자가 자펀드에 가입하면 자펀드는 모펀드의 펀드에 투자하게 되고, 이렇게 다수의 자펀드에서 모인 펀드 재산을 모펀드에서 운용하는 형태입니다. 조직도가 우산 모양과 닮았다고 해서 엄브렐러(umbrella)펀드라고도 합니다.

추가로 돈을 넣을 수 있느냐 없느냐에 따라 넣을 수 있으면 추가형펀드, 넣을 수 없으면 단위형펀드로 분류합니다. 또한 중간에 아무 때나 돈을 찾을 수 있는 펀드를 개방형펀드, 아무 때나 돈을 찾을 수 없는 펀드를 폐쇄형펀드로 분류합니다. 폐쇄형펀드의 경우 유동성 확보를 위해서 최초 발행일로부터 90일 이내에 펀드를 거래소에 상장시켜야 합니다. 하지만 거래가 많이 되지 않는 경우에는 펀드의 기준가보다 낮은 시세로 거래가 형성됩니다.

특징이 있는
펀드들

특징이 있는 펀드로는 인덱스펀드가 있습니다. 인덱스펀드는 종합주가지수의 상승률을 추종하는 펀드로, 종합주가지수의 수익률을 이기기보다 종합주가지수만큼만 수익을 내겠다는 생각이 강합니다. 그러다 보니 시가총액이 큰 종목 위주로 투자를 합니다.

재간접펀드는 펀드가 다시 펀드에 투자하는 경우입니다. 여러 펀드에 분산투자함으로써 위험을 최소화하고 수익을 확보하려는 전략인데요. 특히 해외투자 등 투자 대상에 직접투자가 어려운 경우에 많이 활용합니다. 시장에서 잘한다고 소문난 펀드만 골라 가입할 수 있으므로 펀드 운용의 안정성이 어느 정도 보장되는 장점이 있습니다. 하지만 펀드의 보수를 이중으로 부담해야 한다는 것은 약점입니다.

해외펀드는 해외의 주식이나 채권에 투자하는 펀드입니다. 역내펀드와 역외펀드로 구분합니다. 역내펀드는 국내 운용사가 국내 법률에 근거해 국내 투자자를 대상으로 전 세계 자산에 투자하는 펀드이고, 역외펀드는 해외 운용사가 외국의 법률에 근거해 펀드를 설립한 후 전 세계 투자자를 대상으로 전 세계 자산에 투자하는 펀드입니다. 해외펀드는 국내펀드보다 불편한 점이 많습니다. 국내펀드는 돈이 필요해서 찾을 때 3~4일이면 되지만 해외펀드는 7~10일 정도 소요됩니다. 환매금액도 국내펀드는 2~3영업일이 지나면 알 수 있는데 해외펀드는 4영업일이 지나야 알 수 있습니다. 수수료도 해외펀드가 국내펀드보다 더 비싼 편입니다. 해외펀드와 국내펀드의 가장 큰 차이는 환율에 노출되느냐 그렇지 않느냐 여부입니다. 예를 들어 해외펀드에서 5% 수익이 나도 환율이 10% 내려버리면 오히려 손실을 보게 됩니다. 따로 환헤지(환차손을 막기 위해 환율을 미리 고정해두는 거래 방식)를 할 수도 있으나 그만큼 추가 비용을 부담하게 됩니다.

파생상품펀드도 있습니다. 파생상품펀드는 파생상품 등에 투자하는 펀드입니다. 파생상품결합형 파생상품펀드와 파생상품투자형 파생상품펀드로 구분합니다. 파생상품결합형 파생상품펀드는 파생결합증권에 50%를 초과해 투자하는 상품이고, 파생상품투자형 파생상품펀드는 파생결합증권이 아닌 선물·옵션·스왑 등 장내외 파생상품에 직접투자하는 펀드입니다.

**펀드의
운용 전략**

펀드를 운용하는 전략은 크게 소극적 전략과 적극적 전략이 있습니다. 소극적 전략은 시장 평균수익률과 시장 평균위험을 추구하는 전략입니다. 소극적 전략을 구사하는 펀드매니저의 생각은 '어차피 시장은 효율적이기 때문에 시장 예측과 증권 분석에 시간과 비용을 투자할 필요가 없다.'라는 것입니다. 따라서 시장 포트폴리오와 같이 잘 분산된 포트폴리오를 선택해서 운용합니다.

소극적 전략으로는 단순매입보유 전략과 인덱스 전략이 있습니다. 단순매입보유 전략은 증권이나 포트폴리오를 고르는 노력 없이 무작위로 증권이나 포트폴리오를 매입해 보유하는 전략입니다. 가능한 한 많은 증권이나 포트폴리오를 편입함으로써 분산투자와 평균적 기대 수익률을 추구합니다. 인덱스전략은 벤치마크 지수를 추종하는 펀드입니다. 벤치마크 지수와 유사한 투자 성과를 얻을 수 있도록 구성된 펀드로, 특정 종목을 선택하기 위한 분석이 필요 없고 상대적으로 저렴한 비용으로 투자가 가능하다는 특징이 있습니다.

적극적 전략은 시장 평균을 초과하는 수익률과 시장 평균을 초과하는 위험을 추구하는 전략입니다. 적극적 전략을 구사하는 펀드매니저의 생각은 '시장 예측이나 증권 분석을 통해서 시장 평균을 초과하는 수익을 얻을 수 있다.'라는 것입니다. 시장에는 비효율성이 존재하기 때문에 가격 불균형에 의한 추가 수익의 기회가 반드시 존재한다고 생각합니다. 실제로 시장에는 시장의 효율성을 의심하게 하는 이상 수익률 현상이 존재합니다. 1월의 주가가 다른 달의 주가보다 상승률이 높다는 '1월 효과', 소기업은 대기업에 비해 리서치 자료가 부실해서 주가 면에서 제 가치를 받지 못한다는 '소외기업 효과', 물량이 적은 소기업의 주가가 상승할 때는 급등세를 보인다는 '과잉반응 효과'

등이 존재하는 것은 사실입니다.

적극적 전략으로는 시장예측 전략과 증권선택 전략이 있습니다. 시장예측 전략은 시장 예측을 통해 우월한 수익을 줄 수 있다고 판단되는 자산군은 선제적으로 포트폴리오 내 비중을 높이고 그렇지 않은 자산군의 비중은 낮추는 방식입니다. 또 시장의 방향성을 예측해 자산별로 적절한 매수 시점과 매도 시점을 찾아냅니다. 증권선택 전략은 시장 예측 외에 증권 선택을 통해 시장 평균 이상의 초과수익을 추구하는 전략입니다. 시장에서 적정가치 대비 가격이 낮게 형성된 자산을 선택해 시장 평균 이상의 수익을 추구합니다.

좌와
기준가

펀드투자에서 가장 먼저 알아두어야 할 것은 '좌'라고 하는 단위입니다. 몸무게를 잴 때는 킬로그램(kg)이라는 단위를 사용하고, 키를 잴 때는 센티미터(cm)라는 단위를 사용합니다. 마찬가지로 펀드에서는 좌라는 단위를 사용합니다.

기준가는 매일매일 변하는 숫자입니다. 펀드의 가치가 10% 상승하면 기준가는 10% 상승합니다. 펀드의 가치가 10% 하락하면 기준가는 10% 하락합니다. 최초에 펀드가 시작할 때는 1천 좌당 1천 원으로 시작합니다. 이 펀드가 다음 날 5% 상승하면 기준가도 5% 상승해 1,050원이 됩니다. 즉 1천 좌의 가치가 1천 원에서 1,050원으로 상승한 것입니다. 이날 100만 원을 입금한 사람은 100만 좌가 아니라 1,000,000/1,050=952,381좌를 받게 됩니다. 반대로 펀드의 가치가 5% 하락하면 기준가도 5% 하락해 950원이 됩니다. 1천 좌의 가치가 1천 원에서 950원으로 하락한 것입니다. 이날 100만 원을 입금한 사람은 100만 좌가 아니라 1,000,000/950=1,052,631좌를 받게 됩니다. 이렇게 좌의 수가 변동됨으로써 주가가 오를 때 가입한 사람이나 내릴 때 가입한 사람이나 공평한 가치를 확보하게 됩니다.

펀드 평가의
지표

복수의 펀드를 상대적으로 평가할 때 사용하는 지표로는 샤프(sharp) 지수가 있습니다. 샤프지수는 위험 대비 수익률을 뜻하는데, '초과수익률/표준편차'로 계산됩니다. 주로 펀드의 우열을 나눌 때 활용하는 지수입니다.

예를 들어 A와 B 펀드가 있다고 가정해봅시다. A펀드의 초과수익률은 10%, 표준편차는 5%입니다. B펀드의 초과수익률은 20%, 표준편차는 30%입니다. 얼핏 보기에는 수익을 많이 낸 B펀드가 A펀드보다 좋아 보입니다. 하지만 그렇지 않습니다. 단순히 수익을 많이 낸 펀드보다는 위험을 최소화하면서 수익을 낸 펀드가 더 좋기 때문입니다.

A펀드는 평균적으로 5~15% 범위 내에서 안정적인 투자수익을 보이고 있습니다. B펀드는 -10~50%의 범위로 투자수익이 큰 폭으로 변동될 가능성이 있습니다. A펀드의 샤프지수는 0.1/0.05=2이고, B펀드의 샤프지수는 0.2/0.3=0.67입니다. 초과수익만 놓고 보면 B펀드가 뛰어나지만 위험을 고려한 수익은 A펀드가 B펀드보다 우위에 있습니다.

트레이너지수는 펀드의 수익률이 은행 이자에 비해 얼마나 좋은 성과를 냈느냐를 파악하는 지표입니다. 연기금과 공제회 등 기관투자자의 평가에 적합한 지표입니다. 샤프지수에서는 표준편차와 초과수익을 이용하는 반면, 트레이너지수는 베타계수(벤치마크 수익률과의 민감도)와 초과수익을 이용해 '초과수익률/베타계수'로 계산합니다.

젠센의 알파라는 지표도 있습니다. 펀드의 수익률이 시장의 수익률보다 얼마나 높은지를 나타내는 지표입니다. 일반적으로 펀드의 성과는 시장(β)과 종목(α)이 합쳐져서 나타납니다. 이때 시장 예측능력(β)은 차감하고 증권 선택능력(α)만을 평가하는 것이 젠센의 알파입니다.

나의 첫 대체투자 공부

적립식펀드와
ETF

펀드의 투자 전략 중에 정액분할투자 전략이 있습니다. 일정한 기간 단위로 정해진 금액을 계속적으로 투자하는 방법으로, 정액분할투자 전략의 장점은 쉽고 체계적인 투자방법이라는 점입니다. 일정 기간 단위로 나누어 사기 때문에 소액으로도 투자가 가능하고, 자금을 한꺼번에 투자했다가 시장 충격에 의해 큰 손실을 입는 위험에서도 자유롭습니다. 자금을 나누어 투자하다 보니 비이성적인 투자를 막아주고, 평균 매입단가를 낮추는 효과도 있습니다.

이런 전략을 개인이 사용할 수도 있습니다. 적립식펀드를 활용하면 됩니다. 펀드는 입금하는 방법에 따라 거치식펀드와 적립식펀드로 구분할 수 있습니다. 거치식펀드는 일시납으로 투자하는 경우이고, 적립식펀드는 매월 일정한 금액을 투자하는 경우입니다. 적립식펀드의 장점은 분할매수가 가능하다는 점입니다. 분할매수를 하게 되면 자연스럽게 비용평준화 효과(cost averaging effect)가 발생하게 됩니다. 즉 동일한 금액으로 주식을 매입하므로 주가가 높을 때는 적은 수량을 매수하게 되고, 주가가 낮을 때는 많은 수량을 매수하게 되어 평균 매입단가가 낮아지는 효과가 있습니다.

또 다른 장점은 종목 분산입니다. 펀드다 보니 당연히 종목을 분산해서 투자하게 됩니다. 또한 우량주에 투자할 수 있다는 장점이 있습니다. 펀드매니저는 본인의 펀드에 부실주를 편입하지 않기 때문에 자연스럽게 우량주에 투자하게 됩니다. 마지막 장점은 손절매에 철저하다는 것입니다. 종목 선택이 잘못 되었을 경우에 펀드매니저는 냉정하게 판단해 손절매를 실시합니다. 펀드매니저의 빠른 판단으로 추가 손실을 방지할 수 있는 것이지요. 이러한 장점들이 적립식펀드에 대한 인기를 높였습니다.

물론 적립식펀드가 만능은 아닙니다. 필자가 조사를 해보았는데, 적립식펀드에서 가장 큰 수익을 보여주는 주가의 형태는 U자형으로 하락하다가 상승하는 경우입니다. 만일 그 반대로 주가가 ∩자형으로 상승하다가 하락하는 경우에는 오히려 거치식펀드보다 더 성과가 나빴습니다. 주가가 지속적으로 하락하다 상승하는 경우에는 거치식펀드보다 적립식펀드의 수익률이 높았지만, 주가가 지속적으로 상승하는 경우에는 거치식펀드의 수익률이 적립식펀드보다 높았습니다.

나의 첫 대체투자 공부

적립식펀드가
인기를 끈 이유

지금은 조금 시들해졌지만 한때 적립식펀드는 선풍적인 인기를 끌었습니다. 당시 금리가 급격히 하락해 정기적금의 금리는 3~4%에 불과했습니다. 정기적금의 금리가 3%라면 만기에 받는 실제 수익은 그 절반인 1.5% 정도에 불과합니다. 정기적금의 특성상 매달 돈이 입금되는 관계로 나중에 넣은 돈은 이자가 그만큼 덜 나오기 때문입니다. 정기적금에 가입해봤자 실제 수익은 1~2%밖에 나오지 않으니, 많은 사람들이 정기적금 대신 적립식펀드로 몰렸던 것입니다.

이후 적립식펀드가 인기를 잃게 된 요인은 그동안 장세가 박스권에 머물렀기 때문입니다. 원하는 만큼 수익이 나오지 않았던 것이지요. 또한 투자하는 시점의 위험은 감소시켜주지만 투자를 회수하는 시점의 가격 하락 위험은 줄여주지 못한다는 단점이 있습니다. 여기에 펀드의 비용도 꾸준히 나가니 더욱 불만이 쌓였습니다. 수익은 별로 없는데 각종 보수와 수수료를 꾸준히 떼가니 수익률은 더 나빠졌습니다. 펀드의 비용은 크게 매일 펀드에서 조금씩 떼는 보수와, 판매 혹은 환매 시 한꺼번에 떼는 수수료로 나뉩니다. 보수로는 펀드 운용의 대가로 받는 운용보수, 펀드 판매 및 계좌 관리 서비스 등의 대가로 받는 판매보수, 펀드 재산의 보관 및 관리, 운용 감시 등의 대가로 받는 수탁보수, 기준가격의 계산 또는 회사 운영을 대신해준 대가로 받는 일반사무관리회사보수 등이 있습니다. 수수료로는 펀드투자 상담 및 계좌 관리 서비스 등의 대가로 받는 판매수수료, 일정 기간 이전에 환매할 때 받는 환매수수료 등이 있습니다.

ETF란
무엇인가?

적립식펀드의 인기가 시들해지면서 그 대안으로 떠오른 것이 상장지수펀드, 즉 ETF(Exchange Traded Funds)입니다. ETF는 특정 지수와 연동되는 수익률을 얻을 수 있도록 설계된 펀드입니다. 인덱스펀드를 상장시켜 주식과 같이 거래할 수 있게 한 것으로, 개별 종목에 투자하는 것이 아니라 종합주가지수에 투자하는 것입니다. 따라서 종합주가지수와 거의 비슷하게 수익률이 나옵니다. 종합주가지수가 10% 올랐으면 ETF도 10% 오르고, 종합주가지수가 8% 하락했으면 ETF 역시 8% 하락합니다. 종합주가지수 외에도 산업과 그룹별, 해외 등 다양한 형태의 ETF가 존재합니다. 예를 들어서 자동차 ETF의 경우 자동차 업종지수와 거의 흡사하게 움직이고, 일본 ETF는 일본의 종합주가지수와 거의 흡사하게 움직입니다.

　ETF의 장점은 환매가 자유롭다는 점입니다. 환매수수료가 없기 때문에 사고 얼마 지나지 않아 팔아도 부담이 없습니다. 펀드는 90일 이내에 환매하면 이익금의 70%는 토해내야 한다는 규정 같은 것이 있습니다. 하지만 ETF는 주식처럼 매매하기 때문에 오전에 사서 오후에

팔아도 수수료가 없습니다. 펀드와 달리 실시간 거래도 가능합니다. 펀드의 경우 주식 시장이 마감된 후 종가로 결산하지만, ETF는 시세가 급변할 때는 실시간으로 매매할 수 있습니다. 세금 부분도 펀드보다 이익입니다. 펀드에서 주식을 매도하면 거래세를 부담해야 하지만 ETF는 세금이 면제됩니다. 가장 중요한 점은 수수료가 주식형펀드에 비해 훨씬 낮다는 것입니다. 앞에서 설명한 바와 같이 펀드는 다양한 수수료가 존재하지만 ETF는 매매수수료 외에는 존재하지 않습니다.

신탁의
종류

신탁은 위탁자와 수탁자와의 특별한 신임 관계에 의해 위탁자가 금전·
유가증권·금전채권·부동산 등을 수탁자에게 이전 및 처분하고, 수탁
자로 하여금 수익자(위탁자 또는 위탁자가 지정한 제3자)의 이익 또는 특
정의 목적을 위해 그 재산권을 관리, 처분하게 하는 법률 관계입니다.
말이 좀 어려운데요. 무슨 법률조문 같습니다. 하지만 신탁을 이해하
기 위해서는 몇 가지 용어들과 조금 익숙해질 필요가 있습니다.

　위탁자는 특정한 재산권을 수탁자에게 위탁하는 자이며 신탁의 설
정자입니다. 수탁자는 위탁자로부터 특정한 재산권의 운용 및 처분에
관한 권리를 인수하는 자입니다. 통상 신탁회사나 신탁업을 겸영하는

　　　　　　　　　　　　　　　　　　　　　　나의 첫 대체투자 공부

금융기관이 담당합니다. 수익자는 신탁 이익을 받는 자입니다. 위탁자가 지정한 특정인 또는 위탁자 자신이 수익자가 될 수 있습니다. 신탁관리인은 수익자가 특정되어 있지 않거나 아직 존재하지 않는 경우 수익자를 위해 이해관계인의 청구 또는 직권으로 법원이 선임하는 자입니다. 신탁재산관리인은 수탁자가 불가피한 사정으로 사임 또는 기타 사유로 해임되었을 경우 수탁자를 대신해 임시로 신탁재산을 관리하는 자입니다.

위탁자는 수탁자와 신탁계약을 체결하며 금전·부동산·유가증권 등의 신탁재산을 이전하고 운용 지시를 합니다. 수탁자는 이전받은 금전·부동산·유가증권 등 신탁재산을 운용하다가 나중에 신탁을 해지하고 수익자에게 운용 결과를 지급합니다. 신탁은 연금신탁과 같이 특

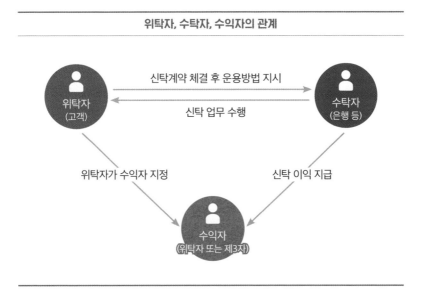

위탁자, 수탁자, 수익자의 관계

위탁자
(고객)

신탁계약 체결 후 운용방법 지시

신탁 업무 수행

수탁자
(은행 등)

위탁자가 수익자 지정

신탁 이익 지급

수익자
(위탁자 또는 제3자)

별히 법에서 정하는 경우를 제외하고는 원금 보존의 의무가 없으며, 운용 결과에 의한 실적 배당을 원칙으로 합니다. 신탁재산의 운용 실적에 의한 총 손익은 신탁계약에서 정한 보수 및 비용을 차감한 후 수익자별 신탁금과 신탁 기간에 의해 산출된 총 적수에 따라 공평하게 배분합니다. 또한 수탁자의 고유재산은 다른 신탁재산과 구별해 관리합니다.

종류가 다양한
신탁상품

신탁의 종류는 다양합니다. 크게 금전신탁과 재산신탁으로 나뉩니다. 금전 외에 다른 자산이 포함되면 종합재산신탁이 되고, 금전만 있으면 금전신탁이 됩니다. 금전신탁은 다시 특정금전신탁과 연금신탁으로 나뉩니다. 재산신탁은 유가증권신탁, 금전채권신탁, 부동산신탁, 동산신탁 등으로 구분됩니다.

금전신탁은 신탁 인수 시 신탁재산을 금전으로 수탁하고 이를 운용한 후 신탁 종료 시 금전 또는 운용 현상 그대로 수익자에게 교부하는 신탁으로, 특정금전신탁과 연금신탁이 있습니다. 특정금전신탁은 펀드와 유사합니다. 위탁자가 신탁계약에 의해 신탁재산인 금전의 운용방법을 운용 지시하고, 수탁자는 위탁자의 운용 지시에 따라 이를 운용한 후 신탁원본과 그 수익을 수익자에게 지급하는 실적 배당형

나의 첫 대체투자 공부

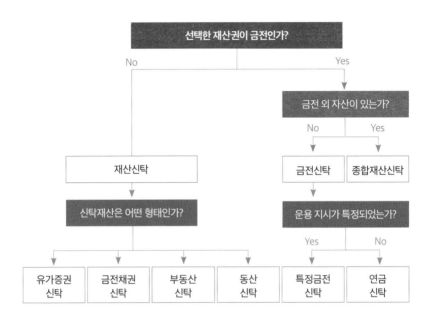

단독운용 신탁상품입니다.

  펀드는 투자신탁계약을, 특정금전신탁은 신탁계약을 해서 계약의
형태가 비슷합니다. 펀드는 수익자를 별도 지정하지 못하고 가입자가
수익을 얻게 되지만, 특정금전신탁은 별도로 지정이 가능합니다. 펀드
는 집합적으로 돈을 모아서 운용하는 반면, 특정금전신탁은 계약별로
단독운용을 합니다. 펀드의 자산운용은 자산운용사가 하고, 특정금전
신탁의 자산운용은 신탁회사가 합니다. 수수료도 펀드는 다양하게 떼
어가지만 신탁은 신탁보수만 받습니다.

연금신탁은 개인의 노후 생활 안정을 목적으로 일정 기간 이상 적립금을 납입한 후, 적립 기간이 만료된 때는 그 납입원본과 이익을 일정 기간 이상 연금으로 나누어 수령할 수 있도록 하는 연금형 신탁상품입니다.

재산신탁은 신탁 인수 시 신탁재산을 금전 이외의 재산으로 수탁하고 이를 운용한 후 신탁 종료 시 금전 또는 운용 현상 그대로 수익자에게 교부하는 신탁입니다. 유가증권신탁은 유가증권을 인수해 관리하고 운용하며, 금전채권신탁은 금전채권을 인수해 관리하고 운용합니다. 부동산신탁은 토지와 그 정착물(부동산)을 인수해 관리하고 운용하며, 끝으로 동산신탁은 선박, 항공기, 차량, 중기, 기계 기구, 기타 설비 등 등기 또는 등록할 수 있는 동산을 인수해 관리하고 운용합니다.

이처럼 다양한 신탁상품이 있지만 사실 아직까지 우리나라의 신탁은 금융선진국과 비교해보면 걸음마 단계라고 할 수 있습니다. 필자가 20여 년 전 일본의 한 금융기관을 방문했을 때 인상 깊었던 것이 있습니다. 건물의 1층은 은행이었고, 2층은 증권사였으며, 3층은 신탁회사였기 때문입니다. 처음에는 다소 의아했습니다. '신탁회사의 업무가 얼마나 많길래 은행, 증권사와 버금가는 규모일까?' 하고 생각했습니다. 나중에 알고 보니 일본의 신탁회사는 업무 범위가 우리나라보다 훨씬 다양했습니다. 예를 들어 유언신탁의 경우 유언서 작성 없이 상속이 가능하며 비과세 혜택을 줍니다. 이 밖에도 경증치매환자를 위한 후견제도지원신탁, 법적 다툼 없이 원활한 승계가 가능하도록 하는 자

나의 첫 대체투자 공부

사주 승계신탁, 결혼자금증여신탁, 양육자금증여신탁, 교육자금증여신탁 등 다양한 금융상품으로 그 범위를 넓히고 있었습니다. 우리나라의 신탁 시장도 일본과 같이 다양한 범위로 확장되기를 기대해봅니다.

종합자산관리서비스
랩어카운트

랩어카운트(wrap account)는 투자일임계약에 따라 고객이 증권사에 예탁한 자산에 대해 자산 구성, 운용, 자문 등 종합적인 서비스를 제공하는 종합자산관리서비스입니다. 물론 이러한 서비스에는 일정 수수료가 필요합니다.

이 서비스에 랩어카운트라는 이름이 붙은 이유는 무엇일까요? 주방에서 사용하는 용품 중 얇은 비닐로 되어 있어서 물건들을 포장하기 편한 랩(wrap)을 떠올려봅시다. 랩어카운트의 '랩'은 바로 이 주방용품의 이름에서 유래되었습니다. 여러 가지 서비스를 하나로 묶어서 고객의 기호에 따라 제공한다는 의미입니다. 그래서 가끔 금융상품을 상담하는 직원들은 "이러한 상품을 랩으로 씌워서…."라는 표현을 쓰곤 합니다.

계좌(account)는 고객의 명의로 된 위탁계좌를 사용하며, 고객의 니즈를 맞춤형으로 반영합니다. 시장 상황에 따른 즉각적인 대응이 가능하고, 예탁자산에 비례한 보수를 받습니다. 고객이 주식 매매를 하게 되면 매매할 때마다 수수료를 내게 되는데, 만일 매매 빈도가 높으면 그에 비례해서 수수료의 금액도 늘어날 것입니다. 하지만 랩어카운트를 이용하면 아무리 매매를 많이 해도 수수료는 늘지 않습니다. 애초에 예탁자산과 비례해서 정한 수수료만 납부하면 됩니다.

랩어카운트와 펀드는 비슷해 보이지만 차이가 있습니다. 펀드의 투자자 수는 불특정 다수인 반면 랩어카운트는 1명입니다. 즉 펀드는 집합운용이고 랩어카운트는 단독운용입니다. 재산의 소유 성격도 펀드는 수탁회사에 맡기지만 랩어카운트는 본인이 관리합니다. 가장 큰 차이는 운용방법인데요. 펀드에 대해서는 자산운용사에 이래라저래라 운용 지시를 할 수가 없지만, 랩어카운트는 투자를 일임하는 방식이기 때문에 고객이 운용방법을 변경할 수 있습니다. 수수료도 펀드는 운용보수, 판매보수, 수탁보수 등을 받지만 랩어카운트는 투자일임수수료만 받습니다.

파생상품 ①:
선물

파생상품이란 무엇일까요? 1차적인 상품을 기초자산이라고 하고, 2차적인 상품을 파생상품이라고 합니다. 즉 파생상품이란 상품의 가치가 기초자산의 가격에 의해 결정되는 상품을 뜻합니다. 파생상품은 교통의 요지이자 비옥한 곡창지대를 끼고 있는 미국 시카고에서 시작되었습니다. 과거 시카고에서는 농사가 흉작이면 농작물의 가격이 급등하고, 풍작이면 가격이 급락해 근처에 있는 오대호에 내다 버리는 일이 반복되었다고 합니다. 이러한 악순환을 피하기 위해 미리 정해진 가격으로 거래를 하기 시작한 것이 파생상품의 시초가 되었습니다. 이후 파생상품은 금리, 환율, 주가 등 여러 방면으로 발전해나갔습니다.

파생상품은 크게 장내거래와 장외거래로 구분됩니다. 장내거래는 표준화된 거래를 시행하는 공인된 거래소가 있어 정확한 가격 산정이 가능합니다. 주식의 가격은 주가로 확인되고, 채권의 가격은 수익률로 확인됩니다. 거래 상대방이 거래를 이행하도록 거래의 안정성을 확보한 거래입니다. 반면 장외거래는 그때그때 상황에 따라 거래됩니다. 서로 간에 적당한 가격으로 흥정을 거쳐 거래되는 것이지요. 거래 조건이 표준화되어 있지 않아서 서로 형편에 맞게 자유롭게 거래할 수 있습니다. 장내거래에 비해서 거래의 안정성이 떨어지는 불리한 점도 있습니다.

한편 「자본시장법」에서는 금융투자상품을 증권과 파생상품으로 구분합니다. 증권은 투자원본 범위 내에서 손실 가능성이 있는 금융투자상품을 의미하고, 파생상품은 투자원본을 초과해서 손실 가능성이 있는 금융투자상품을 의미합니다. 그래서 채무증권·수익증권·증권예탁증권·투자계약증권·파생결합증권 등은 증권으로 분류하고, 선물·옵션·스왑은 파생상품으로 분류합니다.

선물은
무엇인가?

선물은 기초자산이나 기초자산의 가격, 이자율, 지표, 단위 또는 이를 기초로 하는 지수 등에 의해 산출된 금전 등을 장래의 특정 시점에 인도할 것을 약정하는 계약입니다. 선물거래를 알기 위해서는 현물거래와 선도거래에 대해 먼저 이해해야 합니다. 현물거래는 대부분의 일상적인 거래를 뜻합니다. 거래의 계약과 동시에 상품과 대금의 교환이 이루어지지요. 아이스크림을 하나 사 먹으면서 2천 원을 주었다면 이것이 바로 현물거래입니다.

선도거래는 특정한 상품을 현재 시점에서 상호 합의한 가격으로 미래 일정한 시점에 거래가 이루어집니다. 선물거래는 선도거래의 거래 내용과 조건을 표준화해서 시장성을 높인 거래입니다. 예를 들어 손오공이 백화점에 5만 원짜리 선풍기를 사러 갔는데 원하는 모델이 품절되었다고 가정해봅시다. 주인에게 물어보니 그 선풍기는 한 달 뒤에 입고되고, 한 달 후 가격이 지금보다 낮게 나올지 높게 나올지는 잘 모르겠다는 답변을 듣게 됩니다. 손오공은 한 달 후 가격이 오르든 내리든 5만 원을 내겠다고 말하고 주인도 그렇게 하자고 약속을 합니다.

이후 한 달이 지나 선풍기가 나왔는데, 그동안 무더위로 선풍기에 대한 수요가 급증해 가격은 1만 원 오른 6만 원이 된 상태였습니다. 그럼에도 불구하고 주인과 한 약속이 있으니 손오공은 선풍기를 5만 원에 구입할 수 있습니다. 그럼 반대로 한 달 있다가 경쟁사와의 가격 경쟁으로 값이 1만 원 하락한 4만 원이 되면 어떻게 될까요? 이 경우에도 마찬가지로 주인과 했던 약속이 있기 때문에 5만 원에 구입할 수밖에 없겠지요.

그럼 이 거래를 통해 손오공과 주인은 서로 손해를 본 것일까요? 아닙니다. 이 거래를 통해 손오공은 만약에 오를지도 모를 가격의 위험을 회피할 수 있었고, 주인은 내릴지도 모르는 가격의 위험을 회피할 수 있었습니다. 이것이 바로 선도거래입니다. 선도거래란 어떤 상품을 미리 사거나 파는 거래입니다. 콩도 이렇게 거래가 되고, 옥수수도 이렇게 거래가 되고, 석유도 이렇게 거래가 됩니다. 그리고 이 선도거래를 모든 사람들이 거래하기 쉽게 표준화한 것이 바로 선물거래이지요.

우리나라에는 주가지수선물, 금리선물, 통화선물, 상품선물, 개별 주식선물 등이 있습니다. 이 중에서 주가지수선물에 대해 설명을 드리겠습니다. 저팔계가 만약 1천만 원어치의 주식을 가지고 있다면, 주가의 향방은 단언할 수 없으니 올라갈지 떨어질지 모를 것입니다. 그래서 불안을 느낀 저팔계는 주식을 1년 후에 주기로 하고 현재 시점에서 1천만 원보다 높은 1,020만 원을 받기로 했습니다. 만일 1년 뒤 주가가 폭등해 1천만 원의 주식이 2천만 원의 가치로 바뀌더라도 그 차액은 필자의 주식을 1,020만 원에 가져간 사람의 몫이 됩니다. 왜냐하면 저팔계는 주식의 가격 변화와 상관없이 일정한 이익 20만 원을 보장받았기 때문입니다. 마찬가지로 주가가 폭락을 해서 1천만 원어치의 주식이 500만 원의 값어치밖에 안 된다고 하더라도 그 손실은 저팔계의 주식을 가져간 사람의 몫이 됩니다.

이 선물의 거래 대상이 되는 것은 코스피200지수(거래소 유가증권 시장에서 선정된 200개 종목으로 산정한 지수)입니다. 코스피200의 기준 시점은 1990년 1월 3일로, 이 날의 지수를 100으로 설정하고 계산합니다. 따라서 만일 오늘 코스피200이 260이라면 1990년 1월 3일보다 2.6배가 상승했다는 뜻입니다.

선물의
거래방법

선물이 어떻게 거래되는지 간단히 설명하겠습니다. 코스피200지수가 260이라고 가정하면 1계약을 사는 데 260(지수)×250,000(거래 단위)×0.1755(증거금율)=11,407,500원이 필요합니다. 이후 지수가 300까지 상승하면 (300-260)×250,000=10,000,000원의 수익을 올리게 됩니다. 지수는 260에서 300으로 15.4%가 상승했는데 수익은 87.7%가 났습니다. 이것이 바로 선물의 레버리지 효과입니다.

예를 하나 더 들어보겠습니다. 이번에는 선물을 팔아봅시다. 먼저 지수가 260이라고 가정하면 1계약을 파는 데 260(지수)×250,000(거래 단위)×0.1755(증거금율)=11,407,500원이 필요합니다. 이후 지수가 240까지 하락하면 (260-240)×250,000원=5,000,000원의 수익을 올리게 됩니다. 지수는 260에서 240으로 7.7%가 하락했는데 수익은 43.8%가 났습니다. 바로 이 점이 선물의 매력이라고 할 수 있습니다. 즉 주가가 하락하면 주식은 대부분 손해를 보지만 선물을 이용하면 주가가 하락하더라도 수익을 올릴 수 있습니다. 또한 주식은 그 주식이 있어야 팔 수 있지만 선물은 가지고 있지 않아도 팔 수 있어 매매가 용이합니다.

하지만 지수의 동향이 예측과 다르게 흘러가면 어떻게 될까요? 레버리지 효과가 되레 독이 되어 큰 손실로 이어질 것입니다. 큰 수익을 기대할 수 있는 만큼 위험성도 크다는 것을 간과해서는 안 됩니다.

가격 급등락
방지를 위한 장치

주식 시장이 갑자기 급락하면 그 충격을 완화하고 투자자의 손실을 방지하고자 매매를 일시적으로 중단시킵니다. 선물 시장은 최근 월물 가격이 기준가격보다 5% 이상, 이론가보다 3% 이상 등락할 시 5분간 거래가 중단됩니다. 현물 시장의 경우 주가지수가 일정 수준 이상 하락한 상태가 1분 이상 지속되면 주식거래를 중단시킵니다. 1~2단계 발동 시 20분간 거래가 중단되고, 3단계 발동 시 매매가 종료됩니다. 1단계는 8% 이상 하락한 경우 발동되고, 2단계는 15% 이상, 3단계는 20% 이상 하락할 시 시행됩니다. 이를 서킷브레이커(circuit breaker) 라고 하는데, 전기회로에서 과열된 회로(circuit)를 차단(break)한다는 의미입니다.

종목별 서킷브레이커도 있습니다. 바로 변동성완화장치(VI; Volatility Interruption)인데요. 개별 종목의 주가가 일정 범위를 벗어날 경우 2~10분간 단일가 매매로 전환되는 제도입니다. 현재 체결되는 가격이 직전 체결가보다 2~3% 이상 변동하거나, 주가가 전일 종가 기준으로 10% 이상 변동 시 2분간 단일가 매매로 전환됩니다.

선물가격이 급격하게 등락하면 현물 시장에 미치는 충격을 완화하기 위해 일시적으로 프로그램 매매 체결을 지연시키는 장치도 있습니다. 이를 사이드카(side car)라고 합니다. 코스피200 선물가격이 전일 종가 대비 5% 이상 변동되어 1분 이상 지속될 경우 프로그램 매매 호가 효력을 5분간 정지시킵니다. 선물가격이 급등하면 프로그램 매매에 의해 자동적으로 현물 시장에 매수물량이 쏟아지고, 선물가격이 급락하면 현물 시장에 매도물량이 쏟아져 시장 변동성을 초래할 수 있기 때문입니다.

파생상품 ②: 옵션

옵션(option)은 당사자 어느 한쪽의 의사 표시에 의해 기초자산이나 기초자산의 가격, 이자율, 지표, 단위 또는 이를 기초로 하는 지수 등에 의해 산출된 금전 등을 수수하는 거래를 성립시킬 수 있는 권리를 부여하는 것을 약정하는 계약입니다. 말이 좀 어렵습니다. 예를 들어 설명해보겠습니다.

손오공이 다시 선풍기를 사기 위해 가게의 주인을 찾아갑니다. 한 달 뒤에 물건을 받기로 하고 미리 계약금으로 5천 원을 주었습니다. 그러면서 주인에게 이렇게 이야기합니다. "아저씨, 선풍기를 한 달 뒤에 사겠습니다. 한 달 뒤 선풍기가 10만 원까지 오르더라도 저한테는

5만 원에 파셔야 합니다. 만일 3만 원으로 하락하면 사지 않겠습니다. 제가 안 살 경우 계약금은 아저씨의 몫이 됩니다." 물론 주인이 거부할 수도 있습니다. 하지만 선풍기 가격이 10만 원까지 오를 일은 결코 없다고 생각한다면 승낙할 것입니다. 이때 손오공은 선풍기가 10만 원으로 오르더라도 5만 원에 살 수 있는 권리를 얻게 되고, 설사 3만 원으로 떨어지더라도 계약금 5천 원을 포기하고 3만 원으로 선풍기를 새로 사면 되니 이익입니다. 바로 이것이 옵션입니다. 즉 손오공은 약간의 돈으로 선풍기를 구입했고 혹시 있을지도 모를 가치 하락에 대비했습니다. 주인 또한 10만 원까지 오를 일은 없다고 판단했기 때문에 어쨌든 물건을 팔 수 있어 이익이고, 설사 가격이 하락해도 계약금 5천 원을 챙길 수 있습니다.

다른 예를 살펴보지요. 승용차를 구입하면 선루프, 네비게이션, 후방카메라 등 여러 옵션을 선택할 수 있습니다. 넓은 조망을 위해 선루프를 선택하는 사람도 있고, 주행의 편의를 위해 네비게이션을 선택하는 사람도 있고, 주차의 편의성을 위해 후방카메라를 선택하는 사람도 있고, 그럴 가치가 없겠다 싶어 아무것도 선택하지 않는 사람도 있습니다. 이렇게 스스로 판단했을 때 가치가 있겠다 싶으면 거래를 하고 없겠다 싶으면 안 하는 것이 바로 옵션입니다.

예를 들어 아파트 분양권에는 프리미엄이라고 하는 게 붙습니다. 그 프리미엄만큼 사고판다고 가정해보겠습니다. 아파트가격은 6억 원인데 프리미엄이 3천만 원 붙었습니다. 사오정이 보기에 향후 아파트 가격이 더 오를 것 같아 프리미엄만 3천만 원을 주고 삽니다. 한 달 뒤에 프리미엄이 9천만 원으로 오르면, 사오정은 6억 원짜리 아파트를 프리미엄 3천만 원에 주고 사서 6천만 원을 남겼으니 2배의 수익을 올리게 되었습니다. 물론 아파트 가격이 6억 원 이하로 빠지게 되면 프리미엄 3천만 원은 날리게 됩니다.

주식 시장의
옵션

주식 시장에서의 옵션은 특정 상품을 매매할 수 있는 권리를 이야기합니다. 사거나 팔 수 있는 권리가격은 사전에 정해지는데 이를 행사가격이라고 합니다. 결제는 매달 한 번씩, 두 번째 목요일 이루어집니다. 결제일 전에는 수시로 사거나 팔 수 있습니다. 즉 옵션거래는 사거나 혹은 팔 수 있는 권리를 매매하는 거래를 뜻합니다. 살 수 있는 권리의 가격을 옵션가격 또는 프리미엄이라고 합니다.

옵션에는 콜옵션이 있고 풋옵션이 있습니다. 콜옵션은 살 수 있는 권리이고, 풋옵션은 팔 수 있는 권리입니다. 콜옵션은 매수할 수도 있고 매도할 수도 있습니다. 풋옵션 역시 매수할 수도 있고 매도할 수도 있습니다. 콜옵션 매수와 풋옵션 매도는 주가가 올라야 수익이 나고, 콜옵션 매도와 풋옵션 매수는 주가가 내려야 수익이 생깁니다.

예를 들어 코스피200이 255라고 가정해봅시다. 그리고 행사가격 260짜리 콜옵션은 1.75에 거래되고 있습니다. 콜옵션을 100계약 매

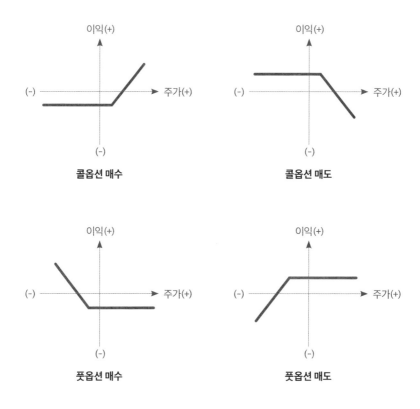

수하면 1.75(옵션가)×250,000(거래 단위)×100(계약 수)=4,375만 원
이 필요합니다. 주가가 2% 정도 올라서 콜옵션의 가격도 2.69로 오
르게 되면 수익은 (2.69-1.75)×250,000×100=2,350만 원이 됩니
다. 4,375만 원을 투자해서 2,350만 원을 벌었으니 53.7%의 수익을
얻은 것이지요. 주가는 2% 정도 올랐는데 53.7%의 수익을 얻었으니
매우 큰 시세차익을 올렸습니다. 바로 이런 점 때문에 많은 사람들이

옵션투자에 나서고 있습니다. 하지만 리스크도 큽니다. 만일 주가가 내려서 콜옵션의 가격이 0이 되었다면 4,375만 원은 고스란히 사라지게 됩니다.

풋옵션의 경우도 살펴보겠습니다. 행사가격 240짜리 풋옵션이 0.96에 거래되고 있습니다. 이때 풋옵션을 100계약 매수한다고 하면 0.96(옵션가)×250,000(거래 단위)×100(계약 수)=2,400만 원이 필요합니다. 주가가 내려서 풋옵션의 가격이 3.2까지 오르면 수익은 (3.2－0.96)×250,000×100=5,600만 원입니다. 2,400만 원을 투자해서 5,600만 원을 벌었으니 233%의 수익입니다. 하지만 예상과 달리 주가가 내리지 않고 올라가면 풋옵션의 가격은 0이 되고 2,400만 원은 모두 손실을 보게 됩니다.

선물은 만기가 되었을 때 다음 월물로 옮기는 것이 가능하기 때문에 주가의 방향만 판단하면 되지만, 옵션은 만기가 되면 소멸되어서 주가의 방향뿐만 아니라 타이밍까지도 같이 예측해야 합니다. 그래서 선물에 비해 상대적으로 매우 어려운 분야입니다.

파생상품 ③:
스왑

스왑(swap)은 장래 일정 기간 동안 미리 정한 가격으로 기초자산이나 기초자산의 가격, 이자율, 지표, 단위 또는 이를 기초로 하는 지수 등에 의해 산출된 금전 등을 교환할 것을 약정하는 계약입니다. 스왑이란 교환한다는 뜻입니다. 물건을 갖고 있는 두 사람이 서로 물건을 교환할 경우 양측 다 불만이 없도록 더 좋은 물건을 가진 사람에게 프리미엄을 얹어줍니다.

예를 들어 보겠습니다. 미국에 사는 삼장법사의 친구가 이번 여름에 한국에 올 계획을 가지고 있습니다. 마침 삼장법사는 미국에 갈 계획이었기 때문에 친구에게는 한국에 있는 삼장법사의 차를 사용하라고 하고, 삼장법사는 미국에 있는 친구의 차를 사용하기로 했습니다. 그런데 친구의 차는 새 차인데 삼장법사의 차는 오래된 차입니다. 그래서 그 친구에게 삼장법사는 기름값을 따로 주기로 합니다. 이것이 스왑의 개념입니다. 즉 스왑이란 두 당사자가 일정 기간 동안 일정한 조건에 따라 현금흐름을 서로 교환하기로 하는 계약입니다. 2개의 서로 다른 현금흐름은 계약 당사자가 협의해 정할 수 있습니다.

스왑을 하는
목적

스왑을 하는 목적은 간단합니다. 첫 번째는 서로 다른 시장에서 비교 우위를 활용해 차입비용을 절감하려는 목적입니다. 고정금리와 변동금리를 이용해 두 상대방이 모두 차입비용을 절감할 수 있습니다. 두 번째는 거래 당사자들이 자신의 부족한 부분을 스왑으로 보완할 수 있습니다. 고정금리로 돈을 빌리고 싶은데 여의치 않을 경우 변동금리로 돈을 빌려 스왑을 통해 고정금리로 돈을 빌리는 효과를 얻을 수 있습니다. 세 번째는 금리의 변동 위험을 헤지(자산의 가격이 변함에 따라 발생하는 위험을 없애려는 시도)할 수 있습니다. 변동금리로 차입한 경우에 향후 금리 상승이 예상되면 고정금리로 스왑함으로써 금리 위험을 헤지합니다. 네 번째는 각국의 조세·금융·외환 규제를 피하고 유리한 지원 제도를 이용할 수 있습니다.

나의 첫 대체투자 공부

지금부터 이야기하려는 스왑은 자금흐름의 교환입니다. 크게 금리스왑(IRS; Interest Rate Swap)과 통화스왑(CRS; Currency Rate Swap)으로 나뉘는데, 먼저 금리스왑부터 알아보겠습니다.

첫 번째,
금리스왑

금리스왑은 두 거래 당사자가 미래의 일정한 계약 기간 동안 동일 통화의 일정한 명목원금에 대해 서로 다른 이자 기준에 따라 정해지는 이자 지급을 주기적으로 교환하기로 하는 계약입니다. 쉽게 말해 변동금리부채는 고정금리부채로, 고정금리부채는 변동금리부채로 전환하는 스왑입니다. 이때 적용되는 채권을 금리스왑채권이라고 합니다. 금리스왑거래는 각각의 거래 참여자가 상대 차입자보다 유리한 금리 조건으로 자금을 조달할 수 있는 상대적 비교우위에 있을 경우 발생합니다. 금융 시장에서 차입자의 기존 부채 또는 신규 부채에 대한 금리 리스크의 헤징(가격 변동에 의한 위험을 막기 위해 실시하는 금융거래 행위)이나 차입비용의 절감 효과를 얻을 수 있습니다.

예를 들어 A전자는 현재 4%의 고정금리 혹은 CD+0.5%의 변동금리로 자금을 조달하고 있습니다. B자동차는 5%의 고정금리 혹은 CD+1%의 변동금리로 자금을 조달하고 있습니다. A전자가 변동금리로 자금을 조달하고 B자동차가 고정금리로 자금을 조달한다면, A전자의 조달금리는 CD+0.5%, B자동차의 조달금리는 5%입니다. 이제 A전자와 B자동차가 금리스왑을 한다고 가정해봅시다. A전자는 B자동차에 4.6%로 돈을 빌려주고 CD+0.75%에 돈을 빌립니다. 이렇게 되면 A전자의 조달금리는 4+(CD+0.75)−4.6=CD+0.15%가 되어 변동금리로 빌릴 수 있는 CD+0.5%보다 더 낮게 조달할 수 있습니다. B자동차 입장에서도 (CD+1)−(CD+0.75)+4.6=4.85%가 되어 고정금리로 빌릴 수 있는 5%보다 더 낮게 조달할 수 있습니다. A전자와 B자동차는 스왑을 통해서 윈윈전략을 수립할 수 있게 된 것입니다.

두 번째,
통화스왑

통화스왑은 두 거래 당사자가 계약일에 약정된 환율에 따라 해당 통화를 일정 시점에서 상호 교환하는 외환거래입니다. 금리스왑과 다른 점은 원금과 이자가 상이한 통화로 표시되고 원금의 교환이 발생한다는 점입니다. 예를 들어 A전자는 달러를 싸게 빌릴 수 있고, B자동차는 엔을 싸게 빌릴 수 있습니다. 그런데 A전자는 엔을 원하고 B자동차는 달러를 원합니다. 이런 경우 각자 돈을 빌려 교환하는 방식이 통화스왑입니다.

통화스왑을 이용해 외화 부채를 관리할 수도 있습니다. 외화표시의 부채를 가지고 있는 국내 C기업은 향후 외화의 강세(환율 상승)가 예상되고 자국통화(원화)의 금리 하락이 예상되면 자국통화의 변동금리 지급자로 통화스왑을 합니다. 이렇게 하면 환위험을 회피하고 차입비용의 감소를 기대할 수 있습니다.

통화스왑은 외화자산관리에도 이용됩니다. 외화표시의 자산을 가지고 있는 국내 투자자가 외화의 약세(환율 하락)가 예상되고 자국통화(원화)의 금리 하락이 예상되는 경우 원화의 고정금리 수취자로 통화스왑을 합니다. 이렇게 하면 환위험을 회피하고 투자수익의 감소를 예방할 수 있습니다.

2부

대체투자,
전통투자의 한계를
뛰어넘다

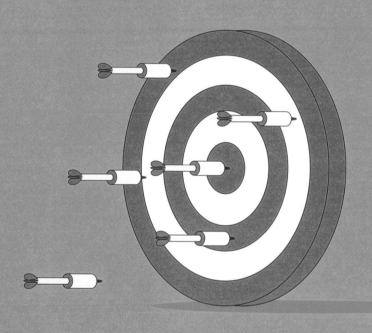

2008년 글로벌 금융위기 이후 많은 나라에서 돈을 풀어 경기를 부양하는 정책을 펴기 시작했습니다. 돈을 푼다는 것은 돈의 가치가 그만큼 떨어진다는 뜻입니다. 금리가 돈의 가치를 나타낸다고 할 때, 돈이 풀린 만큼 돈의 가치도 떨어지고 금리도 떨어졌습니다. 이미 16조 달러나 되는 어마어마한 돈이 마이너스금리에 투자되어 있는 상황입니다.

우리나라의 금리 동향도 이와 다르지 않습니다. 1980년 22%였던 금리가 1990년에는 10%로 낮아졌고, 2000년에는 6%로, 2010년에는 4%로 낮아졌습니다. 급기야 2020년에는 기준금리 0.5%의 시대가 되었습니다. 국내뿐만 아니라 전 세계적으로 저금리 체제가 고착화되면서 새로운 투자상품에 대한 투자자들의 욕구는 높아졌습니다. 이런 배경에서 탄생한 것이 대체투자입니다.

1장

대체투자 vs. 전통투자

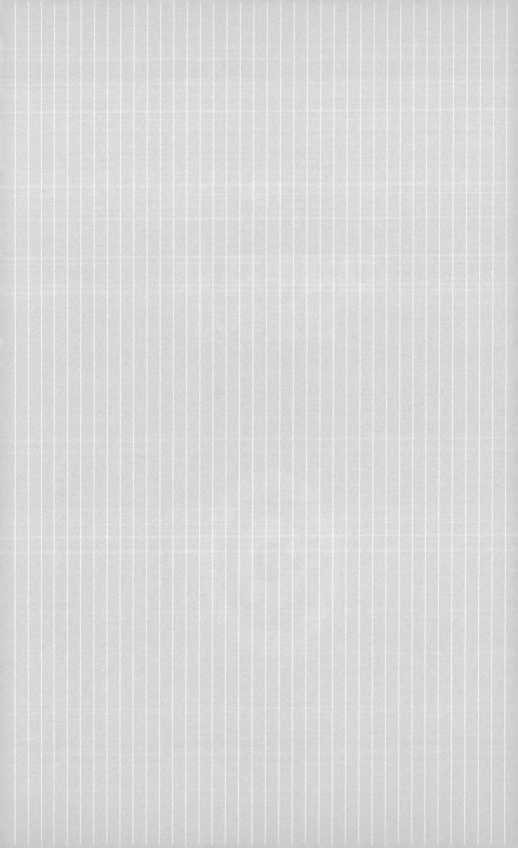

대체투자의 비중이
증가하고 있다

대체투자는 전통투자와 다른 점이 많습니다. 전통투자는 거래 방식이 표준화되어 있지만 대체투자는 사례별로 다른 경우가 많습니다. 장내 시장이 제대로 형성된 것이 전통투자, 주로 장외 시장에서 거래되는 것이 대체투자가 아닐까 생각해봅니다. 이 이야기는 유동성 문제와 직결됩니다. 장내 시장이 형성되어 있다는 것은 언제든 거래가 가능해서 환금성에 문제가 없다는 뜻이지만, 장외 시장의 경우에는 거래가 원활하지 않을 확률이 큽니다. 그러다 보니 아무래도 대체투자가 추구하는 수익률은 전통투자가 추구하는 수익률보다는 높습니다.

투자 기간도 차이가 납니다. 전통투자의 투자 기간보다 대체투자의 투자 기간이 훨씬 더 깁니다. 따라서 요구하는 수익률도 전통투자보다 대체투자가 더 높습니다. 이는 정기예금을 생각해보면 쉽게 이해할 수 있습니다. 1년 정기예금 이자보다 2년 정기예금 이자가 더 높고, 2년 정기예금 이자보다 3년 정기예금 이자가 더 높습니다. 긴 기간 동안 돈이 묶이기 때문에 그 보상으로 그만큼 이자를 더 지급해주기 때문입니다. 유동성 프리미엄이라고 하는 것이지요. 대체투자는 전통투자보다 유동성이 낮기 때문에 전통투자에서 거둘 수 있는 이자보다 더 높은 수익을 추구하게 되는데, 그 차이가 바로 유동성 프리미엄이라고 할 수 있습니다.

예상수익은 높지만 투자 기간은 길기 때문에 돈이 수시로 왔다 갔다 해야 하는 곳에서는 대체투자가 어울리지 않습니다. 정작 필요할 때 돈을 찾을 수 없다면 운용에 부적합합니다. 따라서 대체투자상품은 긴 시간 투자해야 하는 보험사나 연기금, 공제회 등에 어울리는 상품입니다. 물론 이곳에서도 행여 있을지 모를 수입과 지출의 불균형에 따른 유동성 리스크를 늘 계산하고 대비하고 있습니다.

변화하고 있는
대체투자의 위상

대체투자의 비중도 점점 늘어나고 있습니다. 글로벌 연기금들의 운용 자산 비중 변화를 체크해보면 1990년대 말에는 주식이 57%, 채권이

국가별 연기금 평균 운용자산 비중(2018년 말 기준)

(단위: %)

구분	미국	영국	일본	캐나다	네덜란드	호주	스위스	한국
주식	50	47	30	45	33	49	33	39
채권	21	35	56	31	50	14	34	51
대체투자	28	16	10	22	17	22	28	10
단기자금	1	2	4	2	0	0	4	0

35%, 대체투자가 4%, 단기자금이 4%였습니다. 2000년대 들어와서는 주식이 51%, 채권이 36%, 대체투자가 12%, 단기자금이 1%의 비중을 보이다가, 2018년 기준으로는 주식이 40%, 채권이 31%, 대체투자가 26%, 단기자금이 3%가 되었습니다. 주식과 채권의 비중이 줄고 대체투자의 비중이 늘어나는 것을 확인할 수 있습니다.

2018년 말을 기준으로 미국의 연기금 평균 운용자산의 비중은 주식 50%, 채권 21%, 대체투자 28%, 단기자금 1%였습니다. 영국의 연기금은 주식 47%, 채권 35%, 대체투자 16%, 단기자금 2%였습니다. 반면 우리나라는 주식 39%, 채권 51%, 대체투자 10%의 비중을 보이고 있었습니다.

우리나라 연기금의 대체투자 비중은 다른 금융선진국에 비하면 낮은 편입니다. 반면 공제회 등에서는 전통투자보다 대체투자의 비중이 급격히 늘어나고 있습니다. 대체투자가 차지하는 비중이 주식과 채권의 비중을 넘어서는 경우도 많습니다. 이러한 추세가 이어지면 대체투자가 전통투자가 되고, 기존의 전통투자가 대체투자가 되는 건 아닌지 모르겠습니다.

대체투자와
전통투자의 상관관계

아버지가 키가 크면 아들도 키가 큽니다. 아버지가 키가 작으면 아들도 키가 작습니다. 물론 모든 사람이 다 그렇지는 않습니다. 아버지가 키가 커도 아들이 키가 작을 수도 있고, 아버지가 키가 작아도 아들이 키가 클 수도 있습니다. 하지만 대체적으로 아버지가 키가 크면 아들도 키가 큽니다. 즉 한쪽이 변화하면 다른 한쪽도 따라서 변화하는 관계를 상관관계(correlation)라고 하고, 이 수치를 상관계수(correlation coefficient)라고 합니다.

아버지의 키와 아들의 키의 상관계수가 1이라면 100% 그렇다는 뜻이고, 0.8이라고 하면 80% 정도가 그렇다는 뜻이고, 0이라고 하면 전혀 관계가 없다는 뜻이고, -1이라면 아버지의 키가 크면 아들의 키가 반드시 작다는 뜻입니다. 이렇게 상관계수로 두 변수의 관계를 파악하곤 합니다. 그럼 전통투자와 대체투자의 상관계수는 어떻게 될까요?

상관계수가 작은
전통투자와 대체투자

전통투자와 대체투자의 상관계수는 약 0.2 정도로 알려져 있습니다 (사실 이 수치는 큰 의미가 없습니다. 기간을 언제부터 언제까지로 했느냐에 따라 다르고, 어떤 자산으로 계산했느냐에 따라 다르기 때문입니다. 하지만 대충 경험적으로 보면 이 정도 수치가 나오는 것은 맞는 것 같습니다). 0.2라고 하는 이야기는 서로 상관관계가 거의 없다는 뜻입니다. 즉 주식과 채권의 가격이 하락한다고 해서 대체투자가 하락하는 것도 아니고, 반대로 주식과 채권의 가격이 폭등한다고 해서 대체투자가 상승하는 것은 아니라는 뜻입니다.

이는 매우 중요한 사실을 제공하고 있습니다. 전통투자에만 몰두할 경우 금융 시장에 큰 위기가 오면 큰 손실로 이어지지만, 전통투자와 대체투자를 균형 있게 가져가면 금융 시장에 큰 위기가 오더라도 손실이 상쇄되고 잘 견딜 수 있게 됩니다. 이를 '포트폴리오의 적절한 분산을 통한 시장 리스크 감소 효과'라고 합니다. 이처럼 대체투자는 수익률 제고뿐만 아니라 인플레이션 방어, 포트폴리오 분산 등에도 주효하기 때문에 앞으로도 투자 규모가 지속적으로 증가될 것으로 예상됩니다.

2장

유연한 운용이
가능한 사모펀드

사모펀드와
공모펀드

사모펀드는 공모펀드에 대비되는 개념입니다. 공모펀드는 일반 대중을 상대로 한 펀드이며, 모집도 광고 등 공개적인 방법을 사용합니다. 코 묻은 돈부터 노인들의 돈까지 자유롭게 드나들 수 있습니다. 그러다 보니 금융정책당국에서는 피해자가 나오지 않도록 펀드의 관리를 엄격하게 제한하고 있습니다.

전문투자자에 비해서 일반투자자의 금융지식은 아무래도 떨어질 수밖에 없습니다. 상품의 구조에 대해서도 충분한 이해가 부족하고, 혹여 손실이 생기면 당황해서 어찌할 바를 모릅니다. 이런 이유로 금융정책당국에서는 공모펀드에 대해 여러 가지 잔소리를 하게 됩니다.

예를 들어 주식형펀드의 경우에는 한 종목의 편입 비중이 10%를 넘기면 안 된다든지, 펀드의 보수나 수수료는 얼마 정도로 해야 한다든지, 투자자들에게 투자설명서를 교부해야 한다든지 등 시시콜콜히 관여합니다. 상품 출시 전에는 증권신고서를 제출하게 하고, 증권신고서의 내용이 부실하면 상품 승인이 나지 않기도 합니다. 일반 국민들의 돈이 들어갈 수 있으니 금융정책당국은 당연히 신경이 쓰일 수밖에 없습니다. 행여 문제가 발생하면 여론의 뭇매를 맞게 되므로 늘 눈을 부릅뜨고 관리·감독합니다.

운용이 자유로운
사모펀드

공모펀드와 달리 사모펀드는 일반 대중이 아무나 가입할 수 있는 펀드가 아닙니다. 100인 이하의 투자자로 구성되며 주로 부유한 개인투자자나 기관투자자가 참여합니다. 부유한 개인투자자나 기관투자자는 이러한 상품을 많이 경험해보았고 투자 판단능력이 뛰어나기 때문에 위험성을 충분히 숙지하고 있습니다. 또한 상대적으로 금융지식이 높아 혹시 발생할지 모르는 손실이나 위험을 스스로 방어할 수 있는 금전적 여유나 능력이 있습니다. 그러다 보니 금융정책당국이 굳이 신경 쓰지 않아도 알아서 잘 진행됩니다. 그래서 사모펀드는 공모펀드에 비해 관리·감독이나 규정도 느슨한 편이고 운용도 자유롭습니다. 모집도 비공개로 합니다. 하지만 2019년에 발생한 라임사태로 인해 사모펀드에도 어느 정도 규제는 있을 것 같습니다.

공모펀드에서는 펀드매니저가 자신이 운용하는 펀드에 돈을 넣을 수 없습니다. 하지만 사모펀드는 펀드매니저 개인의 자금을 포함해서 운용합니다. 본인의 돈이 들어갔으니 아무래도 더더욱 신중을 기할 수밖에 없겠지요. 또한 실적수수료가 있습니다. 공모펀드는 아무리 성과가 좋아도 수익을 모두 투자자에게 돌려주어야 하지만 사모펀드는 성과가 좋으면 약 20% 수준의 성과보수를 받게 됩니다.

우리나라의 공모펀드는 주로 주식과 채권, MMF에 많이 투자하고 있습니다. 반면 사모펀드는 채권을 포함해 특별자산, 부동산 등에 많이 투자합니다. 2015년 이전까지만 하더라도 공모펀드의 규모가 사모펀드의 규모를 앞질렀지만, 2015년에는 역전되어 지금은 사모펀드의 규모가 공모펀드의 규모를 앞지르고 있습니다. 금융투자협회의 발표에 따르면 사모펀드의 순자산액이 10년간 300% 넘게 성장하는 동안 공모펀드는 31% 증가하는 수준에 그쳤다고 합니다. 2019년 12월 말을 기준으로 전체 펀드 설정액 650조 원 중 사모펀드가 412조 원으로 63%를 차지하고 있으며, 공모펀드는 238조 원으로 37%를 차지하고 있습니다. 사모펀드 내에서는 주식과 채권이 26%, 부동산이 23%, 특별자산이 22%의 순을 보이고 있습니다.

「자본시장법」에서는 사모펀드를 전문투자형 사모집합기구와 경영참여형 사모집합기구로 분류합니다. 전자는 헤지펀드라고 하고, 후자를 PEF(Private Equity Fund)라고 부릅니다. 경영참여형 사모집합기구는 경영권 참여, 사업구조 또는 지배구조의 개선 등을 위해 지분증권 등에 투자하고 운용하는 투자합자회사입니다.

인컴펀드란
무엇인가?

인컴펀드라는 말을 들어본 적이 있을 것입니다. 인컴펀드는 말 그대로 인컴(income), 즉 소득이나 수입을 추구하는 펀드입니다. 주식은 주로 시세차익을 얻기 위해서 투자합니다. 싸게 사서 비싸게 팔아 그 차익을 수익원으로 향유하는 것이지요. 이 경우에는 큰 수익을 얻을 수도 있고 반대로 손실을 볼 수도 있습니다. 또한 주식 시장의 변동성에 노출되어 향후 현금흐름을 어떻게 계산해야 할지 알 수가 없습니다. 인컴펀드는 이렇게 변동성이 큰 것을 지양하고 일정한 시기에 일정한 금액이 꼬박꼬박 지급되도록 설계됩니다.

채권이 가장 대표적이지요. 채권은 정해진 시기에 정해진 이자가 어김없이 지급되니까요. 채권만으로 원하는 수익이 확보되지 않을 경우에는 최대한 현금흐름이 좋은 투자상품으로 접근합니다. 배당 매력이 돋보이는 리츠상품이라든지, 보통주보다 배당을 더 주는 우선주라든지, 아니면 배당성향이 높은 고배당주라든지 다양한 투자 대상을 물색합니다. 임대료가 꾸준히 나오는 부동산펀드나 정기적인 수입이 확보된 인프라펀드도 대상이 되겠지요.

헤지펀드의
기능과 전략

헤지펀드란 무엇일까요? 헤지는 자산의 가격 변동이나 환위험 등을 피하기 위해서 실시합니다. 즉 헤지거래는 투자를 하는 데 있어 수반되는 위험을 없애거나 줄이기 위해서 하는 것이지요. 헤지펀드를 설명하기 앞서 전설적인 헤지펀드의 이야기를 잠깐 들려드리겠습니다. LCTM(Long-Term Capital Management) 헤지펀드 이야기입니다. LCTM 헤지펀드는 1994년에 출범한 헤지펀드로, 이 펀드를 주도한 사람들은 존 메리웨더(John Meriwether), 마이런 숄즈(Myron Scholes), 로버트 머튼(Robert Merton), 데이비드 멀린스(David Mullins) 등이었습니다. 하나같이 쟁쟁한 사람들입니다. 존 메리웨더는 살로만 브라더스에서 재정그룹을 설립한 월가의 전설적 인물이고, 마이런 숄즈와 로버트 머튼은 노벨상 수상자이지요. 데이비드 멀린스는 하버드대학교의 교수, 재무부 차관, 연방준비국 부의장을 지냈습니다. 이렇게 막강한 사람들이 모여 헤지펀드를 만들었으니 많은 사람들의 관심을 끌었습니다.

초반부의 운용은 대단히 성공적이었습니다. 1995년에는 42.8%의 수익을 거두었고, 1996년에는 40.8%, 1997년에는 17%의 수익을 거두었습니다. 당시 LCTM의 전략은 채권의 가격 차이를 이용한 채권 재정거래였습니다. 미국의 국채와 다른 채권 간의 가격은 단기적으로 평균치에서 멀어질 수 있지만 장기적으로는 역사적인 평균치로 회귀한다는 믿음이 있었습니다. 이런 믿음을 바탕으로 러시아 국채는 매수하고 미국 국채는 공매도하는 사고파는 전략을 구사했지요. 보유자금뿐만 아니라 남의 돈을 빌리는 레버리지를 일으켜 한때는 레버리지가 50배를 상회했다고 합니다.

문제는 1998년 8월 러시아의 채무불이행 사태가 발생하면서 생겼습니다. 이로 인해 미국의 국채가격은 폭등하게 됩니다. 가지고 있던 러시아 국채는 부도가 나고, 앞으로 갚아야 할 미국 국채는 폭등하니 LCTM은 망할 수밖에 없었습니다. 당시 숄즈와 머튼의 이론에 따르면 미국의 국채와 다른 채권의 이자율 관계가 극단적으로 벌어질 확률은 0.1% 미만이었습니다. 그런데 공교롭게도 그 희박한 케이스에 걸려버린 것이지요.

LCTM이 부실화되면서 모두 36억 5천만 달러의 구제금융이 발생

나의 첫 대체투자 공부

했습니다. 이 사건으로 인해 사람들은 헤지펀드에 대해 좋지 않은 이미지를 가지게 되었습니다.

헤지펀드의
기능

헤지펀드에도 순기능은 있습니다. 헤지펀드는 시장에 유동성이 부족할 때 이를 공급하는 중요한 역할을 수행하고, 차익거래를 통해 상품 간 가격의 불균형을 해소하는 역할을 합니다. 가격이 정확하지 않게 평가된 투자 대상을 발견하면 거기에 투자함으로써 시장의 효율성을 증진시키기도 합니다. 자본과 위험을 효율적으로 재배분하는 역할도 하며, 다양한 자산 배분의 기법을 개발하고 있습니다. 마지막으로 주주행동주의(주주들이 경영에 개입해 이익을 추구하는 행위)를 통해 기업지배구조의 개선에도 영향을 미칩니다.

물론 역기능도 있습니다. 헤지펀드는 차입비율을 제한받지 않아 대규모 손실이 발생할 수도 있습니다. 각종 공개의무의 부담이 없어 투명성이 떨어진다는 평가도 있습니다. 자산평가에 있어 독립성을 확보하지 못한다는 점, 수익 극대화를 위해 단기적인 차익만을 노려 회사와 주주에게 손실을 끼칠 수 있다는 우려도 있습니다. 운용과 관련된 내부자거래, 불공정거래의 사례도 나타나고 있지요. 또한 차입 규모가 큰 포지션 청산이 일시에 일어날 경우 금융 시스템의 위험이 높아지기도 합니다. 하지만 이런 모든 역기능에도 불구하고 헤지펀드는 대체투자의 핵심으로 성장하고 있습니다.

헤지펀드의
전략

헤지펀드의 가장 큰 특징은 시장수익(β)이 아닌 절대수익(α)을 추구한다는 점입니다. 쉽게 말해 시장과 무관하게 수익을 내야 한다는 의미입니다. 금융 시장이 좋을 때는 물론이고 좋지 않을 때도 일관되게 수익을 내야 하는 것이지요. 공제회에는 '퇴직급여율'이라고 하는 것이 있습니다. 퇴직할 때 주는 퇴직급여금은 정해진 금리인 퇴직급여율로 계산해 지급됩니다. 그러다 보니 공제회의 자금운용은 금융 시장 상황이 좋든 나쁘든 일정한 수익을 달성해야 합니다. 그래서 필자는 공제회 자체도 일종의 헤지펀드가 아닐까 하는 생각을 해본 적이 있습니다.

아무튼 헤지펀드는 금융 시장과 무관하게 수익을 내야 하기 때문에 가격이 하락할 때도 수익을 얻을 수 있도록 공매도 전략을 적극적으로 활용합니다. 공매도란 실제 주식은 없지만 주가의 하락을 예상하고 미리 파는 것입니다. 실제 주식은 없는데 판다고 해서 이름에 공(空)이 붙었습니다. 물론 결제일에 결제는 이루어져야 합니다. 이때 헤지펀드에 필요한 주식을 구해주는 증권사를 프라임 브로커(prime broker)라고 하는데, 프라임 브로커는 레버리지가 필요한 헤지펀드에는 자금을 대여해주고 계좌 개설 등 헤지펀드에서 필요한 여러 가지를 도와주면서 수수료를 받습니다.

헤지펀드의 전략은 크게 네 가지로 구분할 수 있습니다. 첫 번째는 사고파는(long-short) 전략입니다. 2개 이상의 자산에 대해 수익률 차이가 확대되거나 축소되는 것을 노리고 매매합니다. 예를 들어 반도체를 만드는 삼성전자의 가치와 SK하이닉스의 가치가 축소되었다면 삼성전자를 사고(long) 하이닉스를 파는(short) 식의 전략입니다.

두 번째는 글로벌 매크로(global macro) 전략입니다. 매크로펀드는 헤지펀드의 대표적인 상품입니다. 거시경제 전망을 기반으로 국가별 혹은 지역별 주식과 채권 등 다양한 자산들을 매수 또는 매도해 중기 또는 장기로 포지션을 보유하는 전략입니다. 예를 들어 달러를 매수하고 엔을 매도하는 식의 매매가 있을 수 있습니다. 1992년 영국의 파운드화를 공격해 대규모의 수익을 올린 조지 소로스(George Soros)의 퀀텀펀드 전략이 바로 매크로 전략입니다.

세 번째는 부실유가증권(distressed securities) 전략입니다. 부도 위험이 높지만 시장가격이 더욱 저평가된 증권을 판별해 진입하는 전략으로, 이 전략은 종목에 대한 위험이 높아서 분산투자가 필수입니다. 1997년 IMF 외환위기 때 우리나라에서는 100조 원이 넘는 부실채권이 발생되었습니다. 이때 외국의 헤지펀드들은 부실채권에 투자했고, 어려웠던 기업들이 정상화되면서 부실채권의 가격은 급등했습니다. 이로 인해 외환은행을 인수했던 론스타 등 외국의 헤지펀드들은 큰 이익을 올렸습니다.

마지막으로 사건발생(event driven) 전략입니다. 기업 인수합병, 지수의 편입과 퇴출, 기업 분할 등 일시적으로 가격에 영향을 주는 특정 이벤트를 앞둔 기업을 대상으로 단기 매매하는 전략입니다. 피인수기업을 사고 인수기업을 파는 전략 등을 활용할 수 있습니다. 이러한 전략을 추구하는 과정에서 큰 규모의 레버리지를 일으키기도 합니다.

국내의
헤지펀드 현황

국내의 헤지펀드는 투자자들에게 새로운 투자 기회를 부여하고 금융 기업의 개발을 촉진해 자본 시장의 효율성을 높이기 위해 도입되었습니다. 2012년 처음 등장한 이래 2014년에는 29개 펀드, 2조 5천억 원의 수탁고를 보였고, 2019년 6월에는 3천 개 펀드, 31조 원의 수탁고를 보였습니다. 얼핏 보면 몇 년 사이 헤지펀드의 수탁고가 매우 크게 늘어난 것으로 착각할 수도 있지만, 이렇게 숫자가 늘어난 이유는 채권형 헤지펀드가 거의 대부분을 차지하고 있기 때문입니다.

2020년 4월을 기준으로 전체 헤지펀드 시장에서 전략별로 차지하는 비중은 레포(repo) 전략이 24.7%, 멀티 전략이 17.1%, 채권형 헤지펀드가 9.6%, 롱숏 전략이 8%, 메자닌 전략이 6.9%, 코스닥벤처펀드가 6.6%의 순으로 나타났습니다. 이 중 레포는 레버리지를 통해 단기채권을 매매해 수익률을 높이는 전략입니다.

실질적인 한국형 헤지펀드는 아직까지 큰 두각을 나타내고 있지 못한 상태입니다. 2012년에 첫선을 보일 당시에만 하더라도 많은 기대가 있었고 초기에는 높은 수익을 기록하기도 했습니다. 하지만 8년이 지난 지금 냉정히 평가해보면 기대에 미치지 못하는 실적을 보이고 있습니다. 헤지펀드를 운용하는 자산운용사들은 "잃지 않는 투자를 하겠다. 그러기 위해서 남들과 다르게 생각하고, 한발 앞서 행동하고, 유연하게 대처하고, 균형적으로 사고하겠다."라고 이야기합니다. 하지만 결국 운용은 사람이 하는 것이기에 완벽할 수만은 없습니다. 한국형 헤지펀드가 안정적으로 뿌리내리기 위해서는 좀 더 완성된 투자전략, 좀 더 현명한 펀드매니저가 필요하지 않을까 생각해봅니다.

PEF의
특징과 구조

경영참여형 사모집합기구(PEF)는 비공개기업의 지분에 투자해 수익을 냅니다. 이해를 돕기 위해 태림포장의 예를 들겠습니다. 태림포장은 골판지 제조업체입니다. 골판지 제조업체는 표면지와 이면지 등을 생산하는 원지 제조사와 이 종이들을 결합해 포장상자를 제조하는 회사로 나뉩니다. 2015년 태림포장은 원지 시장과 포장 시장에서 각각 20%의 점유율을 올리며 14개 계열사를 거느리고 있었습니다. 하지만 마땅한 후계자를 찾지 못해 창업주가 매각을 고려했고, IMM이라고 하는 PEF에서 태림포장을 4천억 원에 인수합니다. IMM은 기업 개선을 위해 사업 재편, 공장별 최적화, 인센티브 제도 구축을 시도합니다. 그 결과 태림포장의 매출액은 2015년 7,556억 원에서 2018년 1조 1,496억 원으로 52% 증가했습니다. 이후 IMM은 2019년 태림포장을 7,300억 원에 매각했습니다. 배당금을 통해 받은 700억 원을 고려하면 무려 2배의 수익을 올린 것입니다. 이런 식으로 PEF는 기업을 인수한 후 가치를 높이고 매각해서 투자한 금액을 회수합니다.

기업의 경영권에 투자한 후 구조조정 또는 인수합병 등을 통해 가치를 제고시키고 지분을 매각해 차익을 추구하는 전략을 바이아웃(buyout) 전략이라고 합니다. 그리고 벤처기업 또는 스타트업 단계를 지나 성장 단계에 접어든 기업의 지분에 투자한 후 가치 상승 시 투자금을 회수하는 전략을 성장자본(growth capital)이라고 합니다. 그로스캐피털에서는 경영에 일부 참여하나 경영권은 취득하지 않는 것이 일반적입니다. 기존 조달자금을 상환하기 위해서 신규로 자금을 조달하는 것을 재금융(refinancing)이라고 하고, 자본구조상 자본 및 부채 구성을 재편 또는 재구성하는 것을 자본재편(recapitalization), 유동성 낮은 자산을 시장성이 높은 증권으로 변환시키는 것을 구조화금융(structured finance)이라고 합니다.

기업을 인수할 때는 의결권이 있는 발행 주식의 10% 이상을 확보해야 하고, 임원 임명 등 회사의 경영에 실질적으로 관여해야 합니다. PEF는 폐쇄형 펀드이고, 긴 기간 동안 투자해야 하는 장기투자상품입니다. 보통 10~15년 정도의 기간이 소요되며, 엑시트(자금을 회수하는 방안)가 원활하지 않으면 기간이 더 걸리기도 합니다. 이 기간 동안에는 투자금을 회수할 수 없습니다.

PEF의
특징

PEF는 시장에서 활발히 거래되지 않는 유동성이 적은 유가증권에 주로 투자합니다. 창업 단계에 있는 기업투자, 저평가되어 있는 기업에 대한 회생투자, 메자닌 금융에 대한 투자, 부실채권에 대한 투자, LBO(Leveraged Buyout), MBO(Management Buyout) 등에 특화되어 있습니다. LBO란 기업 인수에 필요한 자금을 마련하기 위해 인수자가 금융기관으로부터 대출을 받고 피인수회사의 자산을 그 담보로 제공하는 방법을 말합니다. 2016년 미래에셋이 대우증권을 LBO 방식으로 인수한 바 있습니다. MBO는 회사의 경영진이나 임원들이 중심이 되어 LBO로 기업을 인수하는 것을 말합니다.

펀드매니저는 회사의 경영, 자산 구성 전략 등에 참여해 가치를 창조하려고 합니다. 펀드매니저에 대한 보수는 출자약정액에 대해 일정한 수수료를 부과하고 실현된 수익에 대해서만 성과수수료를 매기므로, 청산 시점에 손실이 난 경우 받은 수수료를 반환하는 경우도 발생합니다.

참고로 캐피털 콜이란 투자기관과 출자약정을 한 뒤 투자 대상의 사업이 확정되어 실제 투자가 집행될 시 자금을 납입하는 방식입니다. 쉽게 말해 얼마를 투자하겠다고 약속한 다음 실제로 투자 요청이 있으면 그때마다 돈을 보내주게 되는데요. 이때 이 투자 요청을 캐피털 콜(capital call)이라고 합니다. 또한 약속한 투자금액 중 아직 투자

나의 첫 대체투자 공부

요청을 받지 않아 대기하고 있는 돈을 드라이파우더(dry powder)라고 합니다. 만일 운용사가 투자자에게 캐피털 콜을 했는데 투자자가 돈을 보내지 못하면 어떻게 될까요? 운용사 입장에서는 당연히 돈이 들어올 줄 알고 계획을 세웠는데 돈이 안 들어와 당황스럽겠지요. 그래서 이 경우 각종 벌칙을 부과하게 됩니다. 궁금해서 관련 계약서를 보았더니 이렇게 명기되어 있더군요.

> 제○조 (손해배상)
> 투자자는 제○조에서 정한 추가투자 의무를 미이행하는 경우 장외파생상품 계약과 관련해 운용사, 수탁은행 및 스왑은행에게 심각한 손해가 발생할 수 있음을 인지하고, 이들에게 발생한 손해(변호사비용, 추가투자자를 물색하기 위한 비용 등을 포함하며, 이에 한정되지 않음)를 배상할 책임을 진다.

즉 추가투자를 이행하지 않아 발생하는 모든 손실은 투자자 본인이 책임져야 한다는 내용입니다. 반대로 운용사가 투자 물건을 찾지 못해 캐피털 콜을 요청하지 않으면 어떻게 될까요? 투자자 입장에서는 운용사의 캐피털 콜을 기다리면서 드라이파우더를 계속 보유해야 하는 불편함이 있습니다. 그런데 애초에 예상한 투자금액에 훨씬 미치지 못하게 투자가 이루어지고 있다면 투자자 입장에서도 운용사에게 불평을 토로할 수 있지요. 이와 관련해 계약서를 살펴보았더니 그런 페널티 규정은 따로 없었습니다. 다만 그렇게 애초 투자 계획을 제대로 행하지 못하면 평판 리스크로 인해 다음부터는 투자자들이 거래하지 않겠지요.

PEF의 구조

PEF의 투자는 무한책임사원(GP; General Partner)과 유한책임사원(LP; Limited Partner)에 의해 이루어집니다. GP는 평판을 중시하고, 펀드 운용의 의사결정을 하며, 투자액을 초과하는 책임을 부담합니다.

15년 전쯤, 필자가 처음 PEF를 공부할 때 이 부분이 참 이해가 가지 않았습니다. "투자액을 초과하는 책임을 부담한다고? 내가 100만 원 투자했는데 손해를 보면 최고 100만 원 손해를 보는 거지 뭘 더 부담한다는 걸까?" 이렇게 생각했습니다. 중요한 것은 PEF는 레버리지를 일으킨다는 것입니다. 레버리지로 인해서 투자액보다 더 큰 손실이 발생할 수 있습니다. 레버리지를 일으킨다는 것은 외부로부터의 차입을 의미하는데요. 남한테 돈을 빌렸으니 그 빌린 금액도 책임져야겠지요. 그러다 보니 투자액을 초과해서 책임을 부담하게 되는 것입니다.

LP는 투자액에 대해서만 책임지는 투자자입니다. 그 내역은 비공개로 하며, 주로 고액의 자산을 가진 개인투자자나 기관투자자입니다. GP와 LP는 유한책임투자조합(Limited Partnership)을 통해 경영권을 인수하거나 주요 지분에 투자하는 식으로 투자수익을 거두고, 이를 투자자들에게 돌려줍니다.

PEF의 투자자는 재무적투자자(FI; Financial Investor)와 전략적투자자(SI; Strategic Investor)로 구분됩니다. 재무적투자자는 기업의 M&A 또는 대형 개발사업으로 대규모 자금이 필요할 때 경영에는 참여하지 않고 수익만을 취하기 위해 자금을 지원하는 투자자입니다. 은행, 증권사, 보험사, 자산운용사 등의 기관투자자나 공적 기관들이 주로 재무적투자자가 됩니다. 부족한 자금을 지원해주는 일종의 협력파트너로, 재무적투자자는 사업이 성공적으로 완료되었을 때 투자자금에 대한 배당금 또는 원리금의 형태로 수익을 얻습니다.

전략적투자자는 경영 참여를 위한 경영권 확보를 목적으로 자금을 지원하는 투자자입니다. 전략적투자자는 기업의 경영을 통제하고 감시하는 한편 마케팅, 생산, 연구개발, 일반 경영 등 기업의 모든 문제를 공유하면서 공동경영자로 참여합니다. 개발사업에 참여하는 전략적투자자 역시 개발사업을 공동으로 진행하게 됩니다.

모든 PEF투자가 성공하는 것은 아닙니다. PEF투자는 큰 수익을 올릴 수도 있지만 그렇지 않은 경우도 많다는 것을 염두에 둘 필요가 있습니다. 실제로 일이 깔끔하게 마무리되지 않아 기간이 연장되거나 실패하는 경우도 많습니다. 다음은 〈동아일보〉의 2014년 7월 26일 기사입니다.

한국 최초의 토종 PEF인 보고펀드가 2005년 설립 이후 최대 위기를 맞았다. LG실트론 인수를 위해 금융권에서 빌린 차입금 2,250억 원을 갚지 못해 '인수금융 디폴트(채무불이행)'가 임박한 상황이다. 국내에서 PEF가 인수합병과 관련해 금융권에서 빌린 돈을 갚지 못한 것은 이번이 처음이다. 25일 금융권에 따르면 우리은행, 하나은행 등으로 구성된 채권단은 보고펀드가 2007년 LG실트론을 인수할 때 빌려준 인수금융 2,250억 원에 대해 만기를 연장해주지 않고 회수하기로 결정했다. 과거 두 차례 만기를 연장해줬던 채권단은 만기일인 이날 보고펀드가 또 원리금을 상환하지 못하자 이 같은 결론을 내렸다.

보고펀드는 상장을 추진 중이던 LG실트론을 인수해 상장에 성공하면 수익을 올릴 수 있을 것으로 기대하고 '보고펀드 1호'로 LG실트론에 투자했다. 하지만 투자 직후인 2008년 글로벌 금융위기가 발생한 데다 LG실트론이 엔화 강세 등으로 어려움을 겪으면서 펀드수익률을 하락시키는 원인이 되었다. 결국 LG실트론이 지난해 179억 원에 이어 올해 1분기에도 221억 원의 영업적자를 내자 보고펀드는 투자금 회수는커녕 인수금융 이자도 갚지 못하는 처지가 되었다.

헤지펀드는 일정 기간이 지나면 돈이 필요할 때 언제든지 돈을 돌려달라고 요청할 수 있습니다. 반면 PEF는 폐쇄형으로 운영되기 때문에 중간에 돈이 필요해도 요청할 수가 없습니다. 출자와 관련해서는 헤지펀드는 펀드가 개시될 때 전액을 한꺼번에 입금하지만, PEF는 전체 투자할 금액을 정해놓고 투자 요청이 있을 때마다 부분적으로 입금합니다. 또한 헤지펀드는 단기적인 투자 전략을 구사하는 반면 PEF는 장기적인 투자 전략을 구사합니다.

수수료 부분에서도 차이가 있습니다. 헤지펀드의 경우 순자산을 기준으로 운용수수료를 받습니다. 성과를 올렸을 때는 실제 실현된 성과뿐만 아니라 시장 평가도 포함해서 성과보수를 계산합니다. 반면 PEF는 실현된 수익에 대해서만 성과보수를 산정합니다.

프로젝트펀드와
블라인드펀드

프로젝트펀드는 구체적인 투자 대상을 확정한 후 자금을 모집합니다. 개별 단독 프로젝트로 진행하기도 하고 공동투자도 합니다. 예전에는 프로젝트펀드가 가장 일반적인 투자방법이었습니다. 반면 블라인드펀드는 운용사의 투자 업력을 바탕으로 사전에 투자 대상을 정하지 않고 자금을 모집합니다. 물론 투자 대상에 대한 일정 수준의 방침과 기준은 제시합니다. 투자자의 입장에서는 전문운용사를 믿고 위탁하는 방식입니다. 그러다 보니 아무 운용사에나 맡기지는 않고 실력과 평판이 검증된 운용사에만 맡깁니다. NPL, 물류, 리테일 부분에서 도입되어 활용되고 있고, 준핵심지역(core plus) 전략이나 가치부가(value

나의 첫 대체투자 공부

add) 전략을 사용하는 수익형부동산에도 이용됩니다.

SMA(separately managed account) 방식도 있습니다. SMA는 일정 규모 이상 되는 전문성을 보유한 기관이 활용하는 투자구조로, 투자자가 사전에 결정한 맞춤형투자 전략에 따라 운용사가 투자자산을 매입하고 운영하는 투자 방식입니다. 간단히 말해서 투자자의 특성에 맞게 설계하고 운용합니다. 투자자의 입장에 서서 맞춤형으로 투자 전략을 설계하고 운용해주니 편하기는 하지만, 반대급부로 대규모의 자금을 투자할 때만 가능합니다.

신뢰 관계가 중요한
블라인드펀드

프로젝트펀드에 비해 블라인드펀드는 업력도 오래되고 성과도 좋으며 투자자와의 신뢰 관계가 구축된 운용사에서 진행합니다. 물론 과거 실적이 좋았다고 미래의 실적이 담보되지는 않습니다. 과거에는 탁월한 실적을 보여 믿고 맡겼는데 공교롭게도 큰 손실을 보는 경우도 충분히 상상할 수 있습니다. 하지만 전통투자와 달리 대체투자는 과거에 성과가 좋으면 미래에도 성과가 좋은 경우가 많습니다. 전통투자는 시황에 따라 원체 민감하게 가격이 변하지만 대체투자는 시황이 변하더라도 둔감하게 반응하기 때문입니다.

프로젝트펀드는 투자 대상을 미리 알 수 있기 때문에 요모조모 따져보면서 투자에 나설지 말지를 정할 수 있습니다. 하지만 단점도 있습니다. 투자 대상이 오픈되다 보니 정보 유출의 가능성도 존재하고, 그래서 자금 모집에 실패할 가능성도 존재합니다. 또한 투자에 대한 의사결정에 시간이 오래 걸려 좋은 물건을 놓칠 수도 있습니다.

일반적으로 투자제안서를 받으면 담당자는 검토에 들어갑니다. 일단 담당자 선에서 투자해도 좋은지 아닌지를 판단해서 좋다고 판단되면 팀장에게 보고합니다. 팀장은 다시 검토해서 의사결정을 하고 이를 다시 본부장에게 보고합니다. 본부장은 예비투자심의위원회와 같은 회의를 개최해 의견을 묻고 투자 여부를 결정합니다. 이렇게 투자가 결정되면 회사 차원에서 투자심의위원회가 열립니다. 외부위원이 참석하기도 하고 내부에서도 참석합니다. 이 투자심의위원회에서 통과되어야만 투자금을 집행할 수 있습니다. 아무리 빨리 한다고 해도 최소 2~3개월의 시간이 소요됩니다.

비밀 유지가 가능한
블라인드펀드

블라인드펀드는 투자 대상이 확정되지 않은 상태에서 일정한 가이드라인만 설정되어 자금을 모집합니다. 따라서 비밀도 유지되고 운용의 자율성도 기할 수 있습니다. 좋은 물건이 나오면 신속한 의사결정으로 바로 투자가 가능하지요. 투자하는 입장에서는 투자금이 들어가야 할

나의 첫 대체투자 공부

시점을 정확히 알 수 없다는 불편한 점도 있지만, 매도하는 입장에서는 블라인드펀드를 매우 선호합니다. 물건을 매도한다는 것은 여러 가지 사정이 있어서 빨리 처분하고 싶다는 뜻인데, 블라인드펀드는 돈이 준비되어 있어 언제든 살 수 있기 때문입니다. 따라서 매도할 때 약간의 할인도 가능합니다.

하지만 프로젝트펀드는 돈이 준비되어 있지 않다 보니 투자자를 모집하는 과정에서 거래가 무산되는 경우도 생깁니다. 실제로 무산되는 경우가 많습니다. 매도하는 입장에서 거래가 무산되면 시간도 연기되고 거래금액도 변경되어 재무적인 위험이 증가합니다. 사는 쪽이 많은 매도자 우위 시장에서는 당연히 블라인드펀드가 주류를 이루게 됩니다. 투자자 선점의 효과를 누릴 수 있기 때문입니다. 반면 프로젝트펀드는 아예 접촉도 못 하는 그런 경우도 생깁니다.

필자가 얼마 전 중고물건을 사고파는 사이트를 방문한 적이 있는데, 그곳에 어느 분이 '쿨거래 시 10% 할인'이라고 적어놓았더군요. 그 글귀를 보면서 문득 블라인드펀드가 생각났습니다.

대체투자 초창기에는 대부분 프로젝트투자가 주류였지만, 대체투자 시장이 커지면서 블라인드펀드와 SMA 방식도 늘어나고 있는 추세입니다. 최근의 트렌드는 블라인드펀드입니다. 프로젝트펀드보다 훨씬 더 가볍고 신속하게 의사결정이 가능하고 운용업력이 뛰어난 곳에서 운용하다 보니, 투자하는 입장에서도 믿고 맡길 수 있습니다. 투자 사례를 살펴보겠습니다. 〈서울경제〉의 2020년 1월 7일 기사입니다.

진대제 전 정보통신부 장관이 이끄는 토종 사모펀드(PEF) 운용사 스카이레이크가 내년 만기를 앞둔 여덟 번째 블라인드펀드의 회수 작업에 들어간다. 올해 첫 번째 주자는 아웃백스테이크하우스 한국법인(아웃백)이다. 7일 투자은행(IB)업계에 따르면 스카이레이크는 아웃백 매각 작업을 위해 주관사 선정 절차를 밟고 있다. IB업계 관계자는 "아웃백 투자 시점이 4년을 넘어서 회수 작업에 들어갔다."며 "공개 매각을 진행할 가능성이 높다."고 말했다.

스카이레이크는 8호 블라인드펀드인 '신성장바이아웃PEF'를 통해 2016년 아웃백을 인수했다. 지분 100%의 인수가격은 570억 원이었다. 인수 이후 프리미엄 스테이크 개발·판매 강화, 새로운 공급 시스템 도입, 배달사업 등에 성공해 실적이 크게 개선되었다. 아웃백의 지난해 매출액은 약 2,300억 원, 영업이익은 130억 원을 기록했다. 2016년과 비교하면 매출은 17.6%, 영업이익은 5배가량 늘어난 수치다. 아웃백의 매각 가능성을 높게 보는 이유다. 맘스터치를 운영하는 해마로푸드서비스와 공차코리아가 각각 사모펀드에 매각될 당시 10배 안팎의 EV/EBITDA(기업가치가 순수한 영업 활동을 통한 이익의 몇 배인가를 알려주는 지표)를 적용받았던 점을 고려하면 식음료사업에 대한 시장의 저항은 높지 않다는 분석이 따른다.

아웃백을 시작으로 스카이레이크는 8호 펀드의 청산 작업에 나설 것으로 보인다. 2013년 6월 3,500억 원 규모로 조성된 8호 펀드는 투자기간을 8년으로 잡아 내년 만기를 앞두고 있다. 내년 청산을 하지 못하면 연장도 가능하다. 다만 투자한 업체들의 투자 시점이 3~4년이 지나 스카이레이크도 회수 작업에 나서야 한다. 펀드가 투자한 KOC 전기와 폴리피아 등도 이르면 올해 말 투자 회수에 나설 것으로 보인다. 스카이레이크는 해당 블라인드펀드를 통해 아웃백과 함께 우진기전, KOC전기 등 신성장 기업에 활발히 투자했다. 2015년 투자한 우진기전은 스카이레이크가 창사 이래 단행한 바이아웃 거래 가운데 가장 규모가 컸던 딜이다. 당시 1,200억 원에 거래되었는데 인수 규모가 커 블라인드펀드자금과 프로젝트펀드자금을 함께 투입했다.

세컨더리투자란
무엇인가?

PEF 시장은 1차 시장과 2차 시장으로 나누어집니다. 1차 시장을 프라이머리 시장(primary market)이라고 하고, 2차 시장을 세컨더리 시장(secondary market)이라고 합니다. 1980년대에 최초 시장이 형성되어 세컨더리펀드가 출시되었고, 프라이머리 시장이 지속적으로 성장하면서 세컨더리 시장도 규모를 같이 확대하고 있습니다.

세컨더리투자는 신규 설정되었던 펀드 중에서 일정 수준 이상 포트폴리오가 구축된 펀드의 투자자 지분을 거래하는 유통 시장의 개념입니다. 펀드 지분뿐만 아니라 개별 자산 매매도 포함됩니다. 전통적인 세컨더리거래는 펀드 지분의 매매였지만 시장이 발전하면서 거래

유형은 더 복잡해지고 다양한 형태로 발전하고 있습니다. 간단히 말해 1차적으로 잘 구축된 포트폴리오를 2차적으로 매매하는 것을 의미합니다. 사모펀드에서는 이렇게 잘 짜인 상품을 여러 가지 이유로 매각을 시도합니다. 현금이 필요하다든지, 포트폴리오를 재조정한다든지, 투자 전략을 수정한다든지 등 여러 가지 이유가 있을 수 있습니다.

세컨더리투자의
장점

두 번째로 투자하는 사람 입장에서는 펀드에 대한 투자가 완료되고 회수가 시작되는 시점이어서 바로 수익을 챙길 수 있다는 장점이 있습니다. 상대적으로 성과 편차가 적고 손실 가능성도 적습니다. 대체투자의 특징은 긴 투자 기간과 낮은 유동성입니다. 세컨더리투자가 활성화되면 투자 기간과 유동성에 대한 고민도 해결됩니다.

일반적으로 프라이머리펀드에 투자할 때는 투자 기간 동안 자금 납입이 이루어지므로, 투자 기간 종료 시점이 되어서야 본격적인 분배가 이루어집니다. 반면 세컨더리투자는 운용 중인 펀드의 분배가 발생하는 시기에 이루어집니다. 따라서 투자 초기부터 빠른 현금 분배를 기대할 수 있어 프라이머리펀드의 특징인 제이커브(J-curve) 효과를 완화시키는 작용을 합니다.

프라이머리펀드는 초기에 회수되는 자금보다 투입되는 자금이 더

제이커브 효과

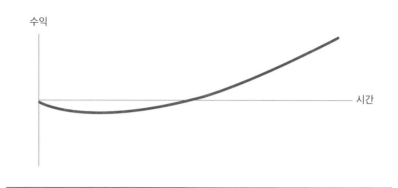

많습니다. 일반적으로 초기 단계에서는 수익률이 마이너스가 되고 시간이 흘러 자금 회수가 늘어나면서 플러스로 바뀝니다. 펀드의 만기가 다가올수록 수익률은 더 올라가게 되지요. 이 모양이 영어의 'J'와 닮았다고 해서 제이커브 효과라고 합니다.

세컨더리투자의 주요 거래 대상은 블라인드펀드 지분입니다. 원래 블라인드펀드는 포트폴리오 구성을 알 수 없지만 세컨더리거래를 통해 포트폴리오 내역 검토가 가능하고, 하위펀드 및 자산의 지역, 빈티지(출시 연도), 섹터, 운용사가 분산되면서 포트폴리오 분산에 대한 기대감을 높일 수 있습니다. 또한 순자산가치 대비 할인된 가격에 매입이 가능하므로 향후 가치가 좀 하락하더라도 손실을 보지 않는다는 장점이 있습니다. 실제로 프라이머리투자에 비해 손실 확률이 낮고 위험조정수익률(펀드가 감수한 위험의 정도를 고려해 조정된 수익률)은 우수한 것으로 나타나고 있습니다. 가장 중요한 것은 좋은 물건을 골라낼 수 있는 소싱능력입니다. 복잡한 거래의 수행능력과 다양한 시장 사이클을 겪어본 경험도 중요합니다.

세컨더리의
형태

세컨더리의 다양한 형태에 대해 참고로 알아보겠습니다. 유형이 진화되면서 다양한 형태가 나타났습니다. 먼저 LP 텐더(tender)입니다. 이는 GP가 주도하는 거래로, 기존 LP들의 펀드 지분을 매각하되 LP들에게 펀드 지분을 팔거나 또는 계속 보유할 수 있는 옵션을 제공해 유동화 니즈가 있는 LP에게 엑시트 기회를 제공합니다. 세컨더리 매입자는 LP가 되는 구조입니다. 펀드자본재구성/양도(fund recapitalization/asset sale)는 LP 텐더와 유사한 구조이나, 이 유형은 세컨더리 매입자에게 매각되는 펀드 지분(또는 개별 자산)은 신규 펀드로 옮겨지고 해당 펀드에 대한 새로운 조건을 GP와 협상해 만듭니다. 이후 GP가 기존 펀드 및 신규 펀드를 지속적으로 운용합니다. 세컨더리 매입자는 신규 펀드의 LP가 됩니다.

공설 시장(public market)은 상장되어 있는 모자펀드가 보유한 하위펀드들의 가치보다 주가가 저평가되어 있는 경우, 세컨더리 매입자가 해당 모자펀드 주주들을 대상으로 지분을 공개 매입 후 상장폐지시킵니다. 이렇게 되면 세컨더리 매입자는 하위펀드들의 LP가 됩니다.

팀 분사(team spin-out)는 기관 혹은 기업 소속의 PE(private equity) 투자팀이 해당 투자사업을 중단하는 경우, PE투자팀과 그들이 운용 중인 자산을 기관으로부터 분리될 수 있도록 세컨더리 매입자가 투자하는 방식입니다. PE투자팀은 신규 GP가 되고 그들이 운용하던 자산으로 신규 펀드 설정을 합니다. 세컨더리 매입자는 신규 펀드의 LP가 됩니다.

구조화유동성 해법(structured liquidity solution)은 펀드 지분 매각자와 세컨더리 매입자가 서로의 거래 목적 충족을 위해 조인트벤처(joint venture) 설립 등 다양한 거래구조와 조건을 협의하는 방식입니다. 조인트벤처란 목표수익률 및 시장에 대한 관점이 유사한 두 대형 기관투자자가 합의해 투자 가이드라인을 정한 후, 이를 신뢰할 만한 운용사에 맡기는 전략적 투자 방식입니다. 블라인드펀드는 투자자산의 사전 검증이 어려우나 조인트벤처는 투자 실행 전 투자자 운영위원회를 통해 LP가 자산을 스크린한 후 투자 여부를 결정합니다. 이렇게 투자자 중심으로 펀드가 이루어지기 때문에 운용보수도 낮은 편이고, 성과보수의 배분 또한 투자자에게 유리한 구조로 되어 있어 종합적으로 타 블라인드펀드 대비 보수는 절반 수준입니다.

조인트벤처투자는 시장 환경의 변화에 따라 LP 중심으로 투자 가이드라인을 변경할 수 있고 보다 유동적인 대응이 가능해 기관투자자들이 선호하는 방식입니다. 하지만 현지 파트너를 구하기 어려워 아직까지 국내에는 사례가 많지 않습니다. 대한지방행정공제회에서는 캘리포니아 교직원연금과 조인트벤처 투자를 한 사례가 있고, 교직원공제회에서도 미국교직원생명보험사와 미국 상업용부동산 대출채권 및 우선주에 조인트벤처투자를 한 적이 있습니다.

세컨더리펀드의
리스크

세컨더리펀드의 가장 큰 리스크는 할인율입니다. 좋은 물건이라도 비싸게 사면 안 되겠지요. 2008년 글로벌 금융위기 이후 자산가격의 지속적인 상승과 함께 세컨더리 시장에서도 양질의 투자 건에 대한 치열한 경쟁이 펼쳐지고 있습니다. 이로 인해 할인율이 지속적으로 감소되고 있습니다.

그다음으로는 포토폴리오의 가치 하락 리스크입니다. 펀드에 편입된 하위펀드 및 자산의 대부분은 자본구조상 후순위로 구성됩니다. 따라서 가격이 하락할 리스크가 있습니다. 이를 극복하기 위해 지역 분산, 빈티지 분산, 섹터 분산 등을 통해 리스크를 감소시켜야 합니다. 다음은 〈이데일리〉의 2019년 7월 15일 기사입니다.

우정사업본부가 세컨더리 전략을 펼치는 해외 사모펀드(PEF)를 선정하고 최대 2억 달러(약 2,360억 원)를 출자한다. 15일 투자은행(IB)업계에 따르면 우본 우체국 예금은 최근 투자심의회를 열고 해외 세컨더리 PEF에 미국계 사모펀드인 렉싱턴 파트너스와 유럽계 사모펀드인 아디안을 최종 선정했다. 출자 규모는 총 2억 달러로 PEF당 1억 달러 (약 1,180억 원)씩 투자한다.

세컨더리 전략은 PEF나 벤처캐피털(VC) 등이 투자한 회사 지분 가운 데 펀드 만기 안에 매각하기 어려운 주식만 사들인 뒤 지분 가치가 오 르면 되팔아 차익을 얻는 방식을 말한다. 우본 관계자는 "이번 투자 는 지난 2012년에 투자했던 1,500억 원 규모의 세컨더리 PEF 약정액 소진 시점이 다가와 재투자하기로 한 것"이라고 설명했다. 우본은 운 용 전략에서 부동산과 인프라, 에너지 등 특정 섹터에만 투자하는 세 컨더리펀드는 제외하기로 했다. 특히 이번 PEF 선정은 2008년 글로벌 금융위기 이전에 세컨더리 혼합형 펀드 운용 경험이 있는 운용사만 뽑았다.

투자구조는 투자 대상을 정하지 않은 채 펀드자금을 먼저 모으고 나 중에 투자 대상을 찾는 블라인드 방식이다. 우본 관계자는 "시장의 밸 류에이션과 레버리지가 높은 상황이라 에쿼티(지분)투자에 있어서 바 이아웃(경영권 매매) 전략은 부담이 큰 상황"이라며 "바이아웃보다는 세컨더리 전략이 하방 안정성이 크다."고 말했다. 우본은 운용펀드 기 준으로 펀드 설정액의 10% 한도로 출자한다. 이에 위탁사는 출자자 (LP) 약정액의 1% 이상을 펀드에 투자해야 하며 최종 모집금액 기준으 로 세컨더리펀드를 10억 달러(약 1조 1,790억 원) 이상으로 결성해야 한 다. 펀드 만기는 10년 이내, 투자 기간은 4년 이내다. 세컨더리펀드 기 준수익률은 순내부수익률(IRR) 8% 이상으로 잡았다.

사모대출펀드(PDF)와
벤처캐피털(VC)

기업은 자금이 필요할 때 주식과 채권을 통해 자금을 조달합니다. 주식을 통해서 자금을 조달하는 방법으로는 유상증자가 있는데, 기업은 주식을 새롭게 발행하면서 기존 주주에게 주고, 기존 주주는 기업에게 돈을 줍니다. 기존 주주가 거부할 경우(실권할 경우)에는 제3자를 대상으로 유상증자를 하기도 합니다. 이때는 기업이 상장되어 있는 쪽이 절대적으로 유리합니다. 상장되어 있지 않은 기업의 유상증자는 대중에게 별로 와닿지 않기 때문입니다. 채권을 통해서 돈을 조달하는 방법은 회사채를 발행하는 것입니다. 자금을 빌려주면 정해진 날에 정해진 이자를 주겠다는 것이지요. 이 경우에도 역시 신용이 높지 않으면 실패할 확률이 큽니다.

이 두 경우는 모두 공모의 방법입니다. 공모의 방법 외에 사모의 방법도 있는데, 바로 PD(private debt)입니다. PD는 대부분 대출 형태이기 때문에 사모대출이라고 통칭합니다. 공모 시장에서 거래되는 국채, 투자등급 이상 채권, 신디케이트론(다수 은행으로 구성된 차관단이 일정 금액을 융자해주는 중장기 대출), 하이일드채권 등은 유동성이 높습니다. 투자등급 이상 채권, 신디케이트론은 중견기업과 대기업에 대한 대출로, 투자은행의 주도로 대부분의 조건이 결정되며 거래되는 시장에 많은 참여자가 있습니다. 하이일드채권은 비투자등급의 후순위 채권이지만 유동성은 높습니다.

사모대출은 비투자등급 또는 무등급의 중소·중견기업이 주요 대상이며 단독 또는 소수의 투자자가 차입자와의 협상을 통해 조건을 결정합니다. 선순위 대출은 통상 변동금리 조건의 담보부대출이며, 메자닌대출은 무담보 후순위 대출로 대부분 고정금리 조건입니다. 낮은 유동성에 대한 반대급부로 기대수익률이 상대적으로 높습니다.

PDF란
무엇인가?

PDF는 PD를 펀드로 만든 것입니다. 즉 PDF는 사모 시장을 통한 대출에 투자하는 펀드입니다. PDF는 적격투자자들로부터 자금을 모집해 기업 대출, 회사채 인수, 부동산 담보대출 등으로 운용하는 사모펀드입니다. 대출, 회사채 인수 등의 형태로 자산을 운용한다는 점에서 지분투자 형태로 자산을 운용하는 PEF와 차별됩니다.

통상 3년에 걸쳐 30~50개 기업에 분산해 캐피털 콜 형식으로 대출합니다. 자금은 주로 기업 인수합병, 사업 확장, 재금융 등의 용도로 쓰입니다. 대출에 투자하는 것이다 보니 가장 큰 리스크는 기업의 부도입니다. 이를 방지하기 위해 LTV(loan to value)를 낮게 가져감으로써 부도 발생 시에도 회수할 수 있도록 작업합니다. LTV는 가치에 비해 어느 정도의 담보대출인지를 나타내는 지표로, 10억 원짜리 집인데 6억 원을 대출받으면 LTV는 60%가 되고 8억 원을 대출받으면 80%가 됩니다. LTV가 낮을수록 회수될 확률은 높아지겠지요.

PDF 시장은 회사채 시장이 양극화되면서 주로 신용등급 BBB- 미만의 저신용 기업에 대해 선순위 담보대출하는 방식으로 투자합니다. 회사채는 무담보이지만 대출은 선순위 담보부라는 장점을 지니고 있습니다. 그런 이유로 일반 채권보다 수익성이 높고 안정성도 비교적 양호합니다. 대출이라는 특성상 이자 지급을 통한 주기적 현금흐름을 발생시키는 점이 가장 큰 장점이라고 할 수 있을 것입니다.

원래 대출 시장은 전통적으로 은행의 영역이었습니다. 하지만 은행들이 지속적인 통합으로 덩치가 커지면서 소규모 기업 대출에 대한 관심도도 떨어졌습니다. 큰 회사든 작은 회사든 대출심사와 실사를 해야 하는데, 소규모 기업은 비용 대비 규모의 경제 효과가 없기 때문입니다. 여기에 2008년 글로벌 금융위기 이후 은행의 자본규제 강화로 기업 대출 한도가 줄어들면서 PDF 시장이 형성되기 시작했습니다.

기관투자자의 입장에서는 저금리에 따른 적정 수익률 확보를 위해 투자를 늘리고 있습니다. 특히 선순위 PDF의 경우 선순위 담보부이기 때문에 안정성이 높고, 변동금리라서 금리 인상기에도 금리 리스크를 헤지할 수 있으며, 정기적으로 이자가 지급된다는 큰 장점이 있습니다. 금리는 리보금리에 몇 %를 추가하는 방식입니다.

리보(LIBOR; London Inter-Bank Offered Rate)란 런던의 금융 시장에 있는 은행 중에서 신뢰도가 높은 일류 은행들 사이에 단기적인 자금거래에 적용되는 대표적인 단기금리 지표입니다. 세계 각국의 국제 간 금융거래에 기준금리로 활용됩니다. 신용도가 낮으면 리보에 가산 금리를 붙이는데 이를 스프레드라고 합니다. 보통 3개월을 기준으로 합니다. 물론 단점도 있습니다. 유동성이 떨어지는 부분입니다. 하지만 낮은 유동성을 대가로 높은 금리를 취득할 수 있기 때문에 꼭 단점이라고만은 할 수 없습니다. 전통적으로 북미지역이 PDF 시장에서 가장 큰 비중을 차지하고 있습니다.

장래성에 투자하는
벤처캐피털

기업은 설립 초기 대개 필요자본에 부족함을 느낍니다. 은행이나 주식 시장과 같은 전통적인 자본 시장에서 필요한 만큼 충분한 자본을 조달하지 못하는 경우가 많지요. 자금 조달 시 담보로 제공할 유형자산도 부족하고, 초기에는 대부분 마이너스의 현금흐름을 보이기 때문입니다. 이때 벤처캐피털(VC; Venture Captial)은 설립 초기의 기업에 지분투자를 통해 비교적 장기간 자본을 제공해줍니다. 대상 회사의 경영에도 적극적으로 참여합니다.

그렇다고 아무 기업에나 자금을 주는 것은 아닙니다. 나름대로 엄격한 선정 기준과 선정방법이 있습니다. 가장 먼저 회사의 전체적인 상황에 대해서 따져봅니다. 업종, 주력 아이템, 정관, 주주 구성을 살펴보고 혹시 분쟁이나 소송 중인 사안은 없는지도 점검합니다. 그렇게 개괄적인 분석이 끝나면 기술성과 수익성을 따집니다. 기술에 경쟁력이 있는지, 핵심 연구개발 인력은 어떻게 되는지, 확장 가능성은 있는지 등을 검토하고 제품의 차별성과 진입장벽, 제품의 라이프 사이클, 특허권, 마케팅능력, 거래처 분석 등을 종합적으로 분석합니다. 이렇게 기술성과 시장성을 종합적으로 평가합니다.

수익에 대한 평가도 같이 이루어집니다. 엑시트 기간은 어느 정도로 할 수 있는지, 기업가치는 얼마로 산정되는지, 기대효과는 어떤지 등을 따지면서 외부 감사의견, 추정 재무재표, 계정별 실사 등을 거치면서 수익성과 재무 분석을 마칩니다. 경영자의 분석도 같이 이루어집니다. 비즈니스 경력은 어떻게 되는지, 경영 태도는 어떠한지, 경영권은 어느 정도 확보되어 있는지를 통해 경영자 분석에 들어갑니다. 벤처캐피털의 경우 특히 경영자의 리더십이 중요하기 때문에 현재 사업기여도, 인적 네트워크, 위기관리능력 및 사업의 지속 가능성에 영향을 미치는 사항들을 꼼꼼히 체크합니다.

이런 모든 것들을 평가해 투자기업을 선정합니다. 예를 들어 3년 이후 예상되는 가치가 투자 시점의 기업가치보다 100% 이상 향상될 수 있는 기업, 투자 2년 이후 시점의 예상 이익 기준으로 PER가 5배 이하여서 최소 투자수익률을 확보할 수 있는 기업, 향후 3년간 회사 매출액 성장률이 30% 이상 기대되는 기업, 향후 2년 이후 영업이익률이 향상될 것으로 기대되는 기업, 기술 및 사업모델상의 핵심 경쟁력 보유 혹은 해당 시장의 선두주자로 시장점유율이 높은 기업 등을 선정합니다.

투자 이후 기업의 경영 실적 환경 등을 고려해 유연한 회수 전략을 수립하는데, IPO(기업 공개)를 통해서 엑시트를 한다든지, 매각 혹은 대량 매매(block deal) 등을 통해 회수에 나섭니다. 벤처캐피털은 헤지펀드와 조직상의 구조와 투자자 구성은 동일하고 투자 전략에서만 차이가 납니다. 레버리지를 사용하지 않는다는 점도 헤지펀드와 다른 점입니다.

2019년 기준으로 우리나라에서 기업가치가 10조 원 이상인 데카콘 기업은 없습니다. 하지만 1조 원 이상인 유니콘 기업은 11개가 있습니다. 쿠팡, 옐로모바일, L&P코스메틱, 크래프톤, 비바리퍼블리카, 우아한형제들, 야놀자, 위메프, 지피그룹, 무신사, 에이프로젠입니다. 2020년에 차세대 유니콘 기업으로 성장할 것으로 전망되는 국내 스타트업은 약 20개로, 정부에서는 2022년까지 신규 벤처투자 5조 원 유치를 목표로 스타트업 육성을 지속하고 있습니다. 2018년 국내 벤처투자금액은 3조 원을 돌파했습니다. 2019년에는 4조 원을 돌파했고, 신규자금 또한 2조 6천억 원 이상 모집되어 역대 최대 호황을 누리고 있습니다.

3장

기초자산 변동과
연계된 구조화채권

신용연계채권과 주식연계채권

구조화채권(structured note)은 채권의 원리금이 금리, 주식, 통화 등의 기초자산 변동에 연계된 상품입니다. 액면가와 이자, 만기를 투자자의 구미에 맞게 구조화해서 만든 신종 채권으로, 채권과 파생상품이 결합되어 만들어집니다. 채권을 발행하는 곳은 투자자에게 맞춤형 현금 흐름을 만들어주고, 위험은 파생상품 시장에 넘기는 구조입니다. 구조화채권의 종류는 신용과 연계된 것, 주식과 연계된 것, 통화와 연계된 것, 금리와 연계된 것, 보험과 연계된 것 등 다양합니다.

구조화채권에는 몇 가지 특징이 있습니다. 언제나 살 수 있는 상품이 아니라 기간이 정해져 있다는 것입니다. 일정한 모집 기간을 정해 판매하는 단위형 상품이며, 투자자가 사전에 기대수익률을 예측할 수 있다는 특징도 있습니다. 발행사나 운용사의 운용능력보다 신용위험 등 안전성이 중요한 상품입니다. 예금상품처럼 월 이자 지급식으로 가입이 가능한 상품도 있으며 원금보장, 부분보장, 비보장 등 손익구조가 다양합니다. 주식, 금리, 환율, 원자재 등 다양한 기초자산의 선택이 가능하며, 전통적인 투자상품과 분산투자 시 효율적으로 포트폴리오를 구축할 수 있다는 장점도 있습니다.

구조화채권을 이해하기 위해서는 우선 몇 가지 용어를 알아야 합니다. 먼저 발행 주체인 발행사는 수익구조에 따른 원리금 지급 의무를 부담합니다. 만일 발행사가 파산한다면 기초자산의 수익구조와 무관하게 손실이 발생합니다. 기초자산은 손익구조에서 가장 직접적인 영향을 주는 요소이며 일반적인 펀드와 달리 만기가 존재합니다. 조기상환가격 및 평가 주기를 표시하는 조기상환 조건이 있으며, 중도환매 조건은 매우 까다롭습니다. 먼저 대표적인 구조화채권인 신용연계채권에 대해 알아보겠습니다.

CDS를 결합한
신용연계채권

신용연계채권(CLN; Credit Linked Note)은 채무불이행의 발생, 즉 돈을 갚지 않는 리스크와 연계된 채권입니다. 채무불이행에 대한 보험을 제공하는 계약으로 국가나 회사채 등 각종 채권의 헤지에 이용됩니다. 이를 신용부도스왑(CDS; Credit Default Swap)이라고 하는데요. CDS에 대해서는 신문에서 한 번쯤 들어보았을 것입니다. 채권을 매입하는 쪽은 발행한 곳에서 돈을 갚지 않을 수도 있기 때문에 불안감을 느낍니다. 하지만 누군가 대신 갚아주겠다고 약속하고 채권 발행자로부터 일정한 수수료를 받는다면, 채권을 매입하는 쪽은 안심하고 매입할 수 있겠지요. 혹시 채권 발행자가 돈을 갚지 않더라도 대신 갚아주는 곳이 생겼으니까요. 물론 이 경우 대신 갚아주는 곳의 신용도가 중요합니다. 대신 갚아주겠다고 하는 곳의 신용이 채권을 발행하는 곳보다 낮으면 아무 의미가 없으니까요. 그래서 대신 갚아주겠다고 하는 곳은 보통 신용이 아주 높은 대형 금융기관입니다.

채권을 발행하는 곳이 아주 안전한 곳이라면 채권을 보증해주는 곳에서는 프리미엄을 조금만 받습니다. 하지만 경제 상황이 나빠지거나 외부 환경이 악화되면 프리미엄을 올려 받습니다. 이렇게 프리미엄이 변하는 것만 보더라도 신용도가 어떻게 변하는지 파악할 수 있지요.

예를 들어보겠습니다. CDS프리미엄이 80bp라고 하는 것은 80bp의 수수료를 받고 보증을 서준다는 의미입니다(1%를 100bp라고 합니다. 0.01%라고 하는 것보다 1bp라고 하는 것이 더 편해서 금융기관에서는 이렇게 사용하고 있습니다). 2019년 기준으로 삼성전자의 CDS프리미엄은 31.4bp입니다. 만일 삼성전자가 부도나면 자신이 대신 물어주겠다고 약속하고 31.4bp, 즉 0.314%를 프리미엄으로 받는 것이지요. 다르게 해석하면 삼성전자가 부도날 확률이 0.314%라는 해석이 됩니다. 이 프리미엄은 금융기관에게는 수입이 되는 부분입니다. 2019년 삼성전자의 CDS프리미엄은 31.4bp에 불과하지만, 2011년 그리스를 비롯해 몇몇 나라들의 국가 채무불이행 리스크가 떠올랐을 때는 205.35bp까지 급등하기도 했습니다. 재미난 것은 이때 한국의 CDS프리미엄은 228.24bp였다는 점입니다. 다시 말해 당시 삼성전자가 부도날 확률이 대한민국이 부도날 확률보다 더 낮다고 본 것입니다.

참고로 우리나라의 CDS프리미엄은 2020년 6월을 기준으로 27bp를 기록하고 있습니다. 2008년 글로벌 금융위기 때는 674bp를 기록하기도 했습니다.

CDS의
활용

CDS는 어떻게 활용할 수 있을까요? 예를 하나 들어보겠습니다. 지금 어떤 회사의 회사채에 투자하면 6%의 이자를 받을 수 있습니다. 그런데 만일 채권이 만기되기 전에 이 회사가 망하기라도 하면 투자한 사람은 원금을 모두 날릴 수 있습니다. 이자를 보니 투자해보고는 싶은데 '혹시 망하면 어떡하지?' 하는 생각에 망설여집니다. 이럴 때 CDS를 활용하면 됩니다. 이 회사의 CDS프리미엄이 100bp, 즉 1%라고 가정해봅시다. 그럼 이 채권을 사는 동시에 CDS프리미엄으로 1%

를 지급하면 됩니다. 만기까지 아무 일이 없으면 6%의 이자에서 1%의 비용을 제한 총 5%의 수익을 확보할 수 있습니다. 만일 회사가 부도가 나더라도 CDS프리미엄을 받은 금융기관이 투자금을 모두 물어 주니 손해볼 일이 없지요. 이런 방식으로 금융상품을 설계할 때 결합해서 활용하면 됩니다.

앞서 언급한 신용연계채권이 바로 CDS를 채권으로 만든 것입니다. 즉 기업에 대한 신용위험을 채권 형태로 전가하는 상품입니다. 총수익스왑(TRS; Total Return Swap)은 채권 또는 자산 포트폴리오의 총수익과 '리보+스프레드'를 교환하는 계약입니다. 총수익 지급자가 총수익 수령자에게 채권의 총수익을 지급하면, 총수익 수령자는 총수익 지급자에게 '리보+스프레드'를 지급합니다. CDS가 신용에 국한되었다면 TRS는 신용뿐만 아니라 금리와 환율 등의 시장 리스크도 모두 전이될 수 있습니다.

만기와 우량도가 상이한 채권을 모아 유동화한 신용파생상품도 있습니다. 부채담보부증권(CDO; Collateralized Debt Obligation)인데요. CDO는 다양한 형태의 위험과 수익구조를 만들어냅니다. 일반적으로 CDO는 자산 간의 동시 부도 가능성을 낮추기 위해 서로 상관관계가 낮은 많은 수의 자산으로 구성됩니다. 투자자는 위험순위에 따라 선순위 투자자, 중순위 투자자, 후순위 투자자로 나뉩니다. 수익이 들어오면 가장 먼저 선순위 투자자에게 지급하고, 그다음 중순위 투자자에게 지급하며, 마지막으로 후순위 투자자에게 지급합니다. 선순위 투자자는 가장 먼저 이자를 지급받는 대신 수익률이 가장 낮고, 중순위 투자자는 선순위 투자자보다 늦게 이자를 지급받는 대신 선순위 투자자보다 수익률이 높습니다. 후순위 투자자는 가장 뒤늦게 이자를 받는 대신 수익률이 가장 높습니다.

주식연계채권
ELD, ELS

주식과 연계된 것으로는 주가연동예금(ELD; Equity Linked Deposit), 주가연동증권(ELS; Equity Linked Securities)이 있습니다. ELD, ELS는 여러분도 자주 들어보았을 것입니다. ELD, ELS는 금융공학이 발달함에 따라 등장한 금융상품입니다. ELD는 주가지수연동 정기예금으로, 정기예금과 주가지수 옵션을 결합해 만든 구조화된 정기예금입니다. 원금의 일부 또는 정기예금에서 발생하는 이자를 코스피200 등과 연계된 주가지수 옵션 또는 주식을 살 수 있는 권리에 투자합니다. 원금은 보장하면서 수익률은 주가지수가 상승하거나 하락하는 경우 사전에 약정된 수익구조에 의해서 결정됩니다.

필자가 과거 증권사에서 지점장으로 일하던 2002년 당시 조흥은행에서 발행한 상품이 ELD의 시초였던 것으로 기억합니다. 그때는 기초자산이 코스피200이었던 것으로 기억하는데, 지금은 투자자가 원하는 수익 형태로 다양하게 나타나고 있습니다. 처음에 이러이러한 조건으로 수익이 발생한다고 약속하면 증권사는 이 약속을 반드시 지켜야 합니다. 조건이 충족되었는데도 증권사가 지급하지 않는 경우는 없습니다. 물론 증권사가 부도나면 조건 충족 여부와 무관하게 돈을 찾을 수 없습니다. 그래서 증권사의 신용도가 매우 중요한 상품입니다. 가급적 신용도가 높은 증권사가 발행한 상품에 가입해야 하는 이유입니다.

고객에게 상대적으로 높은 수익을 안겨주기도 하지만 손실이 발생했을 때는 그 폭이 크다는 단점이 있습니다. 그래서 어떤 투자자들은 "ELS는 먹을 땐 조금 먹고 잃을 땐 왕창 잃는다."라며 폄하하기도 합니다. 또한 중간에 환매하기가 힘들어서 유동성에도 문제가 있습니다. 만일 중간에 환매를 하려고 하면 증권사에서 '신의 성실의 원칙'에 따라 처리해줍니다. 이 말은 증권사에서도 최선은 다하겠지만 제값 받고 환매하기가 힘들다는 뜻입니다. 따라서 주식연계상품에 가입할 때는 중간에 환매하는 것은 고려하지 말고 투자해야 합니다.

1. 원금보장형 ELS

ELS는 크게 원금보장형과 원금비보장형으로 나뉩니다. 원금보장형 ELS는 말 그대로 원금은 보장해주는 ELS입니다. 투자원금의 대부분은 우량 채권에 투자하고, 일부만 옵션 복제 재원으로 사용합니다. 우량 채권에 투자한 금액과 이자를 합하면 기간이 경과한 후의 원금이 됩니다. 예를 들어 1년 만기 상품에 100만 원을 투자했다고 합시다. 금리는 2%입니다. 그렇다면 98만 392원은 우량 채권 매입에 사용합니다. 98만 392원의 이자는 2%인 1만 9,608원입니다.

980,392+19,608=1,000,000원이 되어 만기가 되면 원금을 돌려줄 수 있습니다. 증권사에서는 100만 원을 받아 98만 392원은 우량 채권을 매입하고 나머지 1만 9,608원으로 옵션투자에 나섭니다. 옵션의 수익에 의해서 처음에 보장한 금액을 지급합니다.

만일 옵션 운용을 잘해서 이익을 남기면 그것은 증권사의 몫입니다. 투자자가 더 가져갈 수는 없습니다. 반대로 옵션 운용을 잘 못해서 손실이 나면 그것 또한 증권사의 부담입니다. 투자자에게 손실이 전가되지 않습니다. 이렇게 원금을 보장하면서도 기초자산의 변화에 따라 수익을 올릴 수 있는 것이 원금보장형 ELS의 장점입니다. 물론 원금을 보장하기 때문에 높은 수익을 제공하지는 않습니다. 높은 수익을 제공하는 것은 이어서 설명할 원금비보장형 ELS입니다.

상품구조는 방향성수익추구형, 범위형, 디지털형이 있습니다. 방향성수익추구형은 다시 상승수익추구형과 하락수익추구형으로 나눕니다. 상승수익추구형은 주가지수 하락 시 원본을 보존하고 상승 시 일정 비율을 적용해 수익률이 정해지지만, 상승률이 사전에 정한 숫자 이상에 도달하는 경우 원금 혹은 '원금+리베이트'만 지급합니다. 하락수익추구형은 주가지수 상승 시 원본을 보존하고 하락에 대한 일정 비율을 적용받는 구조입니다. 범위형은 기초자산가격이 특정 범위 내에 있을 때는 사전에 정한 일정한 수익률을 지급받지만 벗어나는 경우 원금만 지급하는 구조입니다. 디지털형은 미리 정해진 조건이 충족되면 수익을 지급하고 그렇지 않으면 수익을 지급하지 않는 형태의 수익구조입니다.

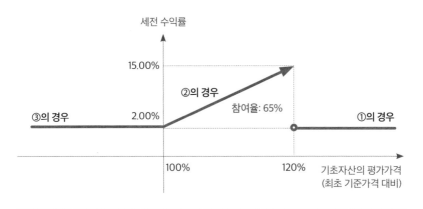

예시 상품의 수익 기준

세전 수익률

15.00%

②의 경우

③의 경우   2.00%   참여율: 65%   ①의 경우

100%   120%   기초자산의 평가가격
(최초 기준가격 대비)

실제 상품구조 사례를 예시로 살펴보겠습니다. 이 상품은 아래와 같이 수익 기준을 설명하고 있습니다.

① 만기일까지 기초자산 중 어느 하나라도 최초 기준가격의 120% 초과로 상승한 적이 있거나 만기 평가가격이 기초자산 중 어느 하나라도 120% 초과한 경우에는 2%의 이율을 지급한다.

② 만기 평가일에 기초자산의 평가가격이 모두 최초 기준가격의 100% 초과 120% 이하인 경우에는 두 기초자산 중 가격 변동률이 낮은 기초자산을 기준으로 상승분의 65%를 지급한다.

③ 만기 평가일에 기초자산의 만기 평가가격이 어느 하나라도 최초 기준가격의 100% 이하인 경우에는 2%의 이율을 지급한다.

도표를 보면 이해가 빠를 것입니다. 그래프에서 보는 바와 같이 이 상품은 최악의 경우에도 2%의 이익은 챙길 수 있고, 최고 15%의 이익까지도 기대할 수 있습니다. 이렇게 원금을 보장한다는 점이 원금보장형 ELS의 가장 큰 장점이지요.

2. 원금비보장형 ELS

원금비보장형 ELS는 말 그대로 원금을 보장하지 않습니다. 기초자산가격의 변동 폭에 따라 수익률과 원금 손실률이 결정되는 구조입니다. 물론 그렇다고 손실이 자주 발생하지는 않습니다. 정확한 데이터가 없어 알 수는 없지만 필자의 경험에 비추어 보면 100번에 1번 정도는 손실을 보는 것 같습니다. 원금이 보장되지 않는 만큼 당연히 수익은 높습니다. 원금 손실률에 제한이 있는지 그렇지 않은지에 따라 원금부분보장형과 원금비보장으로 구분되는데, 원금부분보장형은 통상 원금의 80~95% 수준이 보장되는 구조이며 원금보장형의 구조와 유사합니다. 원금비보장형의 경우는 조기상환 방식의 스텝다운(step-down)형 구조가 가장 일반적입니다.

도표를 보면 이해가 빠를 것입니다. A종목과 B종목이 있고, 만기는 3년이며, 6개월마다 조기상환 기회가 부여되는 예시 상품입니다. 조기상환 조건은 6개월이 경과했을 때 두 종목 중 한 종목이라도 10% 이상 하락하면 안 됩니다. 두 종목 모두 10% 이상 하락하지 않으면 6.5%의 수익을 얻게 되고, 만일 10% 이상 하락한 적이 있으면 조기상환이 되지 않습니다. 1년이 경과되었을 때도 두 종목 중 한 종목이라

예시 상품의 수익구조 그래프(조기상환 시)

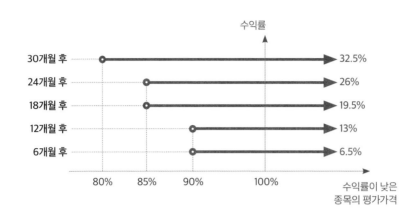

수익률

30개월 후	32.5%
24개월 후	26%
18개월 후	19.5%
12개월 후	13%
6개월 후	6.5%

80%   85%   90%   100%

수익률이 낮은
종목의 평가가격

예시 상품의 수익구조 그래프(만기상환 시)

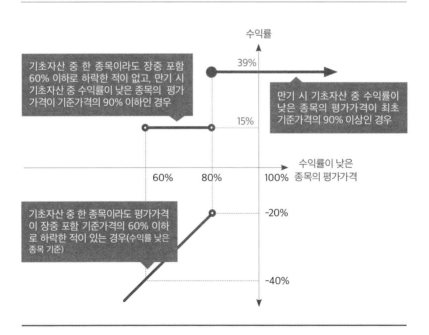

수익률

39%

기초자산 중 한 종목이라도 장중 포함
60% 이하로 하락한 적이 없고, 만기 시
기초자산 중 수익률이 낮은 종목의 평가
가격이 기준가격의 90% 이하인 경우

만기 시 기초자산 중 수익률이
낮은 종목의 평가가격이 최초
기준가격의 90% 이상인 경우

15%

60%   80%

수익률이 낮은
100% 종목의 평가가격

기초자산 중 한 종목이라도 평가가격
이 장중 포함 기준가격의 60% 이하
로 하락한 적이 있는 경우(수익률 낮은
종목 기준)

-20%

-40%

도 10% 이상 하락하면 안 됩니다. 두 종목 모두 10% 이상 하락하지 않으면 13.0%의 수익을 얻게 됩니다. 만일 10% 이상 하락한 적이 있으면 조기상환이 되지 않습니다.

1년 6개월이 경과되었을 때는 두 종목 중 한 종목이라도 15% 이상 하락하면 안 됩니다. 두 종목 모두 15% 이상 하락하지 않으면 19.5%의 수익을 얻게 됩니다. 만일 15% 이상 하락한 적이 있으면 조기상환이 되지 않습니다. 2년이 경과되었을 때도 두 종목 중 한 종목이라도 15% 이상 하락하면 안 됩니다. 두 종목 모두 15% 이상 하락하지 않으면 26.0%의 수익을 얻게 됩니다. 만일 15% 이상 하락한 적이 있으면 조기상환이 되지 않습니다. 2년 6개월이 경과되었을 때는 두 종목 중 한 종목이라도 20% 이상 하락하면 안 됩니다. 두 종목 모두 20% 이상 하락하지 않으면 32.5%의 수익을 얻게 됩니다. 만일 20% 이상 하락한 적이 있으면 조기상환이 되지 않습니다.

다음은 만기 시의 상환조건입니다. 만기가 되었기 때문에 어떻게든 손익 여부가 결정됩니다. 먼저 만기 3년이 경과되었을 때 두 종목 중 한 종목이라도 20% 이상 하락하지 않으면 39%의 수익을 얻게 됩니다. 두 종목 중 한 종목이라도 장중 포함 40% 이상 하락한 적이 없고, 두 종목 중 수익률이 낮은 종목의 평가가격이 80% 미만인 경우에는 15%의 수익을 얻게 됩니다.

여기까지는 행복한 경우입니다. 다음과 같은 조건에 부합하면 손실이 발생합니다. 두 종목 중 한 종목이라도 평가가격이 장중 포함 40% 이상 하락한 적이 있는 경우 수익률이 낮은 종목 기준으로 손실이 확정됩니다. 만일 두 종목 중 수익률이 낮은 종목이 50% 하락했다고 하면 절반만큼 손실이 발생하게 됩니다. 이론적이긴 하지만 최악의 경우 전액 손실이 발생할 수도 있습니다. 만일 어느 한 종목이라도 부도가 나서 가치가 0이 되었다면 한 푼도 건지지 못하는 최악의 상황이 발생하는 것입니다. 물론 이론적으로 그렇다는 이야기입니다. 아직까지 그런 사례는 없습니다.

금리연계채권과 보험연계채권

금리연계상품으로는 파생결합증권(DLS; Derivative Linked Securiies) 이 있습니다. DLS의 예를 살펴보겠습니다. 기초자산은 USD CMS금 리 10년물입니다. 미국 달러로 표기된 이자율스왑금리 중 10년짜리 가 기준입니다. 여기서 CMS(constant maturity swap)금리란 만기가 일 정한 스왑금리를 말합니다. 금리가 1.278% 이상이면 원금과 더불어 6%의 이자를 지급받고, 그 이하로 떨어지면 손실을 보는 상품입니다. 1.278%라고 하는 숫자는 어떻게 나왔을까요? 1962년 이후 미국의 CMS금리 10년물의 최저점이 1.279%였기 때문입니다. 역사상 가장 저점이 1.279%인데 설마 이보다 더 낮은 1.278%까지 가겠느냐는 판단하에 이런 상품이 출시된 것이지요. 만일 금리가 1.278% 미만으로 하락하게 되면 61%의 손실을 보게 되고, 1.10%까지 하락하게 되면 74%의 손실을 보게 되고, 0.73% 이하로 하락하면 전액 손실을 보게 됩니다. 불행히도 저금리가 이어지면서 CMS금리는 1.278%를 하향 돌파했고, 급기야 1%도 깨졌습니다. 큰 손실이 불가피한 경우입니다.

DLS와 달리
원금이 보장되는 DLB

이번에는 파생결합사채(DLB; Derivative Linked Bond)의 예를 살펴보겠습니다. 다음의 두 가지 조건이 있습니다.

1. USD CMS금리 10년물이 6.0%보다 같거나 작은 경우
2. USD CMS금리 30년물이 2년물보다 같거나 큰 경우

이 두 가지 조건을 모두 만족하는 일수가 해당 계산 날짜의 3/4 이상인 경우에는 연 7.16%의 수익을 줍니다. 하지만 3/4 미만인 경우에는 '연 7.16%×N/M'으로 계산해서 수익을 줍니다. 여기서 'N'은 두 가지 조건을 모두 만족하는 일수이고, 'M'은 총 일수입니다. 저금리 시대에 10년물이 6%를 넘어가는 경우는 없다고 봐도 무방합니다. 또한 장기금리가 단기금리보다 낮아지는 경우도 거의 없습니다. 하지만

2019년 8월 장기금리가 단기금리보다 낮아지는 일이 발생했습니다. 향후 경제가 침체될 것으로 판단하고 금리 역전이 일어난 것입니다.

DLB가 DLS와 가장 다른 점은 원금 손실이 발생하지 않는다는 것입니다. 수익구조를 자세히 보면 조건에 해당되는 날은 이자가 지급되고 조건에 해당되지 않는 날은 이자가 지급되지 않습니다. 즉 이 상품의 경우 최악의 시나리오는 이자가 하루도 지급되지 않는 경우입니다. 그러나 원금은 보존됩니다. 앞서 설명한 DLS는 원금 손실의 우려가 있지만 DLB는 원금 손실의 우려가 없습니다. 일반적으로 채권은 만기까지 보유할 경우 원금 손실의 우려가 없습니다. DLB도 채권의 일종이다 보니 원금 손실이 발생하지 않는 것입니다.

물론 예외는 있습니다. 이 상품을 발행한 발행사 자체에 문제가 생겨 부도가 날 경우에는 원금과 이자를 지급받지 못합니다. 이런 상품은 골드만삭스, 시티, 바클레이즈, 모건스탠리, 노무라 등 쟁쟁한 금융기관들이 발행하므로, 대부분 원금이 보장되는 금융상품이라고 생각합니다. 하지만 방심은 금물입니다. 2008년 리먼 브라더스가 파산했던 것처럼 예외는 언제든 있을 수 있습니다. 당시 리먼 브라더스는 골드만삭스, 모건스탠리, 메릴린치에 이은 세계 4위의 투자은행이었습니다. 세계적인 금융위기를 겪으면서 리먼 브라더스는 사라졌지요. 만일 세계적인 금융위기가 다시 온다면 아무리 큰 금융기관이라도 파산의 위험에서 완전히 자유로울 수는 없습니다. 그럴 경우에는 원금은 보장되지 않습니다.

또 다른 리스크도 있습니다. 환율이 변동되면서 수익률이 하락할 가능성도 있기 때문입니다. 해외에 투자하는 것이다 보니 달러로 투자해야 해서 만기가 되면 달러로 돌려받습니다. 만일 환율이 상승했다면 그만큼 손실이 발생합니다. 이를 방지하기 위해 환헤지를 하지만, 금융 상황이 아주 혼란스러워 환헤지비용이 생각보다 많이 들 때가 있습니다. 이렇게 되면 수익률에 큰 영향을 미칩니다.

DLS를
펀드로 만든 DLF

파생결합펀드(DLF; Derivative Linked Fund)는 DLS를 펀드로 만든 것입니다. 따라서 DLS와 같은 상품으로 이해해도 됩니다. DLS는 이론적으로 100% 손실이 발생할 수 있습니다. 그런 일은 2019년 여름 전까지는 일어나지 않았습니다. 하지만 2019년 여름, 거의 일어나지 않을 것 같았던 100% 손실이 실제로 발생되었습니다. 독일 국채 10년물 금리연계 DLS에 투자하는 펀드였습니다. 이 펀드의 수익구조는 금리가 -0.25% 이상인 경우에는 연 4%의 이자를 지급하고, -0.25% 미만으로 하락할 경우에는 하락폭에 250배의 손실배수를 곱한 비율로 원금이 손실 나는 구조였습니다.

예를 들어 0.01%가 하락하면 여기에 250배를 곱한 2.5%의 손실이 발생합니다. 따라서 0.4% 이상 하락하면 여기에 250배를 곱한 100%, 즉 원금이 모두 손실을 보게 됩니다. 물론 이 상품을 팔 때는 설마 금리가 마이너스까지 가겠느냐는 생각이 지배적이었지만, 어쨌든 일은 벌어졌고 83억 원 정도가 판매된 이 펀드는 결국 물거품이 되어버렸습니다. 나중에 확인을 해보니 독일금리연계형 DLS의 평균 손실률은 -44%였으며, 90% 이상 손실을 본 액수는 전체 1,217억 원의 15% 수준인 186억 원이었습니다. 만기에 따라 수익은 극과 극이었습니다. 9월 말에서 10월 초에 만기였던 경우에는 수익률이 -90%에서 -100% 사이였으며, 10월 중순에는 -40%에서 -50% 사이였고, 11월에는 오히려 1.9%의 수익을 낸 경우도 있었습니다.

여기서 필자가 아쉬웠던 점은 이 펀드를 팔면서 수익의 대부분을 금융기관이 가져갔다는 것입니다. 외국계 투자은행에서 상품 판매 및 헤지를 하면서 3.43%의 수익을 가져갔고, 은행은 펀드를 팔면서 1%의 수익을 가져갔고, 증권사는 DLS를 발행하면서 0.39%의 수익을 가져갔고, 자산운용사는 펀드를 운용하면서 0.11%를 가져갔습니다. 금융기관이 4.93%의 수익을 가져간 데 반해, 고객은 돈을 모두 잃었으니 참 아이러니한 상황입니다.

보험연계채권이란 무엇인가?

보험은 개인이나 기업이 불의의 사고로 입게 되는 경제적 손실을 보상해주는 제도입니다. 크게 생명보험과 손해보험으로 나뉩니다. 우리가 흔히 듣는 교보생명은 생명보험사이고, 삼성화재는 손해보험사입니다. 생명보험은 사람의 생존과 사망에 관련된 보험으로, 종신보험처럼 사망 시 보험금이 나오는 보험이 있고 연금보험처럼 살아 있어야 보험금이 나오는 보험도 있습니다. 생명보험은 미리 약속된 보험금이 지급되기 때문에 보험사에서는 지급해야 할 금액에 맞춰 운용합니다.

손해보험은 재산적인 손해를 입었을 경우 실제 손해액을 보상해주는 제도입니다. 생명보험처럼 정해진 금액이 아니라 실제 손해가 난 금액을 보상해주는 것이다 보니 상황에 따라 회사가 감당하기 어려울 정도로 큰 금액을 지급해야 할 때도 있습니다. 이런 경우를 대비해서 보험사는 다시 보험에 가입합니다. 이를 재보험이라고 하는데, 재보험은 보험사의 배상 책임을 부담해주는 제도입니다. 보험사가 담보력 부족을 이유로 큰 재해보험의 인수를 거절한다면 정상적인 영업이 어려워지고, 보험의 사회보장적인 공익성 측면에서도 부작용이 초래될 수 있습니다. 그래서 보험사는 큰 재해보험도 일단 인수하고, 위험의 종류 및 크기에 따라 자기가 부담할 수 있는 한도액을 정하고, 그 한도액을 초과하는 위험을 재보험에 전가합니다. 이 과정에서 등장한 것이 보험연계채권(ILS; Insurance Linked Securities)입니다.

예를 들어보도록 하겠습니다. 미국의 허리케인에 대한 보험상품이 있습니다. 보장 범위는 1조~1조 2,500억 달러이고, 보상 기준은 초과손해액 비례분할입니다. 보험금은 1천만 달러이며, 보험료는 200달러, 만기는 1년인 케이스입니다(보험금은 보험사에서 지급하는 것이고, 보험료는 보험가입자가 내는 돈입니다). 이 경우 보상액이 1조 2,500억 달러보다 크면 보험금 1천만 달러는 전액 지급됩니다. 보상액이 1조 달러 이하일 경우 보험금은 지급되지 않습니다. 만일 보상액이 1조 달러와 1조 2,500억 달러의 중간인 1조 1,250억 달러라면 보험금은 비례적으로 지급되기 때문에 5백만 달러가 지급됩니다.

이러한 상품구조를 만들기 위해 보험사는 먼저 특수목적회사와 계약을 맺습니다. 계약의 대가로 보험사는 특수목적회사에 얼마간의 수수료를 지급합니다. 특수목적회사는 자본 시장에서 자금을 조달해 재보험 리스크를 투자자가 책임지게 합니다. 그리고 투자원금, 즉 보험금 지급을 대비하는 담보금은 안전자산으로 운용합니다. 만일 큰일이 발생하지 않으면 원본과 수수료와 이자수익이 발생하며, 투자자는 이자수익과 수수료만큼의 수익을 얻습니다. 큰일이 발생하면 계약 조건에 따라 보험금을 지급합니다. 큰 재난이 닥쳤을 경우에는 큰 손해를 볼 수도 있지만, 실제로 펀드에는 아주 많은 건의 보험이 존재하기 때문에 심각할 정도의 큰 손실은 보지 않는 편입니다.

보험사 입장에서는 혹시라도 재보험사에 무슨 문제가 생기지는 않을까 걱정을 할 수밖에 없습니다. 재보험사에서 돈이 없다고 보장을 못 해준다고 하면 곤경에 처할 수 있기 때문입니다. 반면 ILS를 통해 위험을 전가하면 담보가 제공되기 때문에 문제가 생기더라도 보험금 지급에는 아무 문제가 없습니다. 보험사의 자본비율을 산정할 때 위험 전가를 100% 인정해준다는 장점도 있습니다.

보험연계채권의 특징으로는 기존 투자자산과 전혀 다른 새로운 수익원 역할을 한다는 점입니다. 투자자 입장에서는 타 투자자산과 무관한 상관관계로 인해 포트폴리오의 효율성을 증대시킬 수 있고, 낮은 변동성에 비해 상대적으로 높은 수익도 기대할 수 있습니다. 보험연계채권에 투자하는 투자자들은 주로 영국, 미국, 유럽, 일본, 호주 등 재해와 보험에 관련성이 높은 국가들입니다. 연기금으로는 네덜란드 연기금, 덴마크 연기금, 스웨덴 연금, 코카콜라 연금, 뉴질랜드 연금, 온타리오 사학연금 등이 있습니다.

　참고로 보험연계채권은 헤지펀드의 영역에 속합니다. 연계된 상품끼리 묶어서 함께 설명하는 편이 나을 것 같아 이번 장에서 소개하게 되었습니다.

자산유동화채권과
NPL투자

자산유동화는 금융기관 또는 일반 기업이 보유하고 있는 비유동성자
산을 시장에서 판매·유통하기 용이한 형태로 변환시킨 후 이를 현금
화하는 일련의 과정을 말합니다. 보유 자산의 매각을 통한 유동성 확
보, 자산의 실질적인 양도, 유동화를 위한 특수목적회사의 설립, 유동
화자산에서 발생하는 현금흐름을 통한 원리금 상환 등이 자산유동화
의 주요 특징입니다.

　기업의 자산 중 매출채권, 고정자산 및 재고자산 등을 유동화한 것
을 자산유동화증권(ABS; Asset Backed Securities)이라고 하고, 부동산
을 유동화한 것을 주택저당증권(MBS; Mortgage Backed Securities)이라

　　　　　　　　　　　　　　　　　　　나의 첫 대체투자 공부

고 하고, 차입금 및 회사채 등 부채를 유동화한 것을 대출담보부증권 (CLO; Collateralized Loan Obligation)이라고 합니다. 차례대로 알아보 겠습니다.

자산유동화채권의
종류

먼저 ABS에 대해 알아보겠습니다. 어느 은행이 있다고 가정해봅시 다. 은행이라고 해서 당연히 돈을 무한대로 빌려줄 수 있는 건 아닙니 다. 100만큼 가지고 있으면 100을 다 빌려주는 게 아니라 지급준비금 이라고 해서 얼만큼의 금액을 남기고 돈을 빌려줍니다. 만일 돈을 맡 긴 사람들이 맡긴 돈을 달라고 할 때 언제든 지급할 수 있게 일정 부 분 갖고 있어야 하기 때문입니다. 모든 고객이 한꺼번에 돈을 달라고 할 수도 있기 때문에 빌려준 만큼 100% 남기는 것이 이론적으로는 옳 지만 사실은 그렇지 않습니다. 은행에는 수많은 고객들이 있고 상품도 다양합니다. 정기예금을 넣은 사람도 있고, 정기적금을 넣은 사람도 있기 때문에 돈을 한날한시에 한꺼번에 달라고 하는 경우는 없습니다. 따라서 여러 가지 경험을 바탕으로 '이 정도 돈만 있으면 되겠다.' 하 는 수준에서 돈을 남겨둡니다. 그 기준이 바로 지급준비율입니다.

은행은 나머지 돈으로 대출을 줍니다. 하지만 계속 대출을 주다 보 면 더 이상 빌려줄 돈이 남지 않게 됩니다. 은행은 돈을 많이 빌려주면 빌려줄수록 그 이자로 얻는 수익도 더 커져서 되도록 돈을 많이 빌려주고 싶어 합니다. 이때 은행은 빌려줄 돈을 만들기 위해 머리를 씁니다. 즉 아파트를 담보로 홍길동에게 빌려준 채권을 다른 누군가에게 파는 것입니다. 그리고 받은 돈으로 다시 돈을 빌려줍니다. 이것이 자산담보부채권의 개념입니다. 이렇게 함으로써 은행은 자산에 묶이지 않고 좀 더 자유롭게 영업을 할 수 있으며, ABS를 사는 쪽에서도 자산이 담보되어 있으니 안심하고 투자할 수 있습니다.

ABS와 비슷한 것으로 자산유동화대출(ABL; Asset Backed Loans)이 있습니다. 예를 들어보겠습니다. A건설은 지금 한참 공사를 진행 중인데 자금이 부족해졌습니다. 그래서 공사대금을 받으면 갚겠다고 하고 돈을 빌리려고 합니다. 공사대금을 기초자산으로 하는 ABL을 발행하려는 것입니다. 이런 경우 은행은 먼저 A건설의 시공능력을 확인합니다. 시공능력이 양호하면 진행 중인 공사를 완공하는 데 문제가 없을 것으로 판단합니다. 다음은 공사대금 지급기관이 어딘지 파악합니다. 공사대금 지급기관이 신뢰받을 수 있는 곳이라면 ABL에 투자하게 됩니다. 이 외에도 신용 보강을 위해 A건설의 계열사가 보증을 서기도 합니다.

MBS는 ABS의 일종으로 부동산을 담보로 대출을 해준 은행이 이 저당권을 활용해 채권을 발행한 것입니다.

CLO는 기업 대출을 기초로 유동화한 상품입니다. 다양한 산업 내 기업들의 선순위 담보부대출을 기초자산으로 하며, 운용사가 운용하는 특수목적회사를 통해 발행된 AAA~B등급 채권과 주식을 의미합

나의 첫 대체투자 공부

분수지급 방식 예시

트랜치	신용등급	총액(달러)	비중(%)	표면금리
A	Aaa	320,000,000	62.7	리보+0.93%
B	Aa2	55,000,000	10.8	리보+1.35%
C	A2	32,000,000	6.3	리보+1.70%
D	Baa3	30,000,000	5.9	리보+2.60%
E	Ba3	23,000,000	4.5	리보+5.35%
F	B3	7,500,000	1.5	리보+7.30%
서브 노트 (sub notes)	-	42,800,000	8.4	잔존 현금흐름 수취
전체		510,300,000	100	

니다. 매매가 가능해서 적극적인 시장 대응이 가능하다는 특징을 가지고 있습니다. CLO의 자산 포트폴리오는 수없이 많은 기업 대출들이 모여 있는 형태입니다. 랭킹 10위까지의 기업이 총자산의 7.5%를 넘지 않습니다. CLO자산에서 가장 큰 비중을 차지하는 산업은 장비 임대, 헬스케어, 리테일 등입니다.

CLO를 발행하는 경우 청산 순서에 따라 트랜치(tranche)를 정합니다. 예시 도표를 보면서 설명하겠습니다. 이자가 들어오면 제일 먼저 트랜치 A의 지급에 사용됩니다. 제일 먼저 돈을 받는 대신에 금리는 제일 낮습니다. 돈이 남으면 그다음 트랜치 B의 지급에 사용됩니다.

B의 이자는 A보다 높지만 C보다는 낮습니다. 이런 식으로 쭉 이자를 지급해나가다가 제일 마지막 서브 노트(sub notes)는 남은 이자를 전부 수취하게 됩니다. 이렇게 지급하는 방식을 분수에서 물이 떨어지는 것 같다고 해서 분수지급 방식(payment waterfall)이라고 합니다.

NPL투자란
무엇인가?

NPL(Non Performing Loan)은 통상 금융권의 3개월 이상 연체된 부실채권을 의미합니다. 금융사에서는 대출을 정상, 요주의, 고정, 회수의문, 추정손실로 분류합니다. 3개월 이상 연체된 여신 중에서 담보가 있어 회수 가능한 대출을 고정으로 분류하고, 담보가 없는 경우는 회수의문 혹은 추정손실로 분류합니다. NPL은 이 중에서 고정, 회수의문, 추정손실로 추정되는 대출을 의미합니다. 금융사는 정상여신(신용상태가 좋은 거래처에 대한 대출금)인 경우에는 0.5% 이상, 요주의는 2% 이상, 고정은 20% 이상, 회수의문은 50% 이상, 추정손실은 100%의 대손충당금을 적립하게 되어 있습니다. 따라서 금융사는 자산 건전성을 확보하기 위해 부실채권을 매각하게 됩니다.

미국과 일본에서는 개인도 NPL에 대한 거래를 할 수 있지만 우리나라에서는 법률에 의해 개인은 거래를 하지 못합니다. 대신 채권 추심을 전문으로 하는 신용정보사나 여신전문사 등에서 NPL을 매입해

나의 첫 대체투자 공부

채권의 추심이나 재매각을 통해 수익을 올립니다.

NPL은 담보권의 존재 여부에 따라 담보권행사채권과 무담보채권으로 구분됩니다. 담보권행사채권으로는 일반담보채권, 회생담보채권, PF채권 등이 있으며, 무담보채권으로는 신용회복채권, 개인회생채권, 무담보연계채권, 무담보상각채권 등이 있습니다.

일반담보채권은 금융기관 여신 중에서 회생 절차 등의 특별한 절차가 진행되지 않은 일반적인 대출채권 중 부동산이나 수익증권 등의 담보 물건이 있는 채권입니다. 일반담보채권은 담보 처분을 통한 회수가 용이하지만 특별채권, 즉 기업채권은 기업의 이해관계를 고려하면 처분 절차가 복잡합니다. 회생담보채권은 먼저 청산형·부동산의 경우 회생 절차 또는 워크아웃 절차가 진행 중인 채권 중 계속기업가치보다 청산가치가 큰 경우로, 주로 담보가치에 의해 평가됩니다. 회생형·M&A의 경우 회생 절차 또는 워크아웃 절차가 진행 중인 채권 중 계속기업가치가 청산가치보다 큰 경우로, 구조조정 등을 통한 가치 상승 잠재력이 큰 채권입니다. PF채권은 특정 부동산 프로젝트에 대한 대출채권으로 건설 현장의 미완공 또는 완공 상태에서 부실채권으로 분류된 채권입니다. 무담보채권은 금융기관 여신 중 회생 절차 등의 특별한 절차가 진행되지 않은 일반적인 대출채권 중 담보 물건이 없는 신용대출증권입니다.

수급 현황을 살펴보면 시중은행의 NPL채권 규모는 2013년 이후 형성되었고, 약 25조 원 내외로 파악되고 있습니다. 이 중 20~30%가 매각되어 연평균 5조 원 규모의 거래 시장이 형성되어 있습니다. 기관투자자들이 선호하는 일반담보부채권을 대상으로 하는 상품 선택 (deal sourcing) 경쟁은 점점 치열해지고 있습니다.

개인신용회복지원
채권펀드

미국의 개인신용회복지원 채권펀드는 북미, 유럽 등 선진국을 중심으로 개인신용회복 및 회생제도에 따라 상환 스케줄이 정해져 있는 신용회복지원채권을 은행 및 카드사로부터 크게 할인된 가격에 매입합니다. 채무자로부터 매월 원리금을 상환받는 구조로, 자산의 매각 없이 원금과 수익을 회수합니다. 개인신용회복 및 회생제도는 은행 또는 카드사에 대한 채무를 상환하지 못한 개인 채무자 중 고정급여 등 지속적인 수입이 있는 경우, 법원이나 정부기관의 승인하에 변제 스케줄에 따라 상환 후 신용회복 및 채무가 면제될 수 있는 제도입니다.

개인신용회복 및 회생제도 승인 전에는 각 채권자와 개별적 협의 및 상환을 해야 하고, 각 채권자로부터 사적 추심을 당하며, 추심 결과에 따라 회수액이 다릅니다. 승인 후에는 조정된 상환 스케줄에 따라 월별 변제금을 납부하고, 회수한 변제금은 채권자에 배분하며, 채권자는 채무자에 사적 추심이 불가하게 됩니다. 또한 성실히 변제에 임할 경우 채무를 탕감해주거나 이자율과 만기를 조정해줍니다.

통상적으로 5년여 기간 동안 채무 재조정 시점의 수입에서 생활비 등 필수 경비를 차감한 금액을 기초로 매월 상환금액이 산정됩니다. 안정적 수입이 예상되는 초기에 더 많은 금액을 상환하도록 스케줄이 정해져 있습니다. 상환기간이 경과할수록 갚지 않는 비율은 하락하게 됩니다. 만일 갚지 않게 될 경우 감면된 원금과 이자는 감면 전 수준으로 원상 복구되며, 담보자산은 매각될 수 있어 채무자들은 채무 변제에 대한 강한 의지를 갖고 있는 편입니다. 따라서 초기 고비만 넘기면 갚는 비율이 증가합니다.

미국의 개인신용회복지원 채권펀드는 월별 상환 스케줄이 확정된 자산에 대한 투자로, 매월 원리금을 수취합니다. 예상 현금흐름으로 엑시트가 가능하고, 담보채권의 경우에는 중도 매각으로 회수합니다. 돈을 빌려간 사람이 돈을 갚지 않을 위험이 있으므로 정부 기관 등의 심사를 거쳐 상환능력이 인정된 차주만 선택합니다. 빌린 사람의 대출금액과 상환기간을 고려할 때 월별 상환금액은 일시적 실업이 발생하더라도 상환 가능한 수준으로 진행됩니다.

4장

대표적인 비유동자산,
부동산

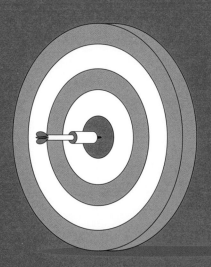

부동산투자의
특징과 전략

부동산은 금을 제외하고 모든 자산군들 가운데 가장 오래된 비유동자산입니다. 부동산 시장은 크게 두 가지로 나뉘는데, 바로 부동산공간 시장과 부동산자산 시장입니다. 부동산공간 시장은 임대료나 공실률에 의해 가치가 결정되고, 리츠나 주택저당증권과 같은 부동산자산 시장은 자본환원율을 통해 가치가 결정됩니다.

부동산투자자는 부동산 근원에 대해 구속력 있는 법적 권리를 설정할 수 있는 능력, 제3자에게 더 작고 더 짧은 이익만 제공할 수 있는 종속적 임대권을 형성할 수 있는 능력, 법적 소유와 유익권의 분리, 권리와 의무의 토지에 대한 부종성(현재 소유주는 이전 소유주에 의한 행동에 법적 책임을 가짐)을 가집니다.

일반적으로 부동산은 주식과 상관관계가 낮습니다. 다만 지역에 따라 다를 수는 있습니다. 국내 부동산의 투자 부분은 주로 수익형부동산, 부동산 개발사업, 관련 대출 등입니다. 수익형부동산은 우량 임차인이 확보된 오피스, 리테일, 물류, 호텔 등 실물에 투자하는 것이고, 부동산 개발사업은 안정성과 수익성이 양호한 복합시설, 공동주택, 산업단지 등에 투자하는 것입니다. 해외 부동산은 크게 상업용부동산과 주거용부동산으로 나뉩니다. 상업용부동산은 다시 오피스, 리테일, 물류, 호텔로 나뉘고, 주거용부동산은 레지덴셜 콘도미니엄과 타운하우스로 나뉩니다.

부동산투자의
특징과 장단점

부동산투자의 특징은 다른 투자 수단에 비해 투자 기간이 비교적 장기간이고 많은 자본을 필요로 한다는 점입니다. 또한 투자수익 창출은 투자자의 능력에 의존하는 측면이 큽니다. 투자 차익인 자본 이득과 더불어 정기적인 현금흐름인 임대수익을 기대할 수 있으며, 건물 등의 감가상각에 의한 절세 효과도 기대할 수 있습니다. 도난이나 멸실의 위험도 거의 없고, 개발사업의 경우에는 개발 이익이 발생할 수도 있습니다.

나의 첫 대체투자 공부

장점으로는 다른 여러 투자 대상물 중에서 안정성과 수익성이 비교적 높다는 점, 토지와 건물 등의 양도에서 생기는 예상외의 가치 증가를 기대할 수 있다는 점, 부동산을 담보로 일정 기간 자금을 융통할 수 있다는 점, 많은 절세 기회가 주어진다는 점을 들 수 있습니다. 하지만 장래의 기대수익은 유동적이며 확정적이지 않다는 단점도 있습니다. 특히 경기 침체기에는 거래부재현상이 발생해 유동성에 문제가 생길 수 있습니다. 건물의 경우 개보수 등의 수익적 지출과 자본적 지출을 필요로 해서 소유권자의 노력이 필요하고, 화재와 지진 등의 천재지변으로 가치가 감소할 수 있다는 단점도 있습니다.

부동산투자의 관건은 가격과 가치를 엄격히 구분할 수 있어야 한다는 것입니다. 가격은 과거의 값이지만 가치는 현재의 값을 의미합니다. 즉 시장에서 실제 지불한 과거의 값이 가격이라면 현재의 입장에서는 장래 기대되는 편익을 평가해 가치를 산출합니다. 가격은 특정 부동산에 대한 교환의 대가이며, 가치는 시장성보다는 사람이 느끼는 주관에 중점을 둡니다. 그래서 가격은 하나밖에 없지만 가치는 무수히 많습니다. 시장가치를 비롯해 보험가치, 저당가치, 보상가치, 장부가치 등 각각의 가치가 표현됩니다. 각 개인의 주관에 따라서도 가치는 다르게 나타납니다. 부동산에 대한 선구안이 있는 사람이라면 가치를 제대로 평가할 것이고, 통찰력이 없는 사람이라면 제대로 평가하지 못할 것입니다.

부동산의 투자가치는 특정 투자자의 개별적인 투자 요구 조건들을 토대로 산정한 가격입니다. 그리고 시장가치는 수요자와 공급자가 공정한 자유 경쟁하에 형성한 객관적 투자가치로, 투자비용의 현재가치라고 할 수 있습니다. 시장가치는 크게 세 가지 요인이 합쳐져서 형성됩니다. 첫 번째는 부동산에 얼마만큼의 비용이 투입되고 있는지를 나타내는 비용성이고, 두 번째는 얼마에 거래되는지를 나타내는 시장성이고, 세 번째는 부동산을 이용함으로써 얼마만큼의 수익을 얻는지를 나타내는 수익성입니다. 투자가치와 시장가치를 비교해서 투자가치가 시장가치보다 크면 투자가 이루어지고, 시장가치가 투자가치보다 크면 투자는 이루어지지 않습니다.

부동산의
투자 방식

부동산에 대한 투자 방식은 크게 지분투자와 대출투자, 그리고 메자닌투자로 구분합니다. 먼저 지분투자는 자본으로 투자하는 방식입니다. 투자자는 주주로 참석하게 됩니다. 대출투자는 부채로 투자하는 방식입니다. 투자자는 그 회사의 채권자가 됩니다. 메자닌투자는 지분투자와 대출투자의 중간에 위치하고 있습니다.

대출투자는 상환받는 순서에 의해 선순위, 중순위, 후순위로 나뉩니다. 부도가 났을 때 청산 순서는 대출투자, 메자닌투자, 지분투자의 순입니다. 그러다 보니 기대수익률은 지분투자가 가장 높고 그다음은 메자닌투자, 대출투자의 순으로 높습니다. 일반적으로 선순위담보채권은 저위험·저수익으로 구분하고, 후순위담보채권, 무담보채권, 메자닌채권을 중위험·중수익으로 구분하며, 우선주, 전환우선주, 보통주 등을 고위험·고수익으로 구분합니다. 메자닌을 중위험·중수익으로 분류하기는 하지만 그래도 위험에서 완전히 자유로운 것은 아닙니다. 메자닌에 투자해 손실이 난 예를 살펴보겠습니다. 〈서울경제〉의 2019년 10월 6일 기사입니다.

미국 뉴욕 맨해튼 중심부에 위치한 '20타임스스퀘어'에 투자한 국내 기관투자자가 이자는 물론 원금도 손실을 볼 상황에 놓였다. 6개월여를 끌어오던 기한이익상실(EOD; Events of Default) 문제가 최종 확정되면서다. 해외 대체투자 시장에서 최고 안전자산으로 평가받는 뉴욕투자도 문제가 생기면서 관련 시장에 대한 점검이 필요하다는 지적이 나오고 있다. 6일 투자은행(IB)업계에 따르면 뉴욕 맨해튼 20타임스스퀘어 개발사업에 돈을 빌려준 프랑스계 나티시스은행은 최근 국내 투자자들에게 EOD가 확정되었음을 알려왔다. 나타시스로부터 돈을 빌려간 시행사 메이필드 디벨롭먼트와의 갈등이 해결되지 못한 것이 이유다. 한 관계자는 "EOD 확정으로 국내 기관투자자와 수익권자들이 처리 방안을 논의 중인 것으로 알고 있다."고 말했다. 20타임스스퀘어는 뉴욕 타임스스퀘어 한복판에 지하 2층, 지상 42층 규모의 초대형 오피스와 호텔, 리테일 등 복합 건물을 짓는 프로젝트다. 연면적만 2만 8,899m²(약 8,741평) 규모다. 지난해 7월 부분 준공해 운영하고 있다.

나티시스 뉴욕지점은 지난해 초 사업 시행사인 메이필드 측에 공사대금 13억 3천만 달러(1조 6천억 원)를 빌려줬다. 나타시스는 해당 대출채권을 재판매(셀다운)했는데 국내 기관투자자들은 약 6억 달러 이상을 인수했다. AIP자산운용(360억 원)과 이지스자산운용(2,200억 원)은 선순위 대출에, 하나대체투자자산운용(1,700억 원)과 인마크자산운용(1,300억 원)이 중순위 메자닌대출에 들어갔다. 하지만 시행사가 임차인인 메리어트호텔 측의 추가 보완공사 요구로 공사비를 180억 원가량 더 사용하게 되었고 이 과정에서 호텔 준공 지연, 공사비 계좌 잔액 등이 문제가 되어 나티시스는 EOD를 선언했다. EOD가 선언되면 대주가 차주에게 돈을 즉시 갚으라고 요구하고 투자자들도 초기 계약대로 투자 관련 수익을 받지 못한다. 3월 처음으로 문제가 되었고 관련 문제를 해결하기 위해 6개월 가까이 논의를 이어갔지만 합의점을 찾지 못했다. 다행히 AIP자산운용과 이지스자산운용 등 선순위 투자자들은 원금과 이자를 받을 수 있을 것으로 예상된다. 선순위 투자자의 수익권자로는 삼성화재 등이 포함되었다. 하지만 하나대체자산운용 등 중순위 메자닌투자자들은 원금 손실까지 우려해야 하는 상황이다. 수익권자는 수협과 IBK연금보험 등이다.

20타임스스퀘어는 해외 대체투자 업계에서 핵심 투자자산으로 평가받았다. 뉴욕 중심부에 위치하고 연 유동인구만 1억 3천만 명에 상업시설에 대규모 NFL 체험시설과 세계에서 네 곳밖에 없다는 메리어트 에디션 등도 들어설 예정이었다. 환헤지비용을 감안하더라도 선순위 대출자는 연간 5~6% 이상, 중순위 대출은 최고 8%대의 안정적인 수익률을 확보할 수 있는 점이 가장 큰 매력이었다. 부동산투자업계의 한 관계자는 "투자에 모든 변수를 고려하기는 힘들지만 최고 코어자산투자에도 문제가 생겨 후유증은 상당할 것"이라며 "앞서 증권사 한 곳은 투자를 철회하는 등 선제적 대응에 나섰다는 점에서 다른 투자자들은 문제가 될 수 있다."고 말했다.

투자 물건에서 가치가 크게 상승하더라도 대출투자는 혜택을 누리지 못합니다. 처음에 약속한 이자만 받는 것으로 만족해야 합니다. 하지만 지분으로 투자한 경우에는 그 실익을 누립니다. 가치가 올라가면 올라갈수록 지분의 가치도 같이 올라갑니다.

부동산투자를 대출과 지분으로 나누는 이유는 투자자의 목적이 다르기 때문입니다. 안정성을 중시하는 은행의 경우 대출투자를 선호하는 반면, 어느 정도 수익률을 확보해야 하는 증권사와 저축은행의 경우 지분투자를 선호합니다. 이렇게 대출과 지분으로 구분이 되어 있으면 부동산투자를 위한 자금 모집에 좀 더 다양한 시장을 확보할 수 있습니다.

대출을 이용하게 되면 지분투자자들에게 좀 더 높은 수익을 줄 수 있으며 다양한 자산운용 기회도 제공하게 됩니다. 재금융을 통해 지분투자자의 수익을 올리는 방법도 있고, 지분만 매각해서 별도의 엑시트를 실행할 수도 있습니다. 기존 대출 조건보다 더 좋은 조건이 나타나면 기존 대출을 새로운 대출로 상환할 수 있기 때문에 이를 방지하기 위해 중도상환수수료를 설정하기도 합니다.

참고로 대출에서 차주는 돈을 빌리는 측이고, 대주는 돈을 빌려주는 측이며, 돈을 빌려주는 측이 많으면 대주단이라고 표현합니다.

평가 방식과
투자 전략

부동산을 평가하는 방식은 크게 세 가지로 나눌 수 있습니다. 원가비용 측면에서 접근하는 원가 방식, 시장성 측면에서 접근하는 비교 방식, 수익성 측면에서 접근하는 수익 방식입니다.

원가 방식은 비용접근법입니다. 자산의 가치는 현재 자산을 재생산하는 데 드는 비용에서 감가상각액을 공제해서 계산합니다. 가장 객관적인 수치이기는 하나 수요와 공급을 반영하지 못한다는 단점이 있습니다. 두 번째 비교방식은 거래사례비교법입니다. 현재 거래되고 있는 가격들을 참고해 파악하는 평가방법이지만, 비교 가능한 최근의 거래 사례가 충분하지 않으면 유용하지 않다는 단점이 있습니다. 세 번째는 수익 방식으로 수익환원법입니다. 미래의 가격을 참작해 파악하는 평가기법입니다. 대상 물건이 미래에 창출하리라고 기대되는 순수익을 예상해 현재의 가격으로 환원해 평가합니다.

부동산에 대한 투자 전략은 투자 유형으로 구분하는 방법과 투자 시점으로 구분하는 방법으로 나뉩니다. 투자 유형으로 구분하는 방법은 핵심지역(core) 전략, 준핵심지역(core+) 전략, 가치부가(value add)

전략, 기회(opportunity) 전략이 있습니다. 핵심지역 전략부터 차례대로 알아보겠습니다.

1. 핵심지역 전략

핵심지역 전략은 핵심지역의 핵심 부동산, 그리고 공실률이 낮은 건물에 투자하는 전략입니다. 공실률이 낮다 보니 안정적인 임대수익을 기대할 수 있고, 나중에 건물을 팔 때도 쉽게 팔 수 있습니다. 주식으로 치면 삼성전자와 같은 경우입니다. 낮은 위험으로 안정적인 수익을 얻을 수 있어 채권의 대안으로 취득하거나 보유하는 경우도 많습니다. 다만 이렇게 우량하다 보니 건물의 매입가는 다른 곳보다 월등히 높습니다. 기관투자자들이 가장 선호하는 전략이지만 최근 들어 경쟁이 치열해져 수익률이 점점 낮아지고 있습니다.

2. 준핵심지역 전략

준핵심지역 전략은 핵심지역과 비슷하지만 핵심지역보다 약간 떨어지는 곳을 택하는 전략입니다. 핵심지역보다 현금흐름을 예측하는 게 쉽지 않습니다. 핵심지역 전략과 같이 안정적인 수익을 원하지만 약간 더 높은 수익을 목표로 합니다. 일반적으로 임대차계약을 갱신해 보다 높은 수익을 올릴 수 있는 기회가 엿보이는 자산이 해당됩니다. 준핵심지역자산은 임차인의 일부 변경, 건물 일부 층의 용도 변경, 인테리어와 작은 수선 수준 등의 환경 개선을 위한 공사 수행이 필요한 자산입니다. 임대율은 50% 이상인 경우입니다.

3. 가치부가 전략

가치부가 전략은 글자 그대로 가치를 더하는 전략입니다. 위험은 높으나 현금흐름을 큰 폭으로 올릴 수 있는 잠재력을 보유한 곳에서 실시합니다. 임대율은 50% 미만인 경우입니다. 가치부가자산은 인허가 완료 후 착공 단계로 토지 매입, 명도, 인허가 리스크가 없는 자산, 건물 전체의 외관공사가 필요한 자산, 증축 및 리모델링과 같은 수선 공사 수행이 필요한 자산입니다.

가치부가 전략은 공실률이 높은 건물을 구입해서 공실률을 낮춘 다음 자산가치를 끌어올리는 방식입니다. 이를 위해 건물을 리모델링 한다든지, 저층부를 리테일 시설로 바꾼다든지 하는 전략을 시도합니다. 저층부를 리테일로 바꾸는 이유는 간단합니다. 어차피 오피스의 공실률이 평균적으로 10% 중반이기 때문에 접근성이 좋은 저층부의 오피스는 과감히 포기하고 이 자리를 리테일로 바꾸는 것입니다. 실제로 이렇게 건물의 구조를 변화시켰더니 자산가치가 크게 상승한 사례가 여러 군데에서 발견되었습니다.

예전에 필자가 아파트에 살 때의 일입니다. 다른 집으로 이사를 가기 위해서 아파트를 내놓았는데 잘 팔리지 않았습니다. 이때 필자의 아내가 갑자기 과감히 2천만 원을 들여 집 안 인테리어를 했고, 얼마 지나지 않아 애초에 내놓은 가격보다 오히려 3천만 원을 더 받고 집을 팔 수 있었습니다. 이것도 가치부가 전략의 일종이 아닌가 생각해봅니다.

4. 기회 전략

기회 전략은 부동산투자 전략 중 가장 복잡한 프로젝트를 수행합니다. 현금흐름이 없을 수도 있지만 가치가 추가되면 큰 현금흐름의 창출이 가능합니다. 예를 들어서 빈 건물을 확보한다든지, 토지를 개발한다든지, 한 건물을 다른 용도로 재배치하는 등입니다. 단기적인 배당수익보다는 장기적으로 자산가치를 높이는 전략입니다. 공실률이 지나치게 높거나 주변 환경이 열악하거나 하는 경우 건물을 싼 가격으로 사서 개발해 가치를 올립니다. 기대수익률이 큰 만큼 손실의 가능성도 큽니다. 통상 20% 이상의 수익률을 추구하며, 그동안 국내 기관투자자들은 안정성에 문제가 있다고 여겨 잘 참여하지 않았습니다. 하지만 최근에는 우량한 물건들이 없다 보니 높은 수익을 추구할 목적으로 조심스럽게 접근하고 있는 추세입니다. 반면 외국계 기관투자자들은 적극적으로 이 전략을 구사하고 있으며, 미국계 안젤로고든과 영국계 SCPE가 유명합니다.

안젤로고든은 2016년 서울시 강남구 논현동에 위치한 학교재단 소유의 골프연습장 부지를 매입했습니다. 학교용지로 용도가 정해져 있어 주거 및 상가의 개발이 불가능한 땅이었지만, 서울시에서 소유자가 일정 비율 이상 기부채납을 할 경우 아파트의 개발이 가능하도록 학교용지에 대한 규제를 완화한 점에 주목해 땅을 매입했습니다. SC PE는 영등포구 문래동에 최초 대출원금이 1천억 원인 땅이 부실채권으로 공매에 나오자 650억 원에 사들였습니다. 영등포지역의 특성에 맞는 콜센터를 임차인으로 유치해 매각할 계획이라고 했습니다.

개발 단계에 따른 투자 전략의 시행 시기

기회 전략	착 공	핵심지역 전략, 준핵심지역 전략	준 공	핵심지역 전략 준핵심지역 전략	재 개 발	가치부가 전략
개발 준비 자산		개발 진행 자산		개발 완료, 실물자산		재개발
사업 안정화 단계		시공 단계		운영 안정화 단계		재개발 단계

SC PE 대표는 "영등포는 임대비용을 절감하기 위한 임차인들의 오피스 수요가 많은 곳으로 땅값이 싸기 때문에 임대료를 낮춰 임차인을 유치할 계획"이라고 이야기했습니다.

투자 시점으로 구분하는 방법은 개발 단계, 안정화 단계, 재개발 단계로 나뉩니다. 개발 단계는 기회 전략이 추구하는 대표적인 투자 시점입니다. 개발 단계에서는 사업에 대한 많은 리스크가 따르지만 반대급부로 큰 수익을 노릴 수 있습니다. 안정화 단계는 이미 시장이 안정화된 자산을 매입하는 것입니다. 핵심지역 전략이나 준핵심지역 전략이 추구하는 투자 시점입니다. 기회 전략을 사용하는 경우보다는 수익이 크게 줄어들지만 반대로 안정성은 확보된 경우입니다. 재개발 단계는 가치부가 전략이 실행되는 단계입니다.

프로젝트 파이낸싱이란 무엇인가?

프로젝트 파이낸싱(PF; Project Financing)은 개별 사업주체와 법적으로 독립된 개별 프로젝트에서 발생하는 미래 현금흐름을 상환재원으로 해 자금을 조달하는 금융기법입니다. 차주의 신용이나 일반 재산이 아닌, 프로젝트의 사업성 자체가 대출채무의 담보가 되는 자금 조달 방식입니다. 간단히 말하면 미래의 현금흐름에 의해 사업이 이루어지는 금융기법을 뜻합니다. 일종의 대출형 부동산펀드라고도 할 수 있습니다. 프로젝트 수행에서 금융기관의 관여가 상대적으로 강화되는 반면 시행사의 결정권한은 약화되는 모습을 보이고 있습니다.

시행사는 프로젝트를 전체적으로 주도합니다. IMF 외환위기 이전만 하더라도 실제 건물을 짓는 시공사가 시행사의 역할을 했습니다. 하지만 IMF 외환위기의 원인으로 기업들의 부채비율이 언급되면서 정부에서는 대기업의 부채비율을 200% 미만으로 낮출 것을 주문했습니다. 그 결과 전통적으로 부채비율이 높았던 건설사들은 직접개발을 피하게 되었습니다. 건설사들이 부채비율이 높았던 이유는 돈을 빌려 토지를 매입하고 개발했기 때문인데요, 시행사는 이런 시대적인 배경을 바탕으로 2000년대 초부터 등장하기 시작했습니다. 하지만 시행사는 대부분 신용이 높지 않아 돈을 빌리기 어려웠고, 그래서 초기에는 건설사들이 재무제표에 부채가 나타나지 않는 방식으로 신용 보강을 통해 시행사가 돈을 빌릴 수 있게 도와주기도 했습니다.

미래의 현금흐름을
바탕으로 한 PF

원활한 이해를 위해 예를 들어보겠습니다. 홍길동은 1천 평 정도의 토지를 매입해 아파트를 지어 분양하려고 합니다. 홍길동이 돈이 많은 사람이라면 자신의 돈으로 토지를 매입하고 아파트를 지어 분양하면 됩니다. 하지만 토지를 사고 건설까지 하기에는 돈이 부족했습니다. 사업에 대한 아이디어와 방법은 있는데 가장 중요한 돈이 없었던 것이지요. 이럴 때 우리가 생각할 수 있는 방법은 대출을 받는 것입니다. 그런데 홍길동에게는 대출에 필요한 담보가 없고, 그렇다고 신용대출로 그렇게 큰돈을 빌릴 수도 없습니다.

홍길동은 답답합니다. 돈만 있으면 문제는 간단하게 해결될 텐데 돈이 없으니 문제가 복잡해지는 것이지요. 그래서 홍길동은 담보대출이나 신용대출에 의지하지 않고 향후에 들어올 현금흐름에 의지해 사업을 하려고 합니다. 즉 앞으로 이러이러하게 일을 진행하면 돈이 들어올 것이고 그럼 그 돈으로 빌린 돈을 갚겠다는 치밀한 계획을 세웁니다.

먼저 홍길동은 토지를 매입합니다. 물론 돈이 부족하니 금액의 일정 부분만 납부합니다. 매입한 토지는 부동산 신탁회사에 관리신탁합니다. 관리신탁하는 이유는 PF대출의 담보로 활용하기 위해서입니다. 관리신탁을 함으로써 소유권은 담보신탁으로 넘어가게 되고, 부동산 신탁회사는 토지를 바탕으로 대출기관을 수익자로 지정한 우선수익권증서를 발행합니다. 이렇게 되면 대출기관은 토지에 대한 담보권을 확보하게 되지요. 다음에는 대출기관에 에스크로(escrow) 계좌를 만듭니다. 에스크로 계좌는 출금이 제한되는 계좌입니다. 혹시 홍길동이 나쁜 마음을 먹고 통장의 돈을 출금해 도망칠 수도 있기 때문에 그런 위험성을 배제하기 위해 승낙을 받은 후에만 출금이 가능하도록 기능을 제한한 계좌입니다. 그리고 에스크로 계좌에는 근질권이 설정되어 PF대출의 담보로 활용됩니다. 그다음에는 주택보증회사인 주택도시보증공사로부터 분양보증을 받습니다. 혹시라도 아파트를 짓는 도중에 홍길동에게 무슨 일이 생겨 완공에 차질이 생기면 주택도시보증공사가 공사를 완공해주거나 분양대금을 되돌려줍니다.

이제 사업계획승인권자에게 사업 승인을 받고 건설사를 골라 건설을 시작합니다. 건설사에게는 혹시 공사대금을 못 받더라도 완공은 하겠다는 약속을 받습니다. 아파트가 완공되어야 홍길동에게 무슨 일이 생기더라도 아파트를 매각해 대출기관은 돈을 회수할 수 있기 때문입니다. 이런 여러 가지 장치와 과정을 거친 다음에 대출기관은 대출을 해줍니다. 대출금으로 땅값을 마저 내고, 아파트 계약자로부터 받은 계약금과 중도금으로 공사를 시작합니다. 이후 아파트 잔금을 받아 대출기관으로부터 받은 돈을 갚습니다.

결국 홍길동은 돈은 부족했지만 미래의 현금흐름을 바탕으로 토지를 매입하고 아파트를 건설해 분양까지 잘 마무리했습니다. PF는 이런 식으로 미래의 현금흐름을 바탕으로 진행됩니다.

PF의 구분

PF는 누가 사업을 주도하는가에 따라 정부주도형, 정부·민간합작형(PPP; Public-Private Partnership), 민간주도형으로 구분합니다. 정부주도형은 말 그대로 정부나 지방자치단체가 주도하는 PF이고, 민간주도형은 민간사업자가 사업자금을 조달해 사업을 추진하는 PF입니다. 그리고 정부·민간합작형은 민간이 사업자금을 조달하고 정부가 일정한 수익을 보장해주는 PF입니다. 정부에서 돈이 없으니 민간에게 "너희가 이것 좀 해라. 그리고 수입은 너희가 알아서 챙겨라." 혹은 "너희가 이걸 하면 내가 수익은 보장해줄게." 하고 권유하는 것입니다.

　PPP사업은 크게 두 가지 방식으로 나눠집니다. 수익형민간투자사업(BTO; Build-Transfer-Operate) 방식과 임대형민간투자사업(BTL; Build-Transfer-Lease) 방식입니다. BTO 방식은 민간 사업자가 재원을 조달해 설계 및 시공을 하고 국가에 반환한 후 사업권을 부여받아 일정 기간 운영하는 방식입니다. 준공과 동시에 시설의 소유권이 국가 또는 지자체로 귀속되며 사업 시행자에게 일정 기간의 관리운영권을 인정하고, 사업 시행자는 시설을 운영함으로써 투자비를 회수하는 방식입니다. 도로, 항만 등의 경우 주무관청으로부터 부여받은 관리운영권을 근거로 민간 사업자가 시설 이용자로부터 사용료를 받게 됩니다. 사용료 수입으로 투자비 회수가 가능한 사업 위주로 추진되어 비교적 높은 수익률을 기대할 수 있습니다. 하지만 애초의 수요 조사가 잘못되었을 경우에는 오히려 손실을 보기도 합니다. 신분당선, 서울지하철 9호선, 동북선 도시철도 등이 이에 해당됩니다.

　사업이 잘못되면 손실을 보게 되니 민간 사업자는 사업 참여를 망설이게 됩니다. 이럴 때 정부와 민간기업이 시설투자비와 운영비용을 분담하고, 초과수익이나 손실이 발생하면 공유하기도 합니다. 이를 BTO-rs(risk sharing)라고 합니다. 예를 들어 정부와 민간에서 5:5로 사업을 진행합니다. 100만큼 돈이 들어갔는데 실제 수입이 60이라고 하면 정부도 20의 손실을 안고 민간도 20의 손실을 떠안습니다. 아무래도 위험이 분산되니 민간에서는 사업 여부를 결정하기가 좀 더 수

월하지요. 실제 수입이 120이라고 하면 정부는 10의 수익을 얻고 민간도 10의 수익을 얻습니다. 모두가 행복한 경우이지요.

다른 방법도 있습니다. BTO-a(adjusted)라고 하는 방법입니다. BTO-a는 정부가 시설투자비와 운영비용의 일부를 보전해 사업 위험을 줄이면서 동시에 이용요금도 인하하는 방식입니다. 예를 들어 최소 사업운영비로 70을 정부에서 보전하고 민간에서 미보장 투자원금으로 30을 부담합니다. 이 경우 수입이 60이면 민간에서 손실 30을 떠안고 나머지 10은 정부에서 떠안게 됩니다. 수입이 80이면 정부의 손실은 없고 민간에서 20을 떠안게 됩니다. 수입이 120이면 최소 사업운영비로 70%를 정부에서 보전했기 때문에 수입금 20의 70%인 14를 정부에서 가져가고 나머지 6이 민간의 이익이 됩니다.

BTL 방식은 민간 사업자가 재원을 조달해 설계 및 시공을 하고 국가에 임대하는 형식입니다. 교육·복지시설 등 사용료 수입으로 투자비 회수가 어려운 시설이 대상입니다. 민간이 사회기반시설을 건설하면 정부가 운영 기간(10~30년) 동안 이를 임차해 사용하고, 그 대가로 임대료를 지급합니다. BTL 사업을 하는 민간 사업자는 국가에서 일정한 임대료를 지급하기 때문에 사업 리스크가 낮습니다. 물론 사업 리스크가 낮은 만큼 수익률도 낮아집니다. 송도 컨벤시아 2단계 사업, 인천대학교 2기숙사 사업 등이 대표적입니다.

나의 첫 대체투자 공부

리츠와
부동산펀드

리츠(REITs; Real Estate Investment Trusts), 즉 부동산투자신탁은 투자자의 자금으로 부동산 등에 투자해 그 수익을 투자자에게 돌려주는 부동산 간접투자기구인 주식회사입니다. 리츠는 애초부터 거래소 상장을 전제로 해서 만들어지기 때문에 거래소에 상장되면 언제든지 주식으로 매매가 가능해 돈이 필요할 때 팔 수 있습니다. 부동산투자의 약점 중 하나인 환금성 제약에 유동성을 부여하는 역할을 합니다.

우리나라에서는 2002년에 리츠가 시작되었는데 처음 시작할 때는 5천 600억 원 규모였습니다. 2019년 말에는 2조 1천억 원 수준까지 증가해 규모 면에서는 4배 정도 증가한 셈입니다. 하지만 아직까지 상장된 리츠의 수는 적습니다. 우리나라의 리츠는 약 230개 정도지만, 상장 리츠는 2019년 말 기준 7개에 불과합니다. 참고로 미국의 상장 리츠는 239개, 일본의 상장 리츠는 63개에 이릅니다.

우리나라의 리츠 시장

주식 시장에 상장되기 위해서는 거래소의 허가를 받아야 합니다. 거래소는 나름대로의 기준으로 이 기업을 상장시켜도 되는지 판단합니다. 초기 리츠들은 여러 가지로 미흡한 모습을 보였습니다. 거래소에서는 리츠의 상장에 소극적인 모습을 보일 수밖에 없었습니다. 마찬가지로 리츠에서도 굳이 상장을 원하지 않았습니다. 상장이 되면 좋은 점이 있어야 하는데 좋은 점보다는 귀찮은 점이 더 많았기 때문입니다. 상장 기업이 되면 각종 공시의무도 생기고, 공개해야 할 사항들이 많아지거든요. 그러다 보니 우리나라에서 리츠 시장은 상장의 의무가 없는 사모 중심으로 형성되었습니다. 국민연금이나 공제회 등이 투자한 리츠는 상장시키지 않아도 되는 면제 조건들이 있다 보니 운용사들은 상장에 소극적이었습니다.

하지만 최근의 정책 흐름은 증권 시장에 상장되는 공모 리츠산업에 호의적입니다. 일단 주무부서인 국토교통부에서 공모형 부동산 리츠의 활성화를 추진하고 있습니다. 특정 지역에 대한 부동산투기를 잠

나의 첫 대체투자 공부

재우면서도 부동산을 통한 수익을 가능하게 하는 방편으로 생각하고 있는 것 같습니다. 여기에 노후의 수익도 확보할 수 있고, 시장 유동성 분산으로 부동산투기도 감소할 것으로 기대하고 있습니다. 소액투자 자들이 안정적인 배당수익을 기대하며 건전한 투자를 하면 상장 리츠 도 많이 늘어날 것으로 예상됩니다. 상장 리츠는 배당수익과 함께 주 가 변동으로 인한 수익도 기대할 수 있습니다.

해외 리츠의
사례

우리나라보다 먼저 리츠 시장이 활성화된 미국, 호주, 싱가포르 등에 서는 리츠가 은퇴자를 위한 금융상품으로 자리 잡고 있습니다. 이 외 에도 부동산 시장의 안정에도 기여하고, 부동산 금융서비스업의 발달 을 통해 고용도 창출하는 등 긍정적인 효과를 보이고 있습니다.

전 세계에서 가장 먼저 리츠가 도입된 곳은 미국입니다. 1960년에 관련법이 제정되었고 리츠에 법인세를 면제해주었습니다. 현재 미국 에서는 8천만 명의 투자자들이 리츠에 투자하고 있는데, 이는 미국 전 체 인구의 25%에 해당됩니다. 리츠의 분류도 다양합니다. 2019년 기 준 미국의 상장 리츠는 리테일(37개), 주거시설(21개), 오피스(18개), 헬 스케어(17개), 복합(16개), 산업용(11개) 등이 있었습니다.

호주 또한 리츠투자가 활성화된 지역입니다. 호주 리츠의 시가총액은 전 세계 리츠 시장의 8~9%를 점하고 있습니다. 호주에서 이렇게 리츠의 비중이 큰 이유는 꾸준히 안정적인 배당을 지급함으로써 특히 은퇴자들이 선호하는 상품으로 자리 잡았기 때문입니다. 예를 들어 1971년 기업 공개한 첫 리츠는 상장 이후 5%에 육박하는 수익을 꾸준히 올리고 있습니다. 싱가포르는 리츠가 모두 상장되어 있으며, 덩치가 큰 리츠운용사들이 리츠 성장을 이끌고 있습니다.

리츠의
구조와 종류

리츠는 배당재원이 부동산자산의 임대료에서 나오고 비용구조가 단순합니다. 그러다 보니 단기간에 손익이 크게 변화되기는 힘든 구조를 가지고 있습니다. 기초자산이 부동산이다 보니 매각 시 부동산 시세차익을 기대할 수도 있습니다. 또한 총자산의 70% 이상을 부동산에 투자하고 90% 이상을 배당으로 지급하도록 의무화하고 있습니다. 리츠의 대상 물건이 한 가지 섹터로만 구성될 경우 환경이 변할 시 위험에 노출될 수 있기 때문에 복합형으로 바뀌는 추세를 보이고 있습니다. 투자 형태로는 부동산에 직접투자하는 지분형, 부동산 담보대출에 투자하는 부채형, 양쪽에 다 투자하는 혼합형으로 나뉩니다.

리츠의 가장 큰 차별점은 세금 부분입니다. 개인이 아파트를 사고팔 때는 양도소득세에 대한 부담이 크지만, 리츠는 90% 이상 배당 시

법인세가 면제되므로 양도소득세에 대한 부담에서 벗어날 수 있습니다. 또한 장기적으로 높은 수익을 낼 수 있다는 것도 장점입니다. 시장 상황에 큰 영향을 받지 않아 꾸준한 현금흐름을 만들 수 있습니다. 자산관리사에 운용을 맡기므로 관리가 용이하고, 리츠투자 후에도 장외 시장에서 매매를 통해 현금화가 가능하며, 상장 이후에는 거래소에서 매매할 수 있습니다. 또한 소규모의 투자가 가능하고, 개발사업에 필요한 자금을 자본 시장에서 직접 조달할 수 있습니다. 부동산 증권화를 촉진해 유동성을 증가시켜 시장의 투명성에도 기여하고 있습니다.

리츠는 위탁관리리츠, 기업구조조정리츠, 자기관리리츠로 나누어집니다. 먼저 위탁관리리츠는 일반 부동산을 투자 대상으로 해 자산의 투자운용 등 전반적인 자산관리를 외부 전문 자산관리사에 위탁하는 형태의 리츠입니다. 기업구조조정리츠는 기업의 구조조정용 부동산을 투자 대상으로 합니다. 기업이 채무상환을 위해 매각하는 부동산을 대상으로 설립하고, 자산관리는 외부의 전문 자산관리사에 위탁하는 형태의 리츠입니다. 자기관리리츠는 일반 부동산을 투자 대상으로 한다는 점에서는 위탁관리리츠와 동일하나, 자산의 투자운용 등 전반적인 자산관리를 외부가 아닌 자체 자산운용 전문 인력으로 직접 수행하는 형태의 리츠입니다.

자산관리사(AMC; Asset Management Company)는 「부동산투자회사법」에 의해 리츠를 운용하는 회사로, 리츠자산을 수탁받아 운용하는 회사입니다. 투자 대상 선정부터 리츠 설립 및 영업인가, 자금 조달, 부동산 매입 관리처분, 정산 등 일련의 과정을 명목회사 형태인 리츠

국내 상장 리츠(2020년 2월 기준)

상장일	이름	시가총액	투자 대상	배당수익률
2011년 7월 14일	에이리츠	230억 원	복합형	5.3%
2012년 1월 31일	케이탑리츠	405억 원	복합형	4.4%
2016년 9월 22일	모두투어리츠	223억 원	호텔	5.6%
2018년 6월 17일	이리츠코크랩	3,585억 원	리테일	6.6%
2018년 8월 8일	신한알파리츠	3,377억 원	오피스	4.4%
2019년 10월 30일	롯데리츠	9,166억 원	리테일	5.8%
2019년 12월 5일	NH프라임리츠	1,032억 원	오피스	4.6%

를 대신해 담당합니다.

2020년 2월을 기준으로 우리나라에서 상장된 리츠의 종류는 위의 도표와 같습니다. 주식의 성격이라 주가는 매일 변합니다. 리츠의 주가는 주식 시장의 전반적인 상황에 영향을 많이 받아 활황일 때는 같이 올라가고, 불황일 때는 같이 내려갑니다. 특히 주식 시장에 큰 충격이 와서 주가가 큰 폭으로 하락할 때는 리츠의 가격도 함께 하락합니다. 하지만 기업의 내재가치가 다른 주식과 상이한 관계로 일종의 하방경직성이 존재해서 큰 폭으로 하락하지는 않습니다. 혹 큰 폭으로 하락하더라도 다른 종목에 비해 매우 빠르게 회복하는 편입니다.

리츠에 대한 투자 전략은 기본적으로 배당을 노리는 전략이 유효합니다. 주가가 하락하면 배당수익률이 증가하기 때문에 투자에 적기

나의 첫 대체투자 공부

입니다. 반대로 주가가 지나치게 상승하면 배당수익률이 감소하기 때문에 투자를 피해야 합니다.

부동산펀드란
무엇인가?

상장 리츠가 부동산을 주식처럼 투자하는 상품이라면, 부동산을 펀드처럼 투자할 수 있는 상품도 있습니다. 바로 부동산펀드입니다. 부동산펀드는 펀드재산의 50%를 초과해 부동산에 투자하는 펀드입니다. 2015년 33조 7,526억 원 규모였던 부동산펀드 시장은 2018년 71조 308억 원으로 2배 이상 껑충 뛰었습니다.

부동산펀드는 대출형, 임대형, 경공매형, 직접개발형, 증권형, 기타로 구분합니다. 대출형 부동산펀드는 아파트나 상가를 짓는 시행사에 초기 토지 매입자금이나 시공비 등을 대출 형식으로 빌려준 후 그 이자를 받아 배당을 주는 펀드입니다. 개발사업이 원활하게 이루어지지 않을 경우 투자 손실의 위험이 있습니다.

임대형 부동산펀드는 오피스, 상가 등 실물 부동산을 매입해 임대한 후 임대수익을 추구하는 펀드입니다. 공실률이 증가하고 임대료가 감소하면 펀드수익률이 저조해질 위험이 있습니다.

경공매형 부동산펀드는 법원 또는 자산관리공사 등에서 시행하는 경매 또는 공매에 참가해 주로 상업용부동산을 저가로 매입한 후, 이를 임대하거나 고가에 매각해 임대수익과 가격 상승 차익을 추구하는 형태의 펀드입니다. 경매와 공매는 둘 다 공개경쟁입찰이지만 법원에서 처분하면 경매, 자산관리공사에서 처분하면 공매라고 합니다. 괜찮은 경·공매 부동산이 빠르게 확보되면 다행이지만 그렇지 않은 상태가 지속되면 펀드수익률은 감소합니다.

직접개발형 부동산펀드는 부동산펀드 자체가 시행사의 역할을 함으로써 개발사업에 직접 참여해 분양이나 임대를 통해 개발 이익을 추구하는 형태의 펀드입니다. 전문 인력이 없으면 사업이 원활하게 진행되지 않을 확률이 크고 수익률에도 악영향을 미칩니다.

증권형 부동산펀드는 다른 부동산펀드에 투자하는 형태와 리츠의 주식에 투자하는 형태, 부동산 개발사의 발행증권에 투자하는 형태, 부동산투자목적회사에서 발행한 발행지분증권에 투자하는 형태로 구분합니다. 끝으로 기타 부동산펀드는 기타 분양권 등과 같이 부동산과 관련된 권리에 투자하는 권리형 부동산펀드와 부동산을 기초자산으로 하는 파생상품에 주로 투자하는 파생형 부동산펀드로 나뉩니다.

부동산펀드의
리스크

주식, 펀드와 마찬가지로 부동산펀드에도 체계적 위험과 비체계적 위험이 존재합니다. 체계적 위험은 시장의 불확실성에서 발생하는 위험

나의 첫 대체투자 공부

으로 경제 위험, 인구통계학적 위험, 자본 시장 위험, 유동성 위험, 비체계적 위험이 있습니다.

먼저 경제 위험은 경제 하락기 및 침체기에 흡수율(공급된 부동산이 단위 시간 동안 시장에서 흡수된 비율)이 하락하고, 임대 공간 수요의 하락으로 임대료가 하락하는 위험입니다. 인구통계학적 위험은 출산율과 인구수, 고용인구 감소로 인해 임대 수요가 줄어 임대료가 하락하는 위험입니다. 자본 시장 위험은 금리 하락, 신용 경색 등으로 부동산 자산의 재매각 시 매각가격이 하락하는 위험입니다. 유동성 위험은 유동성이 저하되어 적시에 투자금을 회수할 수 없는 위험이고, 비체계적 위험은 해당 부동산의 고유한 특성에 의해 발생하는 위험입니다.

이 밖에도 금융 위험, 물리적 하자 위험, 관리 위험이 있습니다. 금융 위험은 높은 레버리지의 자본구조일 때 야기되는데, 갑자기 금리가 올라가면 금융비용 부담이 크게 증가해 생기는 위험입니다. 물리적 하자 위험은 전문적인 실사를 통해 위험 해소가 가능하며, 관리 위험은 부동산 공간의 임대 관리, 자산가치 유지 관리의 하자에 기인한 위험입니다.

해외 부동산의 경우에는 리스크 관리에 더욱더 철저해야 합니다. 다음은 〈파이낸셜뉴스〉의 2019년 12월 30일 기사입니다.

KB증권이 판매한 호주 부동산 해외펀드에 투자해 손실 위기에 몰린 기관투자자들이 법적 대응에 나섰다. 30일 투자은행업계에 따르면 새마을금고중앙회와 코리안리, 산림조합중앙회 등 3개 기관투자자들은 이 달 초 서울 남부지방법원에 'JB호주NDIS펀드' 판매사인 KB증권과 이 펀드의 운용사인 JB자산운용을 상대로 부당 이득 반환 및 손해배상 청구의 소를 제기했다. 투자은행업계 관계자는 "이 펀드에 출자한 또 다른 주요 기관투자인 IBK연금보험은 개별적으로 손해배상 청구를 진행할 것으로 안다."며 "기관들은 적극적으로 투자금 반환을 위해 법적 소송 대리인을 선임하고 대응할 방침"이라고 귀띔했다. 이와 관련 KB증권 측은 "당사는 소송 대리인을 선임해 소송에 성실히 대응하겠다."고 밝혔다. JB자산운용도 소송대리인을 선임해 법적 대응에 나설 것으로 알려졌다.

사건의 발단이 된 펀드는 JB자산운용이 운용한 'JB호주NDIS펀드'다. 이 펀드는 KB증권이 지난 3월부터 6월까지 개인투자자들을 대상으로 904억 원, 기관투자자들을 대상으로 2,360억 원 등 총 3,264억 원 규모의 상품을 팔았다. 펀드는 애초 호주 장애인 주택임대사업자인 LBA캐피털이 펀드를 통해 대출받은 자금으로 아파트를 매입, 리모델링해서 장애인들에 임대하고 정부 지원금을 받아 수익을 올리는 구조였다. 하지만 LBA캐피털이 다른 토지를 매입하는 등 계약을 위반하면서 사건이 불거졌다. 대출 차주인 LBA캐피털이 원래 매입하고자 한 아파트가격이 상승하자 사업수지 악화가 예상되는 이 아파트가 아닌 다른 토지를 매입한 것으로 파악된 것이다. 이에 KB증권과 JB자산운용은 계약 위반 피해 사실을 금융정책당국에 알리고, 긴급 자금 회수와 법적 대응에 들어간 상태다.

리츠와
부동산펀드

리츠와 부동산펀드는 둘 다 부동산을 투자 대상으로 한다는 점에서는 본질적으로 같은 상품입니다. 다만 리츠는 주식의 성격이 강하고, 부동산펀드는 펀드의 성격이 강하다는 차이점이 있습니다. 그래서 관련 법률도 상이합니다. 리츠는 「부동산투자회사법」의 적용을 받고, 부동산펀드는 「자본시장법」의 적용을 받습니다. 주무관청도 다릅니다. 리츠는 국토교통부의 통제를 받고, 부동산펀드는 금융위원회의 통제를 받습니다. 운용도 리츠는 국토교통부의 인가를 받은 자산관리사가 주체가 되며, 부동산펀드는 자산운용사가 주체가 됩니다.

공실률이 관건인
오피스투자

국내 오피스 시장은 2008년 글로벌 금융위기 이후 거래량이 지속적으로 증가하고 있습니다. 2009년에는 4조 7천억 원 규모로 거래되었는데, 2018년에는 9조 원 규모로 거래되었습니다. 국내 투자자들의 블라인드펀드 거래 비중이 증가하고 있고, 해외 투자자들도 국내 시장에 꾸준히 유입되고 있습니다. 2018년 기준으로 해외 투자자들의 국내 오피스투자 비중은 19%에 달합니다. 서울의 오피스 매매가는 꾸준히 상승하고 있으며, 최근 3년간 매매가는 연평균 4.7% 상승했습니다.

서울 오피스 시장은 아시아 태평양지역에서 유동성이 가장 활발한 지역으로, 2018년 상업용부동산 총거래량에서 서울은 런던과 뉴욕에

나의 첫 대체투자 공부

이어 3위를 차지했습니다. 아시아 포트폴리오를 다변화하려는 외국자본의 유입으로 서울 오피스에 대한 위상은 높아지고 있습니다. 특히 프라임급 오피스의 경우에는 대부분 장기보유 전략을 유지하기 때문에 물건이 희소하고 따라서 확보 경쟁도 치열합니다.

1997년 IMF 외환위기 이전만 하더라도 삼성빌딩의 주인은 삼성이었고, 현대빌딩의 주인은 현대였으며, 대우빌딩의 주인은 대우였습니다. 각 기업에서는 사옥 형태로 건물을 보유하고 있었지요. 그러나 IMF 외환위기가 닥치면서 많은 기업들이 재무구조를 개선하기 위해 사옥을 팔았습니다. 1999년 외국계 부동산회사는 테헤란로에 있었던 현대중공업 사옥을 1,250억 원에 사들였습니다. 외국자본에 의한 오피스 매매의 시작을 알리는 신호였습니다. 당시에 많은 사옥들이 매물로 나왔지만 국내에는 충분한 자본이 없어서 외국계 자본이 시장을 주도했습니다. 이후 대기업들의 자산 유동화에 대한 인식이 증가하고, 리츠와 부동산펀드가 도입되면서 국내자본도 간접투자 중심으로 오피스 시장에 투자하기 시작했습니다.

오피스의
중심지와 등급

국내 오피스 시장은 크게 세 군데로 나뉩니다. 첫 번째는 광화문을 중심으로 한 도심(CBD; Central Business District), 두 번째는 여의도(YBD;

Youido Business District), 세 번째는 강남(GBD; Gangnam Business District)입니다. 세 곳 모두 우리나라의 경제를 대표하는 곳이다 보니 대형 오피스 매물이 많고 수요도 많습니다. 기업들은 다소 비싼 임대료를 지급하더라도 위치가 좋은 곳에 입주하려고 하기 때문입니다. 이 외에도 부도심의 기타 권역으로 분당, 잠실, 상암 등도 투자가 활발히 이루어지는 지역입니다.

오피스의 등급은 보통 프라임급, A급, B급 등으로 나눠집니다. 프라임급은 넓은 지역에서 랜드마크가 될 수 있는 정도의 오피스를 말합니다. 그 지역에서 누구나 다 아는 인지도 있는 오피스를 A급, 그리고 이보다 떨어지는 빌딩을 B급이라고 합니다. 모 리서치 기관이 분류한 기준에 따르면 프라임급은 상위 10%의 가치, 건축 연면적은 1만

오피스의 내부 사진. 리츠와 부동산펀드가 도입되면서 국내자본도 간접투자 중심으로 오피스 시장에 투자하기 시작했다.

나의 첫 대체투자 공부

5천 평 이상, 지하철역과 인접한 입지, 4개 이상의 접도, 준공 5년 이하의 건물을 기준으로 한다고 합니다. A급은 상위 30%의 가치, 건축 연면적은 1만 1천~1만 5천 평 사이, 지하철까지 도보 5분 거리에 위치, 접도 수는 3개, 건물 연수 기준은 6~10년이었습니다. B급은 상위 60%의 가치, 건축 연면적은 5천~1만 1천 평 사이, 지하철역까지는 도보 10분 거리에 위치, 접도 수는 2개, 건물 연수 기준은 11~15년이었습니다.

공실률이
중요한 이유

오피스투자에서 가장 중요한 것은 공실률 관리입니다. 오피스의 공실률은 일반적으로 실업률과 비례해서 움직이는 것으로 알려져 있습니다. 아무래도 실업이 늘어나면 근무 공간이 줄어드니 공실이 늘어날 것이고, 반대로 실업이 줄어들면 근무 공간이 늘어나니 공실이 준다고 합니다.

실제로 공실 문제로 고생하는 투자자들이 많습니다. 대표적인 사례가 서울역 맞은편에 위치한 서울스퀘어입니다. 나이가 지긋하신 분들에게는 대우빌딩으로 더 기억에 남아 있는 곳입니다. 이곳을 인수한 모건스탠리는 손실을 보고 철수했고, 싱가포르계 투자사 알파인베스트먼트도 공실률을 낮추지 못해 큰 어려움을 겪었습니다. 다행히 위워크와 장기 임대차계약을 맺으면서 겨우 공실률 문제를 해결했지요. 여의도에 위치한 IFC몰도 공실률 문제를 해결하기까지 긴 시간 무료 임대를 제공하기도 했습니다. 공실률은 건물의 매각에도 큰 영향을 미칩니다. 공실률이 낮은 건물은 매각 시 제값을 충분히 받지만, 공실률이 높은 건물은 제값도 받지 못하고 매매 자체가 성립되지 않기도 합니다.

2015년 이후 서울의 프라임급 오피스 공실률은 감소 추세입니다. 서울 중심권은 2019년까지 공급물량이 감소되고 있으며, 강남권은 A급의 임대 시장이 안정적으로 형성되어 있습니다. 참고로 서울지역의 공실률은 10% 중반입니다. 도심이 10%대 중반, 강남은 5% 안팎, 여의도는 20% 중반입니다. 여의도에 공실률이 높은 까닭은 IFC몰, 전국경제인연합회, 교원공제회 등 큰 건물이 들어선 데 비해 HP, LG, 대신증권 등 여의도를 빠져나간 회사들이 많기 때문입니다. 여기에 파크원, 여의도우체국, MBC, 사학연금 등의 개발이 진행되고 있어 당분간은 상대적으로 높은 공실률을 보일 전망입니다.

오피스투자에서 공실률 다음으로 중요한 것은 세 들어 있는 임차인의 성격입니다. 믿을 만한 대기업이 장기로 임대해 있다면 아무 걱정이 없지만 그렇지 않다면 여러 가지로 신경 쓸 일이 늘어납니다. 임대료 연체 가능성을 비롯해 건물의 훼손 여부 등 여러 가지 것들이 모두 고려 대상입니다. 공실률과 마찬가지로 임차인의 성격은 건물의 매각에도 큰 영향을 미칩니다. 안정된 임차인이 긴 기간 계약을 해놓은 상황이라면 매각도 쉬워집니다. 안정된 임차인이 있으면 투자자는 큰 망설임 없이 투자할 테지만, 그렇지 않다면 제값을 받지 못하거나 매각이 불발될 수 있습니다.

리테일투자와
리테일펀드

리테일 시장에서 큰 비중을 차지하고 있는 것은 쇼핑센터와 몰입니다. 둘 다 중간 규모 이상의 큰 건물에서 다양한 물건들을 파는 상점들로 구성되어 있습니다. 한 가지 차이점이 있다면 쇼핑센터는 내부에 연결통로가 없고 몰은 내부에 연결통로가 있다는 점입니다. 그래서 쇼핑센터에서는 다른 매장으로 이동할 때 건물 밖으로 나와서 다시 다른 출입구를 통해 안으로 들어가야 하지만, 몰은 건물 내에서 연결통로를 이용해 이동할 수 있습니다.

현재 리테일 시장은 위기를 맞이하고 있습니다. 온라인 시장이 급성장해 가격 경쟁력이 약화되고 소비 패턴이 변하면서 오프라인 상업

시설은 급속히 쇠락하고 있습니다. 그러다 보니 리테일에서는 어떻게 고객의 방문을 이끌어낼 것인지, 어떻게 하면 고객들이 오프라인 공간에서 좋은 시간을 보낼 수 있을지 고민하고, 이에 맞춘 다양한 체험형 서비스를 제공하려는 추세입니다. 예전에는 큰 대로변이 리테일의 요충지라는 말이 있었는데 요즘에는 그 의미가 희미해졌습니다. 인터넷이 발달하고 SNS가 대중화되면서 이젠 굳이 큰 대로변에 있지 않아도 입소문을 통해 골목 구석구석까지 찾아가는 시대가 되었기 때문입니다.

국내 리테일 시장은 최근 5년간(2012~2017년) 연평균 2조 5천억원 수준에서 거래가 이루어지고 있으며, 백화점과 대형마트가 63%, 복합몰이 31%, 중소형 리테일이 6% 정도의 비중을 차지하고 있습니다.

우리나라의
지역별 상권

대표적인 상권 중 하나인 명동상권은 일제강점기 때부터 형성된 상권으로, 이미 1930년대부터 문화 예술의 중심지 역할을 했습니다. 한국 전쟁 이후 고층건물이 들어서면서 중심지의 역할을 했고, 1957년 국립극장이 개관하면서 문인과 예술인의 거리로 자리매김했습니다. 1970년대에는 패션의 거리, 쇼핑의 메카로 변화했지요. 명동 내에 수제 패션 전문점들이 들어서고 코스모스백화점, 신세계백화점, 미도파

백화점 등 백화점들이 집결되면서 주요 소비 공간으로 자리 잡았습니다. 현재도 전통과 현대가 어울린 독특한 상권을 형성하고 있어 '상권 1번지'라는 별명으로 불리며, 외국인들이 한국을 찾을 때 반드시 들르는 관광지 역할을 하고 있습니다.

명동에서 임대료가 가장 높은 지역은 밀리오레부터 우리은행 명동 지점까지의 거리입니다. 명동상권은 연 10% 정도씩 임대료가 상승하고 있으며, 평당 월 임대료는 300만 원으로 높은 수준을 보이고 있습니다. 참고로 세계에서 평당 월 임대료가 가장 높은 곳은 홍콩으로 평당 1천만 원에 달한다고 합니다. 그다음은 뉴욕 맨해튼 5번가(850만 원), 파리 상제리제(540만 원), 런던 뉴본드스트리트(350만 원), 일본 긴자(330만 원) 순입니다.

강남상권은 1982년 지하철 2호선이 개통되고, 강남대로와 테헤란로가 정비되면서 본격적으로 발전하기 시작했습니다. 1990년대에는 새로운 서울의 중심지로 부각되면서 고층건물이 들어서자 유동인구도 급증했습니다. 압구정동에서 시작된 오렌지족 유흥문화가 강남역으로 옮겨가기도 했습니다. 1997년 IMF 외환위기 때 잠시 주춤했으나 2009년 9호선이 개통되면서 상권이 다시 부활했고, 현재는 신분당선이 개통되면서 수도권 인구의 서울 진입 요충지로 탈바꿈했습니다.

강남역은 전국의 지하철역 중 1일 유동인구가 가장 많은 곳으로, 하루 승하차 이용객이 평균 20만 명이 넘는다고 합니다. 상업용부동산 컨설팅 기업 에비슨영코리아 리서치센터는 삼성생명, 삼성화재, 한국타이어 등 대기업이 밀집해 있어 구매력이 높은 중장년층이 강남상

권의 성장을 주도하고 있다고 발표한 바 있습니다. 강남역 사거리 일
대와 강남역에서 신논현역 사이의 길이 핵심 상권입니다.

리테일펀드의
사례

몇 해 전만 하더라도 리테일펀드에 대한 전망이 좋았습니다. 하지만
실제로 2020년이 되자 리테일에 대한 인기는 크게 하락했고, 그 결과
점포의 수익은 낮아졌으며 매수인이 나타나지 않게 되었습니다. 결국
리테일펀드의 만기를 연기하는 사례까지 나타나고 있습니다. 그래서
최근에는 리테일 물건을 분석할 때 엑시트도 함께 검토하는 추세입니
다. 입지나 개발 환경 등을 분석해 각 물건에 대한 엑시트 전략을 수립
한 후 투자에 나서게 된 것이지요. 〈매일경제〉의 2020년 5월 8일 기사
입니다.

> 부동산 자산운용사 업계 1위인 이지스자산운용이 2017년 설정한 홈
> 플러스 전주효자점 펀드가 만기 연장에 돌입한다. 당초 예정된 자산
> 매각을 두고 우선협상자까지 선정했지만 코로나19로 인해 매각 일정
> 이 다소 지연되었기 때문이다. 7일 금융투자업계에 따르면 전북 전주
> 시에 위치한 홈플러스 전주효자점에 투자하는 '이지스코어리테일부
> 동산투자신탁126호'는 다음 달 10일 개최 예정인 수익자 총회에서 펀

드 만기 연장을 결정하기로 했다. 이지스자산운용은 2017년 663억 원 규모 공모펀드를 설정했고, 전주효자점을 1,823억 원에 매입했다. 이지스코어리테일부동산투자신탁126호는 6개월 단위로 배당금을 지급하고 3년으로 예정된 펀드 만기 전 투자자산을 재매각해 원금과 매각 차익을 돌려주는 구조였다. 홈플러스 전주효자점은 임대차계약이 매출 연동 임대료가 아닌 고정 임대료 구조이며 연간 임대료가 90억 원 이상으로 연간 6.2% 이상의 수익을 창출할 수 있는 상품으로 알려져 모집 당시 인기가 높았다. 이지스자산운용이 자산 매각을 위해 진행한 이번 입찰에서도 우선협상자인 NH농협리츠운용을 비롯해 다른 입찰자들도 1,800억 원 중반의 가격을 제시해 연 6%대 목표수익률 달성은 가능할 것으로 보인다. 이지스자산운용 관계자는 "펀드 만기 이전에 매각이 완료되지 않을 가능성을 대비해 펀드 만기 연장을 준비 중"이라고 말했다.

나의 첫 대체투자 공부

물류펀드의
특성과 리스크

물류펀드는 말 그대로 물류(物流)에 관여된 펀드입니다. 물류란 필요한 양의 물품을 가장 적은 경비를 들여 신속하고 효율적으로 원하는 장소에 때맞춰 보낼 수 있도록 함으로써 가치를 창출하는 활동인데요. 물류펀드는 쉽게 말해 물건을 보관하고 있는 창고에 투자하는 것입니다. 창고에서는 물건을 보관해주고 보관료를 받습니다. 이 보관료가 펀드투자의 수익원이 되는 것입니다.

물류펀드와 가장 밀접한 것은 온라인쇼핑입니다. 국내 온라인쇼핑의 거래액은 2014년 45조 원에서 2019년 135조 원으로 5년 사이 3배이상 성장했습니다. 2020년 발생한 코로나19로 재택근무가 늘고, 언

택트 소비 등이 확산되면서 온라인쇼핑의 성장세는 더 빨라질 전망입니다. 물류창고는 온라인쇼핑이 본격적으로 성장하기 시작한 2010년대부터 부동산의 신규 섹터로 떠올랐는데요. 초기에는 시설의 상당 부분이 수도권에 위치해 있었고, 대부분 상온의 물품을 보관하는 소규모 시설이었습니다. 투자 시장을 주도하는 세력도 주로 외국계 투자자들이었지요. 그러나 현재는 저온창고의 비중과 대형시설이 늘어났고, 국내 투자자들의 시장 참여도 크게 늘어났습니다. 신선제품은 기본적으로 1일 내 유통하는 것을 목표로 하기 때문에 저온 저장을 위한 창고의 비중은 앞으로 더 늘어날 전망입니다.

전망이 좋은
물류 시장

최근 우리나라의 대표적인 할인점인 이마트가 사상 최초로 적자를 냈습니다. 인터넷쇼핑의 성장으로 매장에 직접 찾아가서 물건을 사는 소비자들이 줄다 보니 벌어진 일입니다. 이런 추세는 앞으로도 계속 이어질 것 같습니다. 덩달아 물류의 인기도 같이 높아질 것으로 보입니다. 실제로 지난 5년간 물류 시장의 연평균 성장률은 11%에 달합니다. 2017년만 보더라도 택배물량은 전년 대비 13% 성장한 23억 상자에 달했습니다. 15세 이상 인구 1명당 연간 50번 이상 택배를 이용했다는 이야기입니다.

물건을 빨리 보내려면 소비자들이 있는 곳 가까이에 창고가 있어야 합니다. 그렇다고 각 회사에서 모두 자기 창고를 만들어 배달할 수는 없는 노릇입니다. 남의 창고에 일정한 금액을 주고 빌리는 것이 더 효율적이기 때문입니다. 이런 현실적인 이유로 소비자들 가까이 위치한 곳에 거대한 창고가 필요하게 되었고, 이에 발맞춰 물류투자가 시작되었습니다. 2015년 기준으로 국가별 국민 1인당 물류센터의 면적을 비교해보았더니 우리나라는 $1.7m^2$인데 비해 일본은 $3.7m^2$, 미국은 $5.1m^2$에 달했습니다. 영국의 유명 부동산 컨설팅 회사 세빌스가 발표한 자료에 의하면 영국의 경우 리테일 매출액 대비 온라인 매출 비중이 11%가 넘어가는 시점부터 물류임대 수요가 급증했다고 합니다. 참고로 유럽에서 온라인거래가 가장 활발한 곳은 영국으로, 2019년 기준 18%의 비중을 보이고 있으며 다른 유럽 국가들은 평균 7% 수준이라고 합니다. 아시아에서는 중국이 20%, 일본이 8%, 우리나라가 13%의 비중을 차지하고 있습니다.

장기간 임대료 상승이 전무했던 일본도 전자상거래 규모가 100조 원을 돌파한 2013년을 기점으로 점진적으로 임대료 상승이 이루어지고 있습니다. 미국은 소비 회복과 전자상거래 시장 성장을 기반으로 물류부동산 시장이 빠르게 성장하고 있으며, 2018년 기준으로 평균 공실률은 4.4%, 임대료 상승률은 2012년과 대비해 19% 상승했습니다. 유럽의 물류부동산 시장 역시 2025년에는 2015년 대비 약 2.7배 성장할 것으로 전망되고 있습니다.

물류펀드의 핵심은
물류창고와 화주

창고를 만들려면 비용이 발생합니다. 수익률을 높이기 위해선 최대한 비용을 낮춰 창고를 건설해야 합니다. 가장 먼저 고려해야 할 부분은 땅값과 건설비입니다. 땅값이 싼 곳에 창고를 지으면 좋겠지만 여기에는 문제가 있습니다. 땅값이 싼 곳에 창고를 짓다 보면 교통이 불편할 가능성이 크기 때문입니다. 두메산골에 창고를 지으면 땅값은 아낄 수 있을지 몰라도 도로 상태가 나빠 차량이 오갈 때 기름값이 더 들거나, 이동하는 시간도 많이 걸릴 것입니다.

땅값과 더불어 중요한 것은 창고의 위치입니다. 신속하게 효율적으로 원하는 장소에 때맞춰 물건을 보내려면 교통이 좋은 곳에 위치해야 합니다. 교통이 좋으면서도 땅값이 가급적 싼 곳을 찾아 그곳에 물류창고를 만들 필요가 있습니다. 입출입도 편해야 합니다. 출입하는 도로가 지나치게 좁다든지, 도로의 포장 상태가 부실하다든지, 상습 정체구간이라든지 하면 안 됩니다. 교통이 좋으면서 주변 환경도 좋은 곳이 선호됩니다. 좋은 평가를 받는 물류창고는 고속도로 근처에 있는 경우가 많습니다. 고속도로도 한 군데가 아닌 여러 군데의 고속도로와 연결되는 곳이 좋은데요. 그래야 신속하게 물건을 나를 수 있기 때문입니다.

창고라고 해서 적당히 지으면 안 됩니다. 예를 들어 고가의 미술품을 보관하려면 온도와 습도를 일정하게 유지해야 하고, 쉽게 상하는

나의 첫 대체투자 공부

식품을 보관하려면 냉장·냉동시설을 갖춰야 합니다. 다양한 물건들을 보관하기 위해서는 층고도 높여야 하지요. 하중도 안정적이어야 합니다. 그래야 크고 무거운 물건도 잘 보관할 수 있습니다.

창고를 지을 때 가장 중요한 것은 평활도입니다. 평활도란 바닥의 평평한 정도로, 바닥이 평평해야 많은 물건을 높이 쌓을 수 있습니다. 말로는 쉬워 보이지만 평활도를 좋게 만들기가 의외로 힘들다고 합니다. 100m가 넘는 공간을 평평하게 맞추는 것은 꽤 어려운 작업이어서 물류창고를 전문적으로 짓는 건설사가 별도로 있다고 합니다.

필자가 평택의 어느 물류창고를 방문한 적이 있었습니다. 인터넷 상거래를 주로 하는 업체의 창고였는데, 일반적인 4단이 아니라 5단으로 물건을 보관하고 있었습니다. 평활도에 문제가 있으면 무거운 물건들을 이렇게 높이 올리지 못했을 것입니다. 평활도가 좋아 4단을 5단

필자가 방문한 물류창고의 내부 사진. 평활도에 문제가 있으면 물건을 높이 올리지 못한다.

으로 올릴 수 있게 되면 20%의 용량이 늘어나는 셈이 되어 화주 입장에서는 큰 도움이 됩니다.

또한 물류창고는 차량의 진입이 용이하고, 화물의 빠른 상하차가 가능하도록 설계되어야 합니다. 오래된 창고는 승강기를 이용해 2층이나 3층으로 물건을 옮기는 경우가 많은데, 최근에 지은 창고는 차가 바로 2~3층으로 올라갈 수 있게 설계됩니다. 큰 차가 지나가야 하다 보니 램프(ramp)도 폭이 넓게 만듭니다. 램프란 높은 층으로 올라가는 경사진 출입구를 뜻합니다.

늘어난 수요를 충당하기 위해 창고를 많이 지으면 되지 않겠냐고 생각하기 쉽지만, 창고를 지으려면 토지가 확보되어야 하고 인허가도 받아야 합니다. 인허가 등에 소요되는 기간만 3~5년 이상입니다. 행정당국이 토지용도 전환을 엄격히 심사하기 때문에 농지 등의 유휴토지를 물류단지로 전환하기 어려운 여건입니다. 간혹 특정한 곳에서는 환경보호론자들의 반대에 부딪히기도 해 의외로 토지 확보가 어렵습니다. 더군다나 노후화된 기존 물류부지가 주거지 용도로 전환되는 경우도 많아 입지가 양호한 지역의 토지가격은 지속적으로 상승하고 있습니다. 창고를 복층으로 짓는 경우도 생각해볼 수 있지만 그만큼 건축비용이 더 발생하기 때문에 물류비용이 오르는 부작용이 있습니다. 또한 창고의 특성상 4층 정도까지의 복층은 가능하지만 그 이상은 힘듭니다. 홍콩처럼 땅이 좁은 곳은 10층짜리 물류창고도 있다고 하는데요. 홍콩은 묘지로 쓸 땅이 좁아 관도 세워서 놓는 곳이니 예외의 경우라고 할 수 있습니다.

물류펀드에서 또 하나 중요한 것은 화주입니다. 화주란 현재 창고를 이용하고 있는 고객사를 말합니다. 당연히 유명한 회사가 많이 있는 것이 좋습니다. 물류의 특성상 일단 창고를 지정하면 바꾸기가 쉽지 않습니다. 따라서 좋은 화주를 많이 확보하고 있으면 펀드의 안정성과 수익성이 확보됩니다.

그렇다면 물류펀드의 투자수익은 어떻게 결정될까요? 임대수익이 바로 투자수익이 됩니다. 물론 임대수익이 모두 투자수익이 되는 것은 아닙니다. 비용 부분은 빼줘야 합니다. 펀드이다 보니 펀드를 관리하는 곳에 수수료를 내야 하지요. 일반 펀드와 동일하게 운용보수, 판매보수, 수탁보수, 일반사무관리보수 등이 있습니다. 추가로 보험료도 들어갑니다. 화재 등 창고에 발생할 수 있는 위험으로부터 보호해주는 비용입니다. 여기에 세금도 제하는 등 이런저런 비용을 모두 빼주면 투자수익이 나오게 됩니다.

물류펀드의
리스크

물류펀드 또한 성과연동형 상품이다 보니 여러 가지 리스크가 있습니다. 자산운용사에서 예상하는 수익률은 말 그대로 예상입니다. 실제 받는 확정금리가 아니기 때문에 심한 경우 손실이 발생할 수도 있습니다. 제도나 법령이 바뀔 때도 수익률에 변화가 올 수 있습니다. 특히 세제 혜택은 있다가도 없어지는 경우가 많기 때문에 더더욱 유심히 확인해야 합니다. 「예금자보호법」의 적용도 당연히 받지 못합니다.

가장 큰 리스크는 오피스와 마찬가지로 공실 리스크입니다. 경기가 안 좋아지거나, 물류창고의 공급이 크게 늘어나거나, 화주의 사업이 갑자기 축소되는 등의 이유로 예상하지 못한 공실이 발생할 수 있습니다. 공실이 발생되면 고스란히 수익의 축소로 이어지고, 수익의 축소는 순이익의 축소로 이어지고, 이는 수익률의 저하로 연결됩니다.

유동성 리스크도 있습니다. 중간에 돈이 필요해서 찾고 싶어도 그럴 수 없습니다. 펀드의 설정 기간이 지나야 돈을 찾을 수 있습니다. 만일 시황이 어려워져서 청산 시기가 더 늦춰지면 돈을 찾을 수 있는 기간이 더 늘어날 수도 있습니다. 공실률 문제로 인한 무료 임대 리스크도 있을 수 있습니다. 공급이 많은 곳에서는 마케팅의 일환으로 초기 몇 달 동안 임대료를 받지 않기도 합니다. 이렇게 되면 수익이 그만큼 줄어들게 되겠지요. 물류펀드가 인기를 끌면서 공급이 늘어나다 보니 이렇게 무료 임대를 주는 곳이 늘어나게 되어 그만큼 리스크도 커지게 되었습니다.

물류펀드투자의 실제 사례를 살펴보겠습니다. 다음은 〈아주경제〉의 2020년 1월 28일 기사입니다.

국내외를 막론하고 물류부동산이 대체투자 인기 섹터로 급부상하고 있다. 신선식품 배송과 이커머스 성장 등으로 냉장·냉동시설을 갖춘 콜드체인 수요가 늘어나고 있어서다. 아파트나 오피스 개발투자 제동

나의 첫 대체투자 공부

등 부동산금융 억제 정책으로 상대적으로 제약이 적은 물류센터에 대한 투자 매력이 높아진 영향도 있다. 28일 투자은행(IB)업계에 따르면 SK와 골드만삭스가 초저온 복합물류센터 개발과 운영을 담당하는 베스타수퍼프리즈에 500억 원을 투자했다. 베스타수퍼프리즈는 평택 오성산업단지에 LNG 내열을 이용한 초저온 복합물류센터를 운영하고 있다. 인천 송도국제도시 신항 배후단지 내에도 최대 규모로 초저온 복합물류센터를 개발할 예정이다.

이번 SK와 골드만삭스 투자 규모는 그리 크다고 볼 수 없다. 그러나 유망 투자 기회에 대한 선정 차원에서 소규모투자를 계속하는 대기업이 냉동 물류센터를 주목했다는 데 의미가 있다는 평가다. 실제로 물류센터는 최근 몇 년간 국내외에서 각광받는 분야로 떠올랐다. 특히 당일 배송서비스를 제공하는 전자상거래업체 거래 규모 증가는 서울을 비롯한 수도권 물류센터 매입·매각과 임대차 수요를 끌어올리고 있다. 특히 주목받는 것은 신선식품을 보관할 수 있는 저온 물류센터다. 영국 투자운용사 누빈리얼에스테이트는 지난해 3분기까지 코어로지스 남양주 물류센터·JWL 물류센터·쿠팡 안성 신물류센터 등에 국내 첫 투자를 집행했다. 이처럼 대규모 자금을 들여 사들이는 투자 목적 거래가 크게 늘었다. 4분기에는 홈플러스 안성 신선물류센터와 롯데글로벌로지스 오산 물류센터 거래도 이뤄졌다.

상업용부동산 컨설팅 기업 에비슨영코리아 리서치센터에 따르면 지난해 거래를 마친 수도권 물류센터 거래 규모는 전년 대비 약 13% 증가한 2조 6천억 원으로 역대 최대치를 기록했다. 연도별로도 2016년

7,500억 원, 2017년 1조 2천억 원, 2018년 2조 3천억 원으로 해마다 증가하고 있다. 유명한 에비슨코리아 리서치센터장은 "온라인 전자상거래 규모가 지속적으로 증가하면서 투자 목적 물류센터 거래도 꾸준히 증가하고 있다."면서 "특히 신선식품 배송이 늘면서 저온기능이 있는 물류센터 거래량이 증가하는 추세"라고 설명했다. 자산운용사도 증축을 염두에 둔 단순 개발·운용 위주 투자에서 '가치부가(밸류애드)' 투자로 방향을 바꾸고 있다. 낡은 물류센터를 사들인 뒤 대형 물류센터로 개발하는 것이 최근 자산운용사 투자 패턴이 되었다. 까다로운 물류센터 인허가 절차를 피하면서 지역 민원도 최소화하는 방법이기 때문이다.

나의 첫 대체투자 공부

레지덴셜의
현황과 리스크

레지덴셜(residential)은 크게 싱글패밀리, 멀티패밀리, 콘도미니엄 등으로 구분합니다. 싱글패밀리는 목조단독주택으로 평균 면적은 67평, 방은 3개 이상, 주차대수는 2대입니다. 2019년 11월 기준으로 미국내 평균가격은 약 3억 원으로 평당 500만 원 수준입니다. 싱글패밀리의 개인 소유 비중은 83%로 다수를 차지했으나, 주택 구입비용이 증가하고 주거 소유율이 하락하면서 싱글패밀리의 임대 수요가 확대되고 있습니다. 다른 섹터와 비교해 단일자산 규모가 작아 기관투자자의 투자가 미미했으나 포트폴리오의 다변화로 거래량이 점차 확대될 전망입니다.

멀티패밀리는 5세대 이상의 임대주택을 의미합니다. 미국의 1억 2천만 세대 중 75%가 싱글패밀리에 거주하며, 22%가 멀티패밀리에 거주합니다. 임대주택 시장의 메인은 멀티패밀리이며, 싱글패밀리의 임대가구 비중은 12%를 나타내고 있습니다. 콘도미니엄은 분양 목적의 집합주택으로 우리나라의 아파트를 생각하면 됩니다. 약 3%의 비중입니다. 싱글패밀리와 멀티패밀리는 리스를 하는 반면 콘도미니엄는 소유의 개념입니다. 멀티패밀리는 다시 일반용, 시니어용, 학생용으로 구분하기도 합니다.

멀티패밀리란
무엇인가?

멀티패밀리는 아직 우리나라에서는 생소한 분야입니다. 국내 임대주택은 대부분 건설사의 시공 마진 및 분양 전환을 통한 차익 실현이 목적인 물건입니다. 또한 기관투자자가 선호하는 중간배당이라든지, 안정적인 회수구조가 취약한 편입니다. 제도적으로도 어려운 점이 있습니다. 정부가 지원하는 임대주택은 중간배당이 안 되고, 임대료 통제에 따른 낮은 수익률이 걸림돌이 되고 있습니다. 순수 민간주택은 중간배당 및 최초 임대료의 자율 책정이 가능하지만 아직까지 그 규모가 작아서 거래 시장으로 형성되기 전 단계입니다. 하지만 미국이나 일본 등 선진국에서는 기관투자자들의 주요 투자상품 중 하나입니다.

부동산은 크게 상업용부동산과 주거용부동산으로 나뉩니다. 경기가 불황이면 오피스, 호텔, 소매점 등과 같은 상업용부동산은 공실이 생기지만 주거용부동산은 공실이 생기지 않습니다. 경기가 좋지 않아도 사람이 살 곳은 있어야 하잖아요? 이것이 멀티패밀리의 가장 큰 장점입니다. 쉽게 말해 주택을 임대해 그 월세를 수익으로 하는 상품입니다. 예를 들어 500세대짜리 아파트 한 단지를 사서 세를 놓았다고 가정해봅시다. 투자한 돈으로 아파트 한 단지를 사고 매달 월세를 받습니다. 미국이나 일본은 월세 문화권이라 자연스럽게 유망한 투자상품이 된 반면, 우리나라는 전세 문화권이라 아직 시장이 제대로 형성되어 있지 않은 상황입니다. 이해를 돕기 위해 미국과 일본의 멀티패밀리에 대해서 알아보겠습니다.

미국의
멀티패밀리

미국에서 최초의 임대주택 리츠는 1969년 설립되었고 1970년대 이후 발전했습니다. 현재 종합부동산회사가 시장을 주도하고 있으며 주요 대도시에 고르게 분포되어 있습니다. 2017년 말을 기준으로 미국의 멀티패밀리 거래량은 약 180조 원에 달합니다. 미국 내에서 거래량이 가장 큰 섹터 중 하나입니다.

미국 멀티패밀리 운용사 중 가장 큰 회사는 그레이스타(greystar)

미국 조지아주 애틀랜타에서 찍은 멀티패밀리의 사진

입니다. 그레이스타는 1993년에 설립되었는데요. 미국 내 부동의 1위
입니다. 2위와는 2배가 넘는 큰 격차를 보이고 있지요. 2019년 8월 기
준으로 약 40조 원의 자산을 운용하고 있습니다. 전 세계 50여 군데에
사무소가 있고, 150여 개 시장에 진출해 있으며, 약 1만 2천 명이 근무
하고 있습니다.

　본사는 미국 사우스캐롤라이나의 찰스톤이라고 하는 도시에 있는
데, 필자도 방문한 적이 있습니다. 그레이스타의 창업자는 멀티패밀리
가 역사적으로 오피스, 리테일 대비 경기 변동에 방어적인 섹터임에
착안해 회사를 창업했다고 합니다. 설립 당시 멀티패밀리 전문 서비스
를 제공하는 회사도 없었고, 향후 인구구조의 변화와 주거 환경 트렌
드 등을 고려했을 때 시장이 커질 것이라고 예측한 것이지요. 기관투
자자들에게 유망한 투자 섹터로 각광받을 것이라는 그의 예상은 적중
했습니다.

일본의
멀티패밀리

일본의 주택 소유비율은 62%로 주요 국가 대비 낮은 수준이며, 특히 집값이 비싼 도쿄는 50% 이하입니다. 임대주택 가운데 약 70%는 면적이 50m² 이하로 자가 거주자는 중대형 주택을 선호하는 반면, 임대 거주자는 20~29m² 정도의 작은 원룸을 선호하는 것으로 나타났습니다.

인구구조의 변화에 따라 1인 가구수의 증가로, 2030년에는 일본 내 1인 가구수가 2천만 가구를 돌파할 것으로 예상되고 있습니다. 이들은 주택 소유보다는 임대주택을 선호하고 있어 소형 규모의 임대주택 수요는 더 확대될 전망입니다. 젊은 층뿐만 아니라 65세 이상 1인 단독 가구의 수도 빠르게 증가하고 있으며, 이들 또한 생활의 편리성을 우선시해 대도시 내 소형 사이즈의 임대아파트를 선호하는 것으로 조사됩니다.

일본의 멀티패밀리 시장은 1990년대 후반 이후 발달되었습니다. 부동산 버블이 붕괴되면서 주택가격이 폭락했고, 이로 인한 임대수익률 상승이 그 배경에 있습니다. 2001년 J-리츠가 도쿄증권거래소에 상장되면서 본격적으로 확대되기 시작했습니다. 현재 일본의 J-리츠 시장은 미국 다음으로 큰 글로벌 2위 시장입니다.

일본의 멀티패밀리는 청년층과 1~2인 가구가 주요 수요 계층이며, 대기업과 부동산 개발사가 주도하고 있습니다. 멀티패밀리는 도쿄를 비롯한 오사카, 나고야, 후쿠오카 등 주요 대도시에 분포되어 있습니다. 특히 도쿄는 매년 10만 명이 넘는 인구가 도심으로 유입되고 있어 임대주택의 수요가 꾸준히 증가하고 있는 곳입니다. 이에 비해 우리나라는 아직 초기 단계로, 기업형 임대주택에 대한 논의가 2010년 이후 시작된 정도입니다.

멀티패밀리의
리스크

멀티패밀리는 어떤 리스크가 있을까요? 아무래도 가장 먼저 생각할 수 있는 것은 세입자가 임대료를 연체하는 일입니다. 이를 방지하기 위해 미리 한 달 정도의 임대료를 보증금 명목으로 수취해놓고 계좌 및 회사 재직증명서 확인 등 신분 확인 과정을 철저히 지킵니다. 미국이나 일본의 멀티패밀리에 투자하는 것이다 보니 급격한 환율 변동으로 인한 수익의 하락 혹은 원금 손실의 우려도 있습니다. 이를 방지하기 위해서는 환헤지를 실시해 대비합니다.

수해나 화재 등으로 피해를 볼 위험도 있습니다. 이는 보험을 통해 해결할 수 있지요. 공실에 대한 우려도 있는데, 이 부분을 해결하기 위해서 적절한 마케팅이 필요합니다. 자산가치의 하락에 따른 리스크도 있습니다. 이렇게 되면 자산 매각은 불투명해지고 자금 환수에도 문제가 생깁니다. 사실 시간이 흘러 집이 낡으면서 생기는 리스크는 따로 대비할 수 있는 방법이 없습니다. 이 밖에도 운영비용의 증가, 세금 증가 등의 리스크도 존재합니다.

실제 투자 사례를 살펴보겠습니다. 〈건설경제〉의 2019년 9월 18일 기사입니다.

신한대체투자운용이 미국 뉴욕 소재 멀티패밀리 담보대출에 7천만 달러(약 840억 원)를 투자했다. 16일 금융투자업계에 따르면 신한대체투자운용(신한대투운용)은 최근 '신한AIM부동산전문투자형사모투자신탁 제16호'를 조성, 뉴욕 맨해튼지역에 소재한 '20 브로드 스트리트' 빌딩에 중순위 대출(메자닌대출) 투자를 집행했다. 투자구조는 미국계 보험사에서 선순위 담보대출에 투자하고 신한펀드가 중순위 대출에 투자하는 구조다. 투자 기간 5년에 미국 달러 기준 7% 초반 수익률이 기대된다. 신한대투운용이 투자를 집행한 '20 브로드 스트리트'는 미국 뉴욕 맨해튼의 금융 중심지인 파이낸셜디스트릭트 뉴욕증권거래소에 인접한 신축 멀티패밀리 빌딩이다. 건물의 소유주는 뉴욕 소재 멀티패밀리 전문 투자회사 '메트로로프트'다.

멀티패밀리 건물은 임대형 아파트로 미국인의 주요 거주 형태 중 하나다. 미국 상업용부동산 섹터에서 가장 안정적인 자산군으로 꼽힌다. 신한대투운용 관계자는 "투자가 집행된 건물이 위치한 미국 맨해튼 파이낸셜디스트릭트는 우수한 교통 및 주거 환경을 바탕으로 공실률이 2%에 불과할 정도로 뉴욕의 핵심 주거지역으로 떠오르고 있다."며 "준공 1년이 채 안 되었지만 현재 90% 이상 임대가 완료되었고, 주거 공유업체인 '선더(sonder)'가 건물의 44% 면적을 10년간 장기 임대해 투자수익 변동성이 낮다."고 설명했다. 이번에 중순위 대출에 투자하는 신한펀드에 국내 대형 기관투자자 1개와 최초로 개인투자자가 참여했다. 신한대투운용 관계자는 "중순위 대출 투자금액 가운데 기관투자자들이 비중이 크지만 개인투자자들이 소수 참여했다."며 "그동안 신한대투운용은 중순위 대출을 투자할 때 기관투자자 위주로 자금을 모집해 투자를 집행했지만 이번에 최초로 고액자산가 등 개인투자자가 투자에 참여했다."고 설명했다. 신한대투운용 측은 "멀티패밀리와 같은 안정적인 자산에 투자하는 양질의 투자 물건을 개인투자자에게 전달할 시기가 왔다고 판단했다."고 설명했다.

실적 회복이 기대되는 호텔투자

호텔을 입지에 따라 분류하면 공항형, 도심형, 리조트형, 도심교외형, 고속도로형, 전원형으로 나뉩니다. 공항형은 공항 근처에 위치해 항공사 직원들이나 환승을 하는 여행객들이 주로 이용하고, 도심형은 시내 중심업무지구에 위치합니다. 리조트형은 레저 여행객들이 선호하는 지역에 위치하고, 도심교외형은 대도시 외곽에 위치해 비즈니스 출장객들이 주로 이용합니다. 고속도로형은 고속도로 인터체인지 근처에서 볼 수 있으며, 전원형은 인구 밀도가 낮은 지역에 작은 규모로 운영됩니다.

호텔을 투숙객에 따라 분류하면 출장객을 위한 상업용, 휴식을 위한 휴가용, 행사를 위한 컨벤션형, 장기 투숙객을 위한 주거용으로 구분합니다. 가격으로 분류하면 럭셔리, 업스케일, 미드스케일, 이코노미, 버짓의 순으로 구분할 수 있습니다. 럭셔리는 포시즌호텔이나 리츠칼튼호텔처럼 상위 15% 내에 들어가는 호텔이며, 업스케일은 상위 30%에 해당되는 호텔이고, 미드스케일은 상위 60%, 이코노미는 상위 80%, 버짓은 최하위에 속해 있는 호텔입니다. 우리나라에서는 호텔의 등급을 무궁화의 수로 표시하고 해외에서는 별의 수로 표시합니다. 참고로 우리나라에서 무궁화 6개 혹은 6성급 호텔이라고 하면 포시즌호텔이나 워커힐호텔 정도의 급에 해당됩니다. 해외에서는 두바이의 호텔 등이 7성급이라고 소개되지만 사실상 별을 매기는 국제적인 기준은 따로 없는 실정입니다.

호텔투자의
변수와 리스크

호텔의 사업성을 평가하기 위해서는 판매가능 객실의 수, 객실점유율, 판매객실의 평균 요금, 객실당 수입을 잘 따져봐야 합니다. 판매가능 객실의 수는 객실의 수에 365일을 곱해서 계산합니다. 객실점유율은 판매한 객실의 수를 판매가능 객실의 수로 나눈 것입니다. 판매객실의 평균 요금은 전체 객실 매출액을 판매객실의 수로 나눈 값이고, 객실당 수입은 판매객실의 평균 요금에 객실점유율을 곱해서 계산합니다.

호텔투자에서 가장 중요한 변수는 관광객의 숫자입니다. 한국관광공사의 자료에 의하면 2008년 우리나라에 입국한 사람의 수는 689만명이었습니다. 그리고 2018년에는 1,535만 명이 입국해 10년간 2배가 넘는 증가세를 보였습니다. 하지만 연도별 자료를 보면 꾸준히 상승했던 것은 아닙니다. 2015년에는 메르스 파동이 있었고 2017년에는 사드 사태가 있었습니다. 메르스 파동이 일어난 2015년의 입국자 수는 그 전해보다 100만 명 가까이 줄어든 1,323만 명이었습니다. 특히 사드 사태가 있었던 2017년에는 1,724만 명에서 1,334만 명으로 390만 명이나 줄어들었습니다. 2020년의 코로나19 사태도 호텔업계에는 결정적 악재로 작용했습니다. 우리나라를 방문하는 입국자 중에는 아시아권 비중이 약 80%를 차지하고 있습니다.

호텔은 오피스보다 더 손이 많이 가고 영업에 따른 수익의 편차가 매우 큽니다. 호텔투자가 관심을 끌게 된 이유는 오피스 시장의 수익률이 낮아지기 시작하면서부터입니다. 오피스의 대안으로 호텔이 떠오른 것이지요. 특히 중국인 관광객들이 크게 늘면서 호텔 객실이 부족하다는 실태도 호텔투자를 부추긴 이유였습니다. 문제는 호텔투자의 치명적인 결점 때문에 발생합니다. 호텔투자는 수요가 일정하지 않다는 단점이 있습니다. 외국인 입국자 중에서 가장 큰 비중을 차지하는 중국인의 경우 2013년 433만 명이 입국해 2016년 807만 명으로 늘었지만, 2017년에는 절반인 417만 명으로 줄어들었습니다. 정치적인 이슈가 호텔산업에 크게 영향을 미친 사례입니다. 여기에 호텔의 가장 큰 경쟁자인 숙박 공유 플랫폼 에어비앤비의 성장도 악재로 작용했습니다.

다행히 2018년 이후부터 실적은 회복되고 있습니다. 기존의 중국인, 일본인 입국자가 내국인 및 기타 국적 이용객으로 대체되면서 실적이 회복된 것으로 분석됩니다. 일시적인 공급 과잉과 영업 실적 저하로 호텔 공급은 줄어들었고, 객실 공급이 둔화되고 있어 실적은 점진적으로 회복될 것으로 보입니다.

다른 이야기를 하나 하겠습니다. 가끔씩 신문에서 이상한 광고를 봅니다. '지금 이 호텔에 7천만 원을 투자하면 매월 90만 원의 고정수익이 나옵니다!'라는 식의 허위광고입니다. 이렇게 고정수익을 받는다면 도대체 몇 %의 수익률일까요? 대충 계산해도 약 16%의 수익이 나옵니다. 그렇다면 굳이 신문에 떠들 필요 없이 광고한 본인이 대출을 받아서 투자하는 편이 낫지 않을까요?

결론부터 말해서 이러한 광고는 거짓일 확률이 99%입니다. 매월 90만 원의 고정수익이 나온다는 근거는 무엇일까요? 매우 낙관적으로 계산했을 가능성이 큽니다. 예를 들어 높은 수준의 숙박료를 책정해 1년 12개월 만실이 된다고 가정하고, 투숙객이 부대시설을 모두 100% 이용한다고 가정했을 것입니다. 하지만 호텔은 대게 만실인 경우가 매우 드물고, 성수기가 아닌 비수기에는 객실가동률이 더 낮아집니다. 더군다나 사드나 메르스처럼 변수까지 감안하면 객실가동률은 더 보수적으로 예측해야 합니다.

분양형 호텔은 개인투자자들에게 객실을 분양하고 향후 호텔 운영수익금을 나눠 가지는 구조입니다. 만약 수익이 나지 않으면 이자는커녕 투자한 돈마저 날리기 쉽습니다. 그런데도 불구하고 '고정수익'이라는 단어를 사용한 것은 투자자들을 현혹시키기 위해서입니다. 반드시 하나하나 잘 따져보고 투자하기 바랍니다.

5장

인프라투자와
실물자산투자

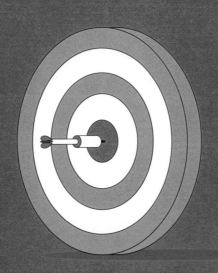

인프라투자의
특징

인프라는 국가나 기관이 효과적으로 일하기 위해 사용하는 교통과 전력 공급 등의 시스템 및 서비스를 말합니다. 실생활과 밀접한 관련이 있다 보니 정부가 일정한 수익을 보장해주기도 하고 규제를 하기도 합니다. 전반적으로 생활 수준이 향상되면 요구되는 인프라의 수준도 높아집니다. 하지만 정부가 자체적으로 움직일 수 있는 자금만으로는 인프라를 신설하거나 확충하기에 충분하지 않기 때문에 민간자본의 투자 증가가 지속적으로 필요합니다. 특히 은행에 대한 규제 확대로 대출이 제한되고 있어 자연스럽게 사모대출 시장이 증가하고 있는 추세입니다.

인프라는 크게 사회 인프라와 경제 인프라로 나뉩니다. 사회 인프라는 교육시설, 헬스케어시설, 교화시설, 대중교통 등이고, 경제 인프라는 운송, 에너지, 통신, 기타 등입니다. 운송은 도로, 항만, 공항, 철도 등이며 에너지는 가스망, 전력망, 전력 생산, 재생에너지 등입니다. 통신은 무선통신망, 위성 시스템 등이며 기타로는 저장시설, 주차장, 상하수 처리시설 등이 있습니다.

인프라는 토지와 구조물로 구성된 부동산 형태의 유형자산이지만, 일반적인 부동산과 같이 잔여가치로만 산정하기에는 어려움이 있습니다. 부동산보다 진입장벽이 높고, 제한적인 경기 사이클에 영향을 받으며, 장기 현금흐름 등에서 차이가 발생합니다. 또한 인프라자산은 주식, 채권, 부동산 등과 낮은 상관관계를 갖고 있습니다.

인프라투자란 무엇인가?

인프라투자는 인프라에 투자하는 것, 즉 사회적 생산기반 및 경제 활동의 기반을 형성하는 기초시설에 대한 투자를 말합니다. 전통적으로 정부의 재원으로 집행되었으나 인프라에 대한 수요 증가로 부족한 재원을 충당하지 못해 글로벌 인프라펀드 등 민간투자의 필요성이 증가하고 있습니다. 민간 부문의 인프라투자는 주로 건설사 등 전략적투자자의 주도로 투자가 집행되어 왔으나, 최근에는 금융기관과 연기금 등 재무적투자자의 참여도 늘어나고 있는 추세입니다. 중동, 중남미, 아프리카 등 상대적으로 민간의 인프라투자 참여가 초기 단계인 지역은 기업 참여 비중이 높습니다. 반면 북미, 유럽, 호주 등 상대적으로 민간투자가 상당 기간 진행되어 온 지역은 인프라펀드, 연기금의 비중이 높습니다.

글로벌 인프라펀드 시장이 형성된 주요 지역은 북미와 유럽입니다. 북미의 점유율은 51%(약 85조 원)이며, 유럽이 27%(약 45조 원)의 규모로 뒤를 따르고 있습니다. 북미는 시설 노후화에 따른 그린필드(green field) 위주로 거래가 이루어지고, 성숙된 시장인 유럽은 브라운필드(brown field) 위주로 거래가 이루어지고 있습니다. 공사가 완료되지 않았을 때 투자하는 것을 그린필드투자라고 하고, 공사가 완료된 다음에 투자하는 것을 브라운필드투자라고 합니다.

정부 주도로 진행되는 인프라투자의 특성상 국가 개발의 우선순위, 지역의 니즈, 문화 등이 복합적으로 고려되어 민간의 인프라투자가 유치되고 있습니다. 예를 들어 북미는 신재생에너지가 40%의 비중을 차지하는 반면, 유럽은 사회시설의 투자 비중이 35% 이상을 차지하는 등 지역별로 인프라투자의 섹터가 상이합니다.

인프라펀드의 투자 사례를 알아보겠습니다. 〈더벨〉의 2020년 4월 9일 기사입니다.

맥쿼리인프라스트럭쳐리얼에셋(MIRA) 내 인프라대출채권펀드를 운용하는 마이디스(MIDIS)가 약 7,800억 원 규모 펀드자금 모집을 완료했다. 8일 투자은행(IB)업계에 따르면 맥쿼리글로벌인프라대출펀드 결성에 나선 마이디스는 최근 기관투자자들을 상대로 6억 4,500만 달러(약 7,830억 원) 모집을 완료했다. 이 펀드는 전 세계 18개의 투자등급 인프라사업에 대출을 제공하는 방식으로 운용된다. 투자 대상은 영국과 유럽, 미국, 호주 등 주요 선진국의 교통과 유틸리티, 에너지·인프라 관련 기업이 발행하는 대출채권이다. 현재 펀드가 보유한 자산의 25% 이상은 태양광과 육상·해상·풍력 분야 투자 포트폴리오로 구성되어 있다. 이는 최근 기관투자자들이 신재생에너지자산에 대한 자산배분을 늘리는 경향과 연관이 깊다.

인프라대출채권은 일반 회사채와 비교해 투자금 회수 기간은 길지만 경기에 덜 민감하다는 특징이 있다. 안정적인 현금흐름이 뒷받침된다는 것도 장점이다. 자산과 부채의 듀레이션(잔존 만기)을 맞추기 위해 장기자산투자를 확대하는 기관투자자들 사이에서 인기가 많다. 채권은 투자등급과 투기등급으로 나뉘는데, 투기등급은 투자등급과 비교해 투자 위험이 크고 수익률이 높다. 이번에 마이디스가 조성한 펀드는 BBB-이상 인프라대출채권에 투자하는 전략을 구사한다. 마이디스는 이번에 영국과 네덜란드, 이탈리아, 일본, 싱가포르, 포르투갈의 연기금과 보험사들로부터 투자 약정을 받았다. 이들 해외 기관투자자들은 분산투자 효과, 위험조정수익률 측면에서 회사채와 비교해 비교우위에 있다는 점을 높게 평가해 출자에 나선 것으로 전해진다.

인프라투자의
네 가지 특징

인프라투자는 국가의 경제 성장과 밀접하게 연동되어 있습니다. 가장 먼저 들 수 있는 인프라투자의 특징은 장기적으로 안정적이며 예측 가능한 현금흐름을 가지고 있다는 점입니다. 즉 인프라투자의 기본 전략은 현금흐름이 안정적인 자산에 장기투자하는 것입니다. 인프라자산은 우리가 살아가는 데 꼭 필요한 것들이기 때문에 경기의 영향을 적게 받습니다. 그러다 보니 일정한 현금흐름을 보여주어 마치 장기채권과 같은 느낌을 줍니다. 채무불이행 위험은 다른 대체투자보다 낮고, 대출 회수 가능성은 다른 대체투자보다 높습니다.

두 번째는 초기 비용으로 인한 높은 진입장벽입니다. 발전소, 도로 등을 건설하기 위해서는 거대 자본이 필요합니다. 따라서 아무나 다 투자하지는 못하기 때문에 안정적인 수익 창출이 가능합니다.

세 번째는 인플레이션의 헤지가 가능하다는 점입니다. 물가에 연동되는 가격체계를 통해 인플레이션에 방어적인 특징을 갖고 있습니다. 물가가 오르면 자연히 전기요금도 오르고, 통행료도 오릅니다. 인플레이션은 화폐의 가치를 떨어뜨리지만 인프라투자의 수익은 화폐의 가치가 떨어진 만큼 보상받게 됩니다.

네 번째는 포트폴리오를 구성하고 있는 다른 자산과의 낮은 상관관계입니다. 상관관계가 낮다 보니 위험을 분산시키는 역할을 하게 됩니다. 2008년부터 2015년까지 조사한 자료를 살펴보았더니 인프라자산은 글로벌 주식과 -0.1의 상관관계를 보이고 있었습니다. 글로벌 채권과는 -0.2, 미국 핵심지역 부동산과는 0.5, PE와는 0.1, 헤지펀드와는 0.0의 상관계수를 보였습니다. 비교한 자산들과 상관관계가 거의 없다는 뜻이지요.

운송 인프라와
에너지 인프라

운송 인프라는 운송의 기반을 형성하는 인프라입니다. 도로, 항만, 공항, 철도 등이 해당됩니다. 차례대로 알아보겠습니다.

도로와
항만

'도로'라고 하면 떠오르는 것이 로마의 도로입니다. 시오노 나나미(鹽野七生)의 『로마인 이야기』에서는 로마가 도로를 만드는 방법에 대해 자세히 기술합니다. 과거부터 도로는 국가에서 만드는 것이 일반적이었습니다. 그런데 세월이 흘러 도로의 수요는 늘어나는데 정부의 재원이 부족한 경우가 생겼습니다. 재원 부족 문제를 타계하기 위해 정부에서는 민간에게 도로를 만들 권리를 주고 대신 요금을 징수해 운영 수입을 얻을 수 있게 했습니다. 도로의 인프라투자는 이렇게 시작되었습니다.

대표적 민자산업인 인천국제공항 고속도로를 예로 들어보겠습니다. 2000년 11월 개통한 인천국제공항고속도로는 우리나라 최초의 민간투자사업으로, 총 11개 민간기업의 컨소시엄(공동의 목적을 위해 공동으로 참여하는 방식이나 그런 모임)으로 투자되었습니다. 2030년까지 30년간 관리·운영한 후 정부에 기부 채납할 예정입니다. 이 도로의 개통으로 인천공항 및 공항 배후 물류단지의 접근성이 크게 향상되었습니다. 국가에서 미처 하지 못한 일을 민간의 돈으로 해낸 것입니다. 만드는 데 들어간 돈은 통행료로 회수하게 됩니다.

항만은 선박의 출입, 사람의 승하선, 화물의 하역·보관·처리, 해양 친수 활동 등을 위한 시설과 화물의 조립·가공·포장·제조 등 부가가치 창출을 위한 시설이 갖추어진 곳입니다. 일단 선박이 접안해야 하는 안벽과 선석이 있어야 하고, 운송된 화물을 보관하는 장소인 야드가 있어야 합니다. 항만의 출입을 통제하는 게이트와 항만 내에서 화물을 운송하는 크레인 등도 있어야 하지요. 이를 위해서는 넓은 면적의 땅과 막대한 비용이 투입됩니다.

항만 사용료는 항만시설 사용료와 부지 임대료, 배후 단지 임대료 등으로 구분합니다. 항만시설 사용료로는 도선료, 예선료, 선박입출항료, 접안료, 정박료, 계선료, 화물입출항료 등이 있으며, 항만사용료로는 하역료, 여객터미널 이용료, 항만시설 전용사용료, 하역기기 사용료, 창고 임대료, 보관료 등이 있고, 배후 단지 임대료로는 상하차료, 조작료, 배후 부지 임대료 등이 있습니다. 항만은 물가상승률과 연동되는 계약 기반의 자산으로, 부산의 신항만이 대표적인 사례입니다.

공항과 철도

공항에 대한 인프라투자도 주목해야 합니다. 1940년대 제트기 개발 이후 항공산업은 지속적으로 성장했습니다. 전 세계 항공여객 수송량은 1987년에 10억 명을 돌파했고, 18년 후인 2005년에는 20억 명, 그로부터 7년 후인 2012년에는 30억 명을 돌파했습니다. 2017년에는 사상 최초로 40억 명을 돌파했습니다. 전 세계적으로 항공여객 수가 급속히 증가하면서 공항시설 확충 등 공항 인프라투자의 수요도 증가할 것으로 보입니다. 항공 교통량은 GDP 증가율 대비 높은 수준의 성장률을 보이고 있습니다.

우리나라의 인천공항은 정부에서 지분을 가지고 있는 공기업이지만 다른 나라의 공항은 그렇지 않습니다. 필자가 과거 프라하공항에 갔을 때 친절하게도 한글 안내문이 곳곳에 붙어 있어 이용하기 편리했던 기억이 납니다. 궁금해서 물어보니 한때 프라하공항의 최대주주가 대한항공이었다고 합니다. 그래서 아직까지 이곳저곳에 한글이 많이 붙어 있다고 하더군요. 아무튼 공항에 대한 인프라투자도 공항을 이용하는 항공사들로부터 받는 이용료, 면세점으로부터 받는 임대료, 주차비 등을 받아 수익의 재원으로 활용하는 시스템입니다.

철도 운송산업도 빼놓을 수 없습니다. 가장 큰 규모의 시장을 보유하고 있는 곳은 역시 미국입니다. 미국은 23만km 규모의 철도 네트워크와 10만 개가량의 교량설비를 보유하고 있으며, 매일 500만t의 수화물과 9만 명의 승객 수송을 담당하고 있습니다. 전 세계적으로 철도시설 확충이 예상되고 있고, 특히 미국은 추가적인 네트워크 확장을 위해 큰 규모의 투자가 필요한 상황입니다. 철도의 매출은 물가상승률에 연동되고, 수송량은 생산자지수에 연동됩니다.

국내 사례로는 2024년 말 개통 예정인 신안산선이 대표적입니다. 안산 한양대역에서 광명역을 거쳐 여의도까지 연결되는 노선입니다. 안산 중앙역에서 여의도역으로 이동 시 승용차로는 49분, 버스로는 81분이 걸리지만 완성되면 지하철로 41분까지 시간이 단축될 것으로 예상됩니다. 도시철도, 광역철도, 일반철도, 고속철도 등 총 10개 노선과의 환승 연계체계를 구축함으로써 서울 및 수도권 서남부 면적의 대부분을 아우르는 풍부한 수요를 충족할 예정입니다.

노선 총연장은 44.6km, 15개 역의 규모로 이루어져 있으며, 총 사업비는 약 3조 3,465억 원입니다. 완공되기까지 기간이 긴 만큼 리스크도 다방면에서 살펴보아야 합니다. 가장 먼저 공사가 정해진 기간 내에 완공될 것인지 확인해야 합니다. 공사비 증가, 준공 지연, 공기 연장 등으로 소요자금이 증가하면 건설 출자자들이 연대해서 준공 책임을 부담한다고 하니 여기에 대한 리스크는 없을 듯합니다. 총사업비가 초과되는 위험도 있습니다. 이런 부분을 방지하기 위해서 확정가격부 일괄도급 방식을 도입하고 있고, 추가 소요자금이 발생할 때는 건설 출자자들에게 추가 출자 의무 부담을 지운다고 합니다.

공사가 완공된 후 운영 수입이 감소할 위험도 있습니다. 다행히 주무관청의 정책이나 요구, 방침 등에 의해 실시협약에서 정한 금액보다 낮은 금액으로 운임이 결정된다면 이로 인한 손실은 실제 승차 수요를 기준으로 사업 시행자에게 정산하게 되어 있습니다. 하지만 생각보다 탑승객이 저조해 수익이 발생하지 않을 위험이 존재하고, 운영비용이 증가할 위험도 있습니다. 이런 여러 가지 위험 요인이 제거되어 예상대로 잘 운행된다면 자산운용사가 제시한 수익률을 획득할 수 있게 됩니다.

에너지가격에 민감한
에너지 인프라

에너지 인프라는 에너지 자원을 채굴하고, 운송하고, 정제하는 시설에 투자합니다. 에너지 인프라자산은 생산(upstream), 수송(midstream), 소비(downstream)의 3단계로 구분합니다.

생산 단계는 석유와 가스 등을 탐사해 채굴하는 단계입니다. 리스크가 가장 크고 에너지가격 변동에 민감한 반응을 보입니다. 수송 단계는 채굴을 통해 얻은 석유와 가스 등을 운송 및 보관하는 단계입니다. 대표적인 자산으로는 가스파이프라인, 저장고 등이 있습니다. 수송 단계의 자산은 개발 단계의 자산보다 현금흐름이 안정적입니다. 대부분 장기계약으로 운영되기 때문입니다. 소비 단계는 석유나 가스를 정제하고 최종 소비자에게 분배하는 단계입니다. 석유와 가스의 상관관계는 매우 낮은 것으로 조사됩니다.

참고로 석유 시장은 북해해양 시추시설에서 생산되는 브렌트유와 미국 경질유인 서부 텍사스 중질유로 나뉩니다. 석유가격의 결정 요인으로는 미개발된 매장량, 미국의 전략적 석유 비축량(멕시코만 주변의 지하저장고에 약 6억 배럴 비축 추정), 중국과 같은 원유 수요국의 생산과 성장, 날씨(미국 연안 시추시설의 대부분이 멕시코만 태풍의 피해가 우려되는 지역에 위치), 석유수출국기구(OPEC)와 같은 정치적 요소, 테러, 미국 달러 등이 있습니다.

유가는 세계 경제에 큰 영향을 미칩니다. 1973년 10월 4차 중동전쟁으로 인해 OPEC이 원유 생산량을 줄이면서 1차 석유 파동이 발생했고, 1978년 이란혁명의 여파로 이란의 석유 수출이 중단되면서 2차 석유 파동이 발생했습니다. 2020년에는 사우디와 러시아의 '치킨게임'으로 사상 초유의 마이너스 유가가 나타나기도 했습니다.

에너지 인프라펀드의 투자 사례를 살펴보겠습니다. 〈매일경제〉의 2018년 12월 18일 기사입니다.

에너지 인프라자산의 3단계

	생산	가공	운송	판매
가스				
석유 및 가스 탐사				
석유	시추	운반	정제	판매
	생산(업스트림)	수용(미드스트림)		소비(다운스트림)

자료: KB국민은행 WM투자전략부

신한금융투자가 북미 에너지 인프라스트럭처자산에 1억 5천만 달러(약 1,700억 원)를 투자한다. 18일 금융투자업계에 따르면 신한금투는 미국 미드스트림 기업인 EIF밴훅에퀴티홀딩스(EIF van hook equity holdings, LLC)에 선순위 대출 1억 5천만 달러를 투자한다. EIF밴훅에퀴티홀딩스가 인수하는 에너지 인프라자산은 원유와 가스 수송 파이프라인부터 원유 저장시설, 트럭터미널과 철도터미널 등 미드스트림 밸류체인이다. 미드스트림은 원유 생산 부문인 업스트림과 정제 원유와 천연가스를 판매하는 다운스트림의 중간 단계로, 에너지를 운송하거나 저장하는 단계를 가리킨다. 해당 자산은 미국 내에서 3대 셰일오일 생산지로 꼽히는 노스다코타주 배컨과 텍사스주 이글포드지역에 위치해 있으며, 지역 내 핵심 미드스트림 밸류체인을 구축하고 있는 데다 미국 메이저 시장으로 연결된 다양한 판매 채널을 보유하고 있다. 이 회사가 해당 인프라를 인수하는 데 필요한 전체 인수금융 규모는 4억 달러(약 4,500억 원)로, 현지 금융주선은 맥쿼리캐피탈이 담당했다. 신한금투는 이 중 1억 5천만 달러를 투자한다. 신한금투는 이번 선순위 대출을 국내에서 재판매할 계획도 갖고 있으며, 이를 위한 금융주선과 주간사도 맡았다. 펀드자산운용은 JB자산운용이 맡았다. 신한금투 관계자는 "이번 투자는 신한GIB와 JB자산운용이 협업해 딜을 소싱했다."고 설명했다.

EIF밴훅에퀴티홀딩스는 미국 아레스매니지먼트가 지분을 보유하고 있다. 아레스매니지먼트는 연기금, 은행, 보험사 등 국내 기관투자가들에도 잘 알려진 발전·에너지 관련 사업 전문 투자펀드를 운용하는 운용사로, 전체 운용자산 규모는 1,250억 달러(약 130조 원)다. 신한금투가 총액 인수한 대출은 안정적으로 운용 중인 자산에 투자해 만기 시 원금 상환비율이 높다. 아울러 미국 3대 에너지 기업인 코노코필립스에서 분리된 필립스66이 해당 인프라를 사용하면서 동시에 전략적투자자로 참여한다. 필립스66은 미국 전역에 정유소, 석유화학 플랜트 등 다운스트림설비뿐만 아니라 파이프라인 네트워크 등 다수 미드스트림 인프라를 구축하고 있는 회사다. 지난해 매출액은 9억 3,400만 달러(약 1조 600억 원)다. 필립스66은 자사가 보유한 메인 파이프라인인 DAPL(dakota access pipeline)과 크루드레일(crude rail)에 필요한 물량을 공급할 계획이어서 안정적이고 장기적 매출 확보가 가

나의 첫 대체투자 공부

능하다. 신한금투 측 관계자는 "필립스66이 전략적투자자로 참여해 최소물량계약을 체결했다는 점 자체가 향후 자산운용이나 자산 성장성에 기여할 수 있는 부분이 크다."고 설명했다. 최근 미국이 셰일혁명을 통해 셰일가스 개발·생산에 본격적으로 나서면서 이 같은 인프라 수요는 향후에도 계속 늘어날 전망이다. 신한금투 담당자는 "미국은 셰일혁명을 활용해 자국에서 생산되는 저렴한 석유를 바탕으로 제조업 경기 활성화를 이루고 최대 원유 수출국으로 부상할 것"이라고 내다봤다.

전력 시장은 사회 필수 서비스를 제공하고, 정부 규제하에 움직이는 시장입니다. 특정 권역별로 독점적 공급 권한이 부가되어 수요 변동성이 매우 낮으며, 규제당국에서 일정 수익률을 보장해주어 안정적인 현금흐름이 가능합니다. 당국의 규제에 따라 정해지는 서비스 수수료는 제반 세금을 포함한 운영비용에 더해 투하자본과 규제자산 베이스에 허용된 수익률을 보상해주는 비용전가 방식입니다. 전력 시장은 일반적으로 발전, 송전, 배전으로 구분합니다. 발전 시장은 천연가스의 가격 하락과 친환경 규제정책에 따라 가스 발전 및 신재생 발전 위주로 재편 중입니다.

전력 시장에 대한 투자로 미국의 가스복합발전소 및 가스전 공동개발에 선순위 대출로 투자하는 경우를 예로 들어보겠습니다. 먼저 미국의 전력 시장부터 살펴보아야 합니다. 미국의 전력 시장은 발전 용량 기준으로 우리나라보다 약 10배 크며, 발전량 기준으로는 8배 큽니다. 발전 용량이란 전력 생산설비로 만들어낼 수 있는 최대한의 전력량을 이야기하고, 발전량이란 현재 만들어내고 있는 양을 이야기합니다. 미국의 전력 시장은 시장 특성에 따라 규제 시장과 비규제 시장으로 나뉩니다. 규제 시장은 전력 수요가 충분하지 않아 시장 자율에 맡길 경우 전력 수급이 원활하지 않을 우려가 있어, 주정부가 규제를 통해 발전사업자에게 일정 수익률을 보장해주는 시장입니다. 비규제 시장은 전력 수요가 충분한 지역으로 경쟁 시장 체제하에서 독립발전사업자들의 참여가 가능한 시장입니다.

전체적으로 보면 규제 시장이 약 40%, 비규제 시장이 약 60%의 비중을 보이고 있으며, PJM전력 시장(세계 최대 단일 전력망 시장으로 펜실베니아, 뉴저지 등 13개 주, 약 6천만 명에게 전력 공급)은 비규제 시장으로 경쟁 입찰을 통해 발전단가가 낮은 발전사업자부터 전력을 공급합니다. 미국 발전 용량의 약 17%의 비중을 차지하고 있으며 우리나라 전체 발전 시장의 2배 규모입니다. 발전원별 발전량은 원자력이 36%, 석탄이 32%, 가스가 27%, 신재생이 3% 수준입니다.

다음으로 미국의 천연가스 시장에 대해 알아야 합니다. 미국 내 천연가스 개발은 주요 7개 권역을 중심으로 발달되어 있습니다. 2007년 이후 셰일가스 개발이 본격화되면서 천연가스 생산량과 소비량이 크게 증가한 상황입니다. 미국의 천연가스 확인 매장량은 시추기술의 발전 등으로 지속적인 증가 추세를 보이고 있습니다.

미국의 전력 시장과 가스 시장에 대한 분석을 마친 이후에는 리스크 점검에 들어가야 합니다. 미국 가스복합발전소에 투자할 때 중요한 고려 사항은 수급 여건입니다. 전력 수요가 정체되고 있지는 않은지, 신규 가스복합발전소의 공급이 과다하지는 않은지 등을 체크해야 합니다. 발전소의 전력 매출은 경쟁 입찰 결과에 따라 가동률이 좌우되므로 매출 변동성을 헤지할 수 있는 방안을 강구해야 합니다. 따라서 장기 전력공급계약 등을 확보하고 있는지 확인할 필요가 있습니다.

리스크를 점검한 후에는 투자 조건을 따집니다. 예를 들어 신규 건설 중인 가스복합발전소 및 가스전의 공동개발에 선순위 대출로 투자한다고 가정해봅시다. 대출 기간 중 일부 원금 분할상환 조건이며, 잔여 원금은 만기 시점 재금융을 통해 회수합니다. 가스복합발전소는 장기 전력공급계약에 따라 대출 기간 동안 매출의 변동성이 별로 없을 것으로 보이나, 가스전 개발은 생산량 감소와 개발비용 증가 등 상황에 따라 변동 가능성이 큰 것으로 분석됩니다. 따라서 만기 시 원금 회수 지연 가능성이 있을 것으로 추정할 수 있습니다. 이처럼 투자 조건과 리스크를 종합적으로 점검한 후 최종적으로 투자 여부를 결정하게 됩니다.

신재생에너지의
특성과 종류

신재생에너지는 신에너지와 재생에너지가 합쳐져서 생긴 말입니다. 기존의 에너지는 석탄, 석유 등 화석연료에 의해서 만들어진 것입니다. 전통적이고 효율이 좋은 에너지원이기는 하지만 환경오염 문제가 대두되면서 환경오염을 일으키지 않는 신재생에너지가 그 대안으로 떠오르고 있습니다. 미국의 서부영화를 보면 기차가 "부웅!" 하고 기적을 울리며 지나갈 때 굴뚝으로 검은색 연기가 내뿜어져 나오는 것을 볼 수 있습니다. 이처럼 석탄을 사용하면 편리하게 기차를 이용할 수 있지만 새까만 매연은 환경에 악영향을 줍니다. 신재생에너지가 각광을 받게 된 또 다른 이유는 자원이 고갈되고 있기 때문입니다. 석탄

나의 첫 대체투자 공부

과 석유가 무한정으로 제공되는 것은 아닙니다. 언젠간 고갈되어 에너지원의 역할을 못하게 될 것입니다. 이 두 가지 문제를 해결하기 위해 사람들은 신재생에너지로 시선을 돌렸습니다.

신에너지와
재생에너지

앞서 필자가 신재생에너지는 신에너지와 재생에너지가 합쳐져서 생긴 말이라고 했는데요. 먼저 신에너지는 화석연료를 변환시키거나 수소나 산소의 화학 반응으로 생성된 전기 또는 열을 이용하는 에너지입니다. 수소에너지, 연료전지, 석탄액화가스화 기술 등이 있습니다. 수소에너지는 물, 유기물, 화석연료 등의 화합물 형태로 존재하는 수소를 분리한 후 연소시켜서 얻는 에너지입니다. 연료전지는 수소와 산소가 화학 반응을 통해 결합하고 물이 만들어지는 과정에서 생성된 전기와 열에너지를 활용한 것입니다. 석탄액화가스화 기술은 고체연료인 석탄을 액체연료로 전환시키거나 높은 압력으로 가스화시켜 에너지를 발생시킵니다.

이렇게 복잡한 과정으로 에너지를 만드는 신에너지와 달리 재생에너지는 에너지를 만드는 과정이 직관적이고 이해하기도 쉽습니다. 재생에너지는 자연 발생적인 에너지로, 태양의 복사열이나 공전과 자전, 지구의 핵 등에서 비롯된 에너지입니다. 말 그대로 재생되는 에너지여서 석탄과 석유처럼 고갈의 위험이 없습니다. 대표적인 것이 태양에너지, 풍력에너지, 수력에너지입니다. 태양에너지는 태양의 빛에너지를 이용하는 것이고, 풍력에너지는 바람의 힘을 이용하는 것이고, 수력에너지는 물의 흐름을 이용하는 것입니다. 어릴 때 돋보기로 햇빛을 한 점에 모으면 종이에 연기가 나고 불이 붙는 것을 경험해본 적이 있을 겁니다. 태양에너지의 간단한 예라고 할 수 있습니다. 풍차는 풍력에너지를 이용하는 대표적인 시설인데요. 네덜란드의 풍차를 사진이나 TV에서 본 기억이 있을 것입니다. 소양댐에서 수위의 차를 이용해 전기를 생산하는 것도 수력에너지를 이용하는 대표적인 사례입니다.

신재생에너지의
국내외 현황

전 세계 인프라거래 중 신재생에너지는 약 40%의 비중을 보이고 있습니다. 연간 1,300건 정도입니다. 전 세계 발전량 중 재생에너지의 비중은 이미 25%를 넘었고, 2040년에는 약 40% 수준으로 확대될 것으로 전망됩니다. 2018년 6월 EU에서는 2030년 최종 에너지 소비량 중 재생에너지의 비중 목표치를 27%에서 32%로 상향했습니다.

　재생에너지의 발전원별 비중을 보면 수력이 53%, 풍력이 24%, 태양광이 18%를 보이고 있으며, 발전원별 설비 규모 연평균 증가율은 태양광이 44%, 풍력이 18%, 수력이 3%를 보이고 있습니다. 전 세계 전체 신재생에너지의 거래 규모는 연간 350조 원 수준이며, 풍력이 41%, 태양광이 39%, 기타 수력이나 바이오매스, 지열 등이 20%를 차지하고 있습니다. 지역별로는 유럽이 43%, 북미가 27%, 아시아가 17%, 호주가 3%, 기타 10%의 비중을 보이고 있습니다.

주요 지역별로 신재생에너지 투자 여건을 분석해보면 미국의 경우 노후된 석탄 발전을 대체하려는 수요로 가스복합 및 태양광에 대한 투자가 활발히 이루어지고 있습니다. 유럽은 시장 규모 및 성숙도 측면에서 가장 안정적인 시장입니다. 반면 우리나라는 국토가 협소하고 풍황이나 일사량 등 자연 효율이 비교열위에 있어 신재생에너지산업의 발달이 미진한 편입니다. 환경에 따른 민원도 존재해 대규모 프로젝트도 잘 추진되지 않고 있습니다.

신재생에너지는 유가와 밀접한 관계가 있습니다. 석유 파동이 일어날 때마다 신재생에너지에 대한 관심과 수요가 증가했습니다. 반대로 유가가 안정세를 보이면 신재생에너지에 대한 관심과 수요는 정체되었습니다.

신재생에너지의 종류

신재생에너지는 크게 풍력발전, 태양광, 바이오매스 등으로 구분됩니다. 차례대로 알아보겠습니다.

1. 풍력발전

풍력발전은 회전날개를 이용해 바람의 운동에너지를 기계에너지로 변환해 전기를 얻는 발전 방식을 말합니다. 육상풍력과 해상풍력으로 나뉘는데, 육상풍력은 풍력터빈이 대형화되면서 설치 장소가 마땅치 않다는 문제점이 있습니다. 주로 능선부를 포함한 산줄기에 설치해야 하는데, 그러다 보니 산림 생태계가 파괴되고 지형이 훼손되면서 환경에 악영향을 미치게 되었습니다. 여기에 풍력터빈의 대형화로 인한 소음, 설치 및 운반 문제, 시각적인 위압감 등의 문제도 발생했습니다. 이에 대한 해결책으로 호수나 피오르드지형, 연안과 같은 곳에 설치하는 해상풍력발전이 떠올랐습니다.

2017년 말을 기준으로 전 세계 풍력발전 용량은 514GW로, 국내 풍력발전 용량보다 약 500배 큰 규모를 보이고 있습니다. 국가별 풍력발전 용량을 비교해보면 중국이 32%, 미국이 17%, 독일이 11%, 인도가 6%, 영국이 4%의 비중을 차지하고 있습니다. 풍력발전은 신재생에너지 중 발전단가가 가장 저렴하다는 장점이 있습니다. 미국 및 유럽의 대규모 육상풍력의 경우 신재생에너지의 발전단가와 기존 화석에너지의 발전단가가 같아지는 균형점(grid parity)을 달성할 정도로 경제성을 확보하고 있습니다.

육상풍력 시장이 성숙해짐에 따라 정부에서는 보조금을 축소하는 등 성장 중심에서 효율 중심으로 정책을 변화하고 있습니다. 육상풍력 시장은 통상 핵심지역 부동산에 준하는 수준의 요구수익률을 기대할 수 있어 안정적이며, 신재생에너지 공급의무화제도가 적용되고 전력

나의 첫 대체투자 공부

육상풍력발전기를 확대한 사진. 최대 발전 효율을 내기 위해선 10m/s 내외의 바람이 필요하다.

구매계약이 체결됨으로써 현금흐름 안정성이 양호한 특징을 보입니다. 또한 20년 이상의 장기 운영이 가능합니다.

육상풍력발전의 가장 큰 리스크는 역시 풍황입니다. 풍량과 풍속에 따라 발전량의 변동 위험이 있기 때문입니다. 그래서 풍력발전소는 바람의 방향과 양, 속도가 양호하고 일정한 입지에서 효율이 극대화됩니다. 풍속 4m/s에서 회전날개가 작동하고 최대 발전 효율을 내기 위해선 10m/s 내외의 바람이 필요하다고 알려져 있습니다. 풍황 변화에 따라 발전소 이용률이 하락하게 되면 수익도 감소하게 되므로, 풍력발전소의 입지가 무엇보다 중요합니다.

전력가격 변동 리스크도 있습니다. 전력가격은 수급, 가스가격, 기상 등의 영향을 받으며 발전사업자와 판매사업자 간의 관계에 따라 결정됩니다. 또한 노후 원전 및 석탄발전소 폐지, 탄소가격 하한제, 가스가격 인상 등의 영향도 받습니다.

발전소 운영에 따른 리스크도 관찰해야 할 대목입니다. 발전소를 유지하고 보수하기 위해서는 풍력터빈업체의 하자보증 기간도 따져 봐야 하며, 예측이 어려운 자연재해에 대비하기 위해 재해보험 가입도 검토해야 합니다. 이런 점검이 끝난 후 전망이 양호하면 투자에 들어 가게 됩니다.

풍력발전에 투자하는 사례를 살펴보겠습니다. 〈매일경제〉의 2015년 5월 25일 기사입니다.

국내 큰손들이 중동 국부펀드 등 글로벌투자가들과 함께 영국 정부 가 주도하는 해상풍력발전투자에 나선다. 전체 프로젝트 규모는 약 1조 7천억 원으로 이 중 연기금과 은행, 보험사 등이 주축이 된 국내 기관의 투자금은 3,500억 원에 달할 전망이다.

25일 투자은행(IB)업계에 따르면 신한BNP파리바자산운용은 국내 연 기금, 은행, 보험사에서 자금을 모아 영국 내 주요 해상풍력발전소투자 를 추진한다. 영국 재무부가 100% 출자한 신재생에너지 전문투자기관 GIB(green investment bank)가 조성하는 총 1조 7천억 원 규모 펀드에 투 자자로 참여하는 형태다. 펀드 운영 기간은 20년에 달할 정도로 중장 기 프로젝트다.

사실상 영국 정부가 주도하는 프로젝트로 이미 상업 운영에 들어간 영 국 주요 풍력발전시설에 투자하는 만큼 중장기적으로 안정된 수익이 기대된다. 목표수익률은 연 7% 중후반으로 잡고 있다. 중동 국부펀드와 영국 연기금이 이미 투자금의 상당 부분에 대한 출자를 마무리한 상태다. 또 확보한 투자금으로 영국 북웨일스와 동부지역 해상풍력발전시설 두 곳에 대한 투자도 마쳤다. 국내 기관 입장에서는 투자 효율성을 높이는 한편 재무적 부담도 덜 수 있게 되었다. IB업계 관계자는 "이번 투자는 영국의 신재생에너지 지원 제도를 통해 안정적인 현금흐름이 예상된다."며 "투자자산도 신재생에너지 의무할당제(RO; Renewable Obligation)가 적용되는 자산 위주로 구성되어 투자 초기부터 수익 발생이 가능해 보인다."고 설명했다. 현재 영국 정부는 RO 제도를 시행해 모든 발전사업자가 자신의 전력 공급량의 일정 부분을 신재생에너지원에서 구매하도록 의무화하고 있다.

영국은 유럽 국가 중 가장 풍부한 풍력자원을 보유하고 있는 것으로 평가된다. 영국 정부는 2020년까지 전체 에너지 생산량의 15%를 풍력발전 등 신재생에너지를 통해 확보하겠다는 계획을 갖고 있다. 세계풍력에너지협회(GWEC)에 따르면 지난해 영국의 풍력발전설비 용량은 1만 2,440MW 규모로 해마다 빠르게 늘고 있다. 영국 전체 전기발전량에서 풍력발전이 차지하는 비중도 9%에 달한다. 영국 내 670만여 가구에 공급될 수 있는 규모다. 이 중에서도 영국의 해상풍력발전은 육상풍력에 비해 투자비와 운영비가 높아 발전단가가 비싼 반면 민원 발생이 적고 이용률이 높아 대규모 신재생에너지 발전량 확보에 적합하다는 분석이다. 유럽은 11개 국가에서 74개 해상풍력발전단지를 운영하고 있다.

2. 태양광

태양광에너지는 가까운 미래의 에너지 시장에 가장 큰 영향을 미칠 것으로 예측되는 에너지원입니다. 태양광에너지는 클린에너지로 태양이 빛을 발하는 동안은 계속 유지되는 특성을 가지고 있습니다. 따라서 석유처럼 자원이 고갈될 위험도 없고, 원자력발전소처럼 방사능 누출의 위험도 없습니다.

태양광에너지의 가장 큰 단점은 아직까지 경제성이 없다는 점입니다. 화석연료뿐만 아니라 다른 신재생에너지와 비교해도 발전단가가 가장 높습니다. 태양광발전을 처음 시작하던 1970년대의 태양광 모듈의 가격은 와트(W)당 70달러 수준으로, 다른 에너지원과는 비교 자체가 성립하지 않았습니다. 100원어치 전기를 만들기 위해서 1천 원을 사용해야 한다면 당연히 포기할 것입니다. 그러다 보니 정부의 보조금 등 정책적 지원이 필수적이었습니다.

하지만 태양광에너지에 필수적인 요소인 모듈가격이 최근 40년간 거의 1/100 수준으로 하락했으며, 기술의 발달로 앞으로도 그 가격은 계속 하락할 것으로 전망됩니다. 기술이 점점 발달하면서 후면전극 기술(에너지 손실을 막기 위해 태양전지 양극과 전극을 모두 후면에 배치하는 기술)로 태양광의 흡수율을 올리기도 하고, 결정질 위에 박막을 입혀 효율을 높이는 기술 등을 채택하기도 합니다. 기술뿐만 아니라 시스템 측면에서도 꾸준히 발달해 효율이 높아지고 있습니다. 태양광발전 시스템은 태양전지와 인버터, 컨버터, 케이블, 소프트웨어 등을 모두 포함한 개념입니다. 인버터는 사이즈를 크게 줄여 원가를 절감했고, 소

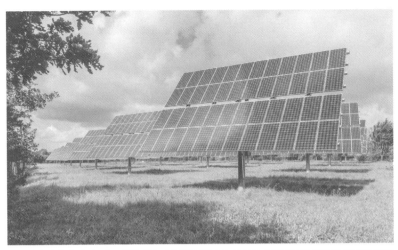
태양광발전기의 사진. 태양광발전은 기술뿐만 아니라 시스템 측면에서도 꾸준히 발달해 효율이 높아지고 있다.

프트웨어 기술력도 진화하고 있습니다.

　태양광펀드는 태양광발전시설을 건설하고 운영하는 사업에 투자하는 펀드입니다. 태양광발전소를 통해 태양에너지를 전기로 전환해서 수요자에게 공급하고 그 대가로 수익을 발생시키는 구조로 되어 있습니다. 일사량과 모듈 성능에 가장 크게 영향을 받습니다. 당연히 날씨가 흐린 곳보다는 화창한 곳이 더 좋습니다. 모듈의 성능이 높을수록 발전하는 양도 늘어납니다. 지진 등 자연재해에 대한 위험성이 있기 때문에 이를 방지하기 위해 각종 보험에 가입합니다.

　정부에서는 확정적인 장기계약을 통해 고정전력요금을 지급하고 있고 이를 근거로 일정량의 수익률 확보가 가능합니다. 발전사업자가 만든 전기는 전기사업자, 즉 전력회사가 고정가격으로 전량 구매합니다. 구매하기 전에 전기사업자는 계통 접속을 검토하고 매전계약 및 접속계약을 체결합니다. 정부 담당부서에서는 에너지 발전설비 인정을 허가해주는 등의 행정적인 업무를 지원하고, 소속 위원회에서는 매입가격과 기간에 대한 의견을 제시합니다. 이후 비용을 부담하는 조정기관에서는 사용자로부터 부과금을 받아 전기사업자에 보조금을 지급합니다.

최근 들어 각국의 보조금 지급이 축소되고 있는데요. 이는 태양광 펀드에 악재로 작용하고 있지만, 달리 생각해보면 그만큼 태양광발전 자체의 경제성이 확보되고 있다는 방증이기도 합니다.

3. 바이오매스

바이오매스(biomass)발전은 가축폐기물, 폐목, 풀, 음식물쓰레기 등을 에너지원으로 메탄발효하거나 직접 연소해 전기를 생산하는 방식을 말합니다. 생태학 용어로 바이오매스는 생물계 유기자원으로 번역할 수 있습니다. 이것은 살아 있는 동식물, 미생물의 유기물량을 의미합니다. 그래서 엄격히 말하면 죽은 유기물인 가축폐기물이나 폐목 등은 바이오매스가 아니지만, 일반적으로 죽은 유기물도 바이오매스에 포함해 포괄적으로 칭하고 있습니다.

바이오매스는 나무와 식물이 다시 자라는 것보다 더 빨리 베어내지 않는 한 영구적으로 재생할 수 있는 에너지원이며, 물과 온도 조건만 맞으면 지구 어디에서나 얻을 수 있다는 장점을 가지고 있습니다. 또한 처치가 곤란했던 쓰레기를 줄일 수 있어서 일석이조의 효과를 발휘하기도 합니다. 바이오매스는 화석연료 대비 탄소배출량이 낮고, 전력 생산 예측 가능성이 높아 재생에너지의 주요 축을 형성할 것으로 전망됩니다. 또한 바이오매스 연료를 활용하면 폐목 등의 매립과 분해 과정에서 발행하는 이산화탄소를 5% 수준으로 저감할 수 있습니다. 세계 바이오매스 시장은 원료가 풍부한 미국과 브라질, 유럽을 중심으로 형성되어 있으며 재생에너지 중 6%의 비중을 차지하고 있습니다.

필자는 몇해 전 브라질채권 실사 문제로 브라질을 방문했었습니다. 그때 인상적으로 보았던 것이 차량 뒤에 표시된 'F' 글자였습니다. 알고 보니 'F'는 플렉시블(flexible)의 앞 글자더군요. 즉 가솔린과 바이오에탄올을 번갈아 사용할 수 있는 차량을 뜻하는 표시였습니다. 브라질은 사탕수수를 원료로 바이오에탄올을 생산하고 있어 그런 차의 비중이 무려 90% 정도라고 합니다.

떠오르는 신흥 시장, 데이터센터

데이터센터는 인프라 중 최근 들어 관심을 끌고 있는 분야입니다. 데이터센터는 주로 기업의 서버(시스템에서 각종 자원을 제공하는 장치), 스토리지(컴퓨터 프로세서가 접근할 수 있도록 데이터를 전자기 형태로 저장하는 장소) 등 정보통신기술 서비스 제공에 필요한 장비들을 건물이나 특정 공간에 집적시켜 24시간 365일 운영하고 관리하는 시설을 의미합니다. 공조 시스템을 비롯해 화재, 폭우, 태풍과 같은 자연재해를 극복할 수 있는 설비를 갖춘 시설입니다. 빅데이터를 저장하는 핵심 인프라로 많은 기업들이 이용하고 있습니다.

데이터센터의
등장 배경

데이터산업은 2000년대 초반 닷컴버블 시대에 등장했으며, 비용 문제로 독자적인 전산실 구축이 어려운 벤처기업을 대상으로 발전했습니다. 이후 서버 수요가 많은 대기업들도 비용 및 관리의 효율 측면에서 전문화된 데이터센터를 활용하고 있습니다. 글로벌 데이터센터 시장 규모는 2013년 1,250억 달러 규모에서 2018년 2,068억 달러로 1년에 10%씩 꾸준히 성장했습니다. 시장 규모가 증가하면서 글로벌 기업들의 데이터센터에 대한 투자비용도 같이 증가하는 추세입니다. 아마존 웹서비스사의 계산에 따르면 자체적으로 데이터센터를 구축할 시 드는 월별 소요 비용은 외부 데이터센터를 이용할 때보다 약 2.3배 정도 더 높다고 합니다.

데이터센터의 기반시설로는 전원분배장치(PDU; Power Distribution Unit), 무정전전원장치(UPS; Uninterruptible Power Supply system), 무순단절체장치(STS; Static Transfer Switch), 재해복구 시스템이 있습니다. PDU는 데이터센터 내에 위치한 컴퓨터 및 네트워킹 장비에 전력을 분배하기 위해 설계된 장치입니다. UPS는 컴퓨터와 주변 장치에 대한 전력 공급을 조절하는 장치입니다. 전기회로의 전압이 끊어지거나 갑자기 올라가거나 내려가는 경우에 필요합니다. STS는 마이크로그리드(소규모 전력 공동체를 결성해 자체 전력망 내에서 전기 수요를 100% 충당할 수 있도록 구성한 시스템) 내부에서 전력 품질을 위해 일반 전력계통

데이터센터의 내부 사진. 데이터센터란 정보통신기술 서비스 제공에 필요한 장비들을 운영하고 관리하는 시설을 뜻한다.

과 마이크로그리드를 분리, 연결하기 위한 스위치입니다. 재해복구 시스템은 IT 정보 시스템에 대한 비상 대비체계 유지와 상황별 복구계획 수립을 통해 업무 연속성을 유지할 수 있는 체계를 말합니다.

데이터센터의
종류와 티어

데이터센터는 인터넷 데이터센터와 클라우드 데이터센터, 그리고 이를 조합한 하이브리드 데이터센터로 구분됩니다. 인터넷 데이터센터는 인터넷 서비스 제공에 필수적인 설비 인프라로, 시스템 및 인터넷 접속과 운용서비스를 제공하는 센터입니다. 클라우드 데이터센터는 고밀도 물리적 환경으로 구성되어 있고 기존의 데이터센터보다 에너지 효율을 높인 설비가 특징이며, 비즈니스 환경에 따라 신속한 IT 자원 확장이 가능합니다. 하이브리드 데이터센터는 기존 데이터센터의 리소스를 IT 인프라 리소스와 결합한 방식입니다.

데이터센터의 수준은 티어(tier)로 구분합니다. 티어는 데이터센터의 안정성, 가용성, 효율성, 보안성, 확장성을 평가하기 위해 미국 인증기관에서 규정한 등급입니다. I에서 IV등급으로 나뉘는데, 티어 I은 운영 장비 및 네트워크가 단일로 구성된 경우입니다. 외부전원 경로장애 시 상당한 복구 시간이 소요되며, 설비장애 시 백업이 없습니다. 동시 유지 보수도 안 됩니다. 티어 II는 핵심 운영 장비를 예비로 보유한 경우입니다. 외부전원 경로장애 시 신속한 복구가 가능하고, 설비 구성 일부장애에 대한 백업을 가지고 있습니다. 동시 유지 보수는 되지 않습니다.

티어 III는 전력 및 냉각 공급 경로를 이중화하고 있고, 핵심 운영 장비 및 네트워크를 예비로 보유한 경우입니다. 외부전원 경로장애 시 수동 차단 후 내부전원 가동이 가능하고, 설비 구성 일부장애에 대한 백업도 이루어집니다. 동시 유지 보수도 가능합니다. 티어IV는 모든 데이터센터의 운영 장비가 이중화되어 있는 경우입니다. 외부전원 경로장애 시 자동 차단 후 내부전원이 가동되며, 설비의 일부 혹은 전체 장애에 대한 백업이 가능합니다. 동시 유지 보수도 가능합니다.

데이터센터에 투자할 때 체크해야 할 부분은 MRR(monthly recurring revenue)입니다. MRR은 매월 반복해서 일어나는 매출을 뜻합니다. 데이터센터의 특성상 단일 고객의 매출이 전체 매출에서 차지하는 비중은 미미합니다. 또한 고객이탈율도 매우 낮습니다. 아무래도 전산 장비다 보니 가급적이면 같은 곳에서 사용하려고 하는 경향이 매우 높기 때문입니다.

접근성이 좋은
맥쿼리인프라펀드

맥쿼리인프라펀드(MKIF)는 유료 도로와 항만 등 12개 국내 인프라자산에 투자해 수익을 배당으로 지급합니다. 기초자산인 12개 국내 인프라는 도로가 11개, 항만이 1개입니다. 부산 신항만 2~3단계, 인천대교, 천안~논산 고속도로, 광주 제2순환도로 1구간, 서울~춘천 고속도로, 용인~서울 고속도로, 마창대교, 인천국제공항 고속도로, 수정산터널, 광주 제2순환도로 3-1구간, 우면산터널, 백양터널에 투자한 펀드입니다. 모두 핵심지역, 준핵심지역 자산입니다.

2002년에 설립되어 2006년에 한국거래소 유가증권 시장에 상장되었으며, 2019년 말 기준으로 시가총액은 4조 1천억 원에 달합니다.

유가증권 시장에서 55위를 차지하고 있습니다. 주주 구성을 보면 외국인투자자가 27%, 개인투자자가 29%, 기관투자자가 44%를 점하고 있습니다.

맥쿼리인프라펀드의
장점

맥쿼리인프라펀드의 가장 큰 장점은 꾸준한 배당입니다. 분배금을 1년에 2회 지급하며 기준은 6월 말과 12월 말입니다. 최저 분배금 지급 기준은 세무이익 또는 배당가능이익 중 큰 금액으로 합니다. 2018년 기준 약 6.7% 수준의 분배수익률을 기록했으며 향후에도 상대적으로 높은 배당이 예상되고 있습니다. 물론 주가가 올라갈수록 배당률은 낮아지고 주가가 내려갈수록 배당률은 높아집니다. 2019년 상반기의 분배금 주당 350원을 2019년 8월 30일에 지급 완료한 바 있습니다. 참고로 2014년의 분배금은 주당 418원, 2015년은 464원, 2016년은 400원, 2017년은 540원, 2018년은 622원을 지급한 바 있습니다.

맥쿼리인프라펀드는 점진적으로 운영 잔여 기간이 줄어들면서 현금흐름이 감소하고, 주식의 가치가 하락하는 특징을 가지고 있습니다. 신규자산 편입이 어려운 한시적 기업의 성격도 가지고 있습니다. 그럼에도 불구하고 투자자들에게 장기 현금흐름 및 수익을 제공하고 있습니다. 물가연동 재정지원에 의해 장기간 안정적이고 예측 가능한 수익

나의 첫 대체투자 공부

맥쿼리인프라펀드의 주가 추이

구조를 확보하고 있고, 투자법인의 보유 지분 확대 및 신규투자에 따른 추가 성장 가능성도 상존하고 있습니다. 현재 맥쿼리인프라펀드는 에너지, 신재생에너지 등에 대한 투자를 검토하고 있으며, 기존 배당 수익률을 훼손하지 않는 자산에 투자하는 것을 고려하고 있습니다.

맥쿼리인프라펀드의 보수체계는 기본 운용보수와 성과보수로 구성됩니다. 기본 보수비율은 시가총액의 1.1~1.25%였고 분기마다 총 수익이 8%를 초과하게 되면 초과분의 20%를 가져가는 구조였습니다. 이렇게 되다 보니 주가가 오를수록 성과보수가 크게 증가해 분배 금이 축소되고 주가 상승이 제한되는 부작용이 생겼습니다. 이에 따라 2019년 4월 1일부터 기본 보수비율은 0.85%로 조정했고 성과보수는 1년의 누적 기준 성과를 초과해야지만 지급되는 구조로 변경했습니다. 이후 성과보수체계를 아예 없애버리면서 1주당 분배금도 그만큼 더 늘어날 전망입니다.

맥쿼리인프라펀드의 가장 큰 장점은 개인투자자가 손쉽게 인프라에 투자할 수 있다는 점입니다. 맥쿼리인프라펀드의 주가 흐름을 보면 2011년 10월 3,882원을 저점으로 꾸준히 상승해 2019년 5월 1만 2,300원까지 상승했습니다. 2020년에는 코로나19 사태로 인해 잠시 주춤해 9,260원까지 하락했다가 다시 회복한 상태입니다. 2020년 8월 초를 기준으로 1만 1,200원을 기록하고 있습니다.

해외의
인프라펀드

우리나라에 상장되어 있는 인프라펀드는 맥쿼리인프라펀드가 유일합니다. 해외 인프라펀드 중에서 맥쿼리인프라펀드보다 시가총액이 더 큰 곳을 조사해보았더니 몇 곳이 나왔습니다. 그중 시세 변동이 작으면서 배당률도 좋은 곳을 몇 개 추려보았습니다.

먼저 브룩필드 인프라스트럭처 파트너스(brookfield infrastructure partners)입니다. 시가총액은 20조 원이며, 2007년 미국에서 상장되었고 27개 자산에 투자하고 있습니다. 배당률은 5.4%였습니다. 다음은 시가총액 10조 원의 브룩필드 리뉴어블 파트너스(brookfield renewable partners)입니다. 1999년 캐나다에서 상장되었고 879개 신재생에너지에 투자하는 펀드로, 배당률은 4.8%를 기록하고 있습니다. 그다음은 시가총액 5조 9천억 원의 디지털 텔레커뮤니케이션 인프라스트럭처 펀드(digital telecommunication infrastructurefund)입니다. 2013년 태국

나의 첫 대체투자 공부

에서 상장되었고 6개의 통신자산에 투자하는 펀드로, 배당률은 6.9%였습니다. 마지막은 시가총액 4조 7천억 원의 에이치아이씨엘 인프라스트럭처 컴퍼니(HICL infrastructure company)입니다. 2006년 영국에서 상장했고 118개의 자산을 운용하고 있으며, 배당률은 4.9%였습니다.

항공기투자와
선박펀드

실물자산은 항공기, 선박 등의 자산을 말합니다. 부동산은 움직이지 않지만 항공기나 선박은 움직임으로써 수익을 발생시킵니다.

진입장벽이 높은
항공기투자

항공기나 선박이 움직임으로써 발생하는 수익을 기반으로 투자에 나서는 것이 실물자산투자입니다. 먼저 항공산업은 자본집약적이고 기술집약적인 산업입니다. 또한 국제 금융거래 및 항공 인프라 접근성 등 높은 진입장벽이 존재하는 산업이기도 합니다. 항공산업과 해운산업은 이동성, 국제 간의 거래, 대규모 차입투자라는 특성을 공유하고 있으나 완전경쟁 시장인 선박 시장과 달리 항공산업은 보잉과 에어버스가 전체 시장의 90%를 차지하는 과점 시장입니다. 과점 시장이다 보니 공급량을 탄력적으로 조정하고, 주문 이후 완성까지 오랜 시간이 소요되므로 가격 변동성도 낮은 특징을 보이고 있습니다.

타 투자자산에 비해 위험 대비 수익은 양호한 편이어서 2010년대 초반부터 대체투자 섹터로 도입되었습니다. 연간 거래 규모는 1조 원 수준인 틈새 시장입니다. 초기에는 수출신용기관과 은행 위주로 거래되었으나 은행의 요구자본 수준 및 유동성비율 규제가 강화되면서 최근에는 연기금과 기관투자자의 비중이 증가하고 있습니다.

항공기 매매 시장은 거래자 간 비밀유지협약에 따라 얼마에 거래되었는지 알 수 없습니다. 그래서 대부분 감정평가기관의 평가액에 의존하고 있는 상황입니다. 감정평가기관의 평가액은 각사의 평가 기준에 따라 상이해서 합리적인 가격인지 적정성을 검증하는 데 한계가 있습니다. 2019년 기준으로 상품 선택 경쟁 심화 및 물건 확보의 어려움으로 보수적으로 접근하는 추세를 보이고 있습니다. 국내 기관은 통상 신용등급 A- 이상을 요구하지만 신용등급이 양호한 항공사의 리스 물건이 희소한 상황입니다. 글로벌 항공사의 약 90%가 신용등급이 없으며, 환율과 유가로 인한 시장 변동성 및 출혈 경쟁 심화로 경영 악화 우려도 있습니다.

기존 항공사와 리스 종료 시에도 재임대가 용이한 범용성 높은 기종 중심으로 투자가 유망하며, 신용도가 양호한 항공사를 대상으로 한 범용성 높은 신규 기종 위주의 투자가 유효합니다. 안정적 리스계약, 손실이 나면 리스 운용사가 먼저 손해를 보는 것, 잔가(잔존가치) 보험 등도 고려 대상입니다. 펀드 기간 내에 투자 대상 항공사가 매각되지 않거나 항공사와의 운용리스계약 만기 시점까지 항공기가 매각되지 않으면, 원금 회수가 지연되거나 투자원금의 회수가 어려울 수도 있습니다.

실제 사례를 살펴보겠습니다. 〈더벨〉의 2017년 1월 13일 기사입니다.

토러스투자증권이 설립 후 처음으로 항공기금융 딜을 성사시켰다. 중국 내 톱티어(top-tier) 리스사로부터 A330기를 매입, 싱가포르항공에 약 5년간 임대(운용리스)하는 구조다. 11일 금융투자업계에 따르면 토러스투자증권은 에어버스사의 A330-300HGW 1기를 사들이기 위한 8,400만 달러 규모(약 1천억 원)의 펀드 조성을 지난달 29일 마무리했다. 기존 운항업체인 싱가포르항공은 향후 5년간 해당 항공기를 임대할 예정이다. 토러스투자증권은 자산관리를 담당할 특수목적회사(SPC)인 머라이언오퍼튜너티일호를 설립하고 선순위, 중순위, 후순위 3개의 트랜치(tranche)로 나눠 투자자를 모집했다. 각각의 규모는 5,600만 달러, 2,300만 달러, 500만 달러이며 트랜치별 예상수익률(외화수익률 기준)은 3.9%, 6.2%, 8%가량이다. 선순위와 중순위는 하이자산운용에서 운용하는 '하이실버스카이전문투자형사모투자신탁2호' 및 3호가 각각 사채인수 형식으로, 후순위는 토러스에이비에 이션제일차라는 SPC를 통해 사채인수 형식으로 참여했다.

이번 항공기금융에는 다수의 기관투자자들이 참여했다. 선순위의 경우 교보생명, 동부화재가 들어갔고 중순위는 지방행정공제회와 IBK캐피탈, 후순위에는 군인공제회의 자회사인 한국캐피탈이 투자했다. 투자자들은 싱가포르항공의 고정리스료를 기반으로 원리금을 상환받게 되며 리스 만기 시에는 항공기 매각을 통한 추가 차익까지 기대해볼 수 있다. 이번에 투자하는 A330의 경우 와이드바디(대형 항공기) 중에서도 베스트셀러 기종으로 현재 66개의 항공사와 정부 기관이 640기를 운항하고 있다. 기존 국내 항공기펀드는 중순위 메자닌이나 후순위에만 들어가는 경우가 대부분이었으나 이번 항공기금융거래는 선순위, 중순위, 후순위 모두 투자했다는 데 의미가 있다. 또한 특히 중국 내 톱티어 리스사와의 거래는 국내 처음이다. 토러스투자증권 관계자는 "올해는 세계 최대 항공사인 아메리칸항공에 임대하는 항공기 30기를 패키지로 매입해 펀드를 조성할 것"이라며 "딜이 성공적으로 성사된다면 총 3조 원가량의 펀드가 조성될 것으로 보인다."고 밝혔다.

항공기투자에서 가장 중요한 것은 항공사의 신용도입니다. 항공사가 파산하거나 계약에 따른 임대료를 지급할 수 없게 되면 현금흐름에 문제가 생겨 펀드의 원리금 지급이 지연되거나 중단될 수도 있기 때문입니다. 그다음으로 중요한 것은 시장 위험입니다. 전 세계적인 항공산업의 침체 등으로 중고 항공기에 대한 수요가 위축되고, 이로 인해 중고가격이 현재 추정하는 가격에 비해 현저하게 낮게 거래될 수도 있습니다.

앞에서 언급한 실패 사례를 보충해서 설명드리겠습니다. A330 기종은 안정성과 효율성 면에서 투자 위험 대비 양호한 수익률을 보였던 기종 중 하나였습니다. 또한 항공기의 중고가격 측면에서도 현존 타 모델에 비해 비교우위를 보이고 있어 안정적인 투자가 가능하리라는 예측을 받는 기종이었습니다. 그런데 2019년 1월 싱가포르항공사는 리스계약을 조기에 종료하겠다고 통보합니다. 2019년 이례적으로 A330 기종의 매각물량이 늘어나 초과 공급 상태가 되었기 때문입니다. 초과 공급이 되다 보니 당연히 리스료도 떨어지고 매각가격도 하락합니다. 선순위 투자자들은 낮은 가격에라도 팔아서 원금을 회수하려고 합니다. 중순위는 선순위 투자자가 돈을 받은 다음에 회수할 수 있기 때문에 실제적인 위험을 다 떠안게 됩니다. 즉 원금을 다 날리게 된 셈입니다. 선순위 투자자들이 돈을 회수할 때 중순위 투자자나 후순위 투자자에게 물건을 넘기는 경우도 있습니다. 이를 치유권이라고 하는데, 해당 투자 건은 치유권도 없다 보니 손해를 만회할 다른 방법도 없었습니다. 잔가 보험에 가입했으면 만기 시점에 투자 기간 내 누적된 수익금을 차감한 잔여 원금을 돌려받을 수 있었을 테지만, 이러한 보험에도 가입되어 있지 않았기 때문에 고스란히 손실을 떠안을 수밖에 없었습니다.

필자가 조금 의아하게 생각했던 부분은 아무리 초과 공급이 이루어졌다고 해도 어떻게 이렇게까지 가격에 민감하게 영향을 미쳤을까 하는 것이었습니다. 대형 악재가 생겼다면 이해가 가지만 단순히 업황이 좋지 않은 것이 원인이었다는 게 의아했습니다. 만일 필자의 의구심대로 민감도가 지나치게 높다면 앞으로 항공기에 대한 실물자산투자는 상당 부분 줄어들지 않을까 생각해봅니다.

엔진 리스
ABS

항공기는 아니지만 항공기와 관련 있는 상품으로 항공기 엔진을 기초 자산으로 하는 항공기 엔진 리스 ABS가 있습니다. 말 그대로 항공기 엔진 여러 개를 리스해주고 리스료를 받아 대출을 갚아나가는 방식입니다. 항공기 엔진은 항공기 부품 중에서 가장 가치가 높고 수명도 30~40년 정도로 깁니다. 또한 범용성도 뛰어납니다.

필자가 증권사에 근무할 당시 태국의 항공기에 투자한 적이 있었는데요. 태국의 소요 사태로 항공기가 운항하지 못했던 적이 있습니다. 항공기가 잘 있나 가보았더니 항공기는 있는데 엔진이 사라지는 황당한 경험을 했습니다. 나중에 알고 보았더니 항공기 엔진은 범용성이 뛰어나 운항하지 않는 항공기의 엔진을 떼어 다른 항공기에서 사용하는 경우가 흔하다고 하더군요. 그 당시 그 항공기에는 4개의 엔진이 있었는데 4개가 모두 뿔뿔이 다른 항공기에서 사용되고 있어 참 난감했던 기억이 납니다. 아무튼 항공기 엔진은 범용성이 뛰어나다는 장점을 가지고 있다 보니 감가상각도 많이 되지 않고 가치 변동성도 낮습니다. 항공기는 16년이 지나면 가치가 절반으로 떨어진다고 합니다. 반면 항공기 엔진의 가치는 87% 수준을 유지한다고 합니다. 은퇴시점이 된 항공기가치의 70~80%는 엔진이 좌우한다고 하니 엔진의 감가상각률은 매우 낮습니다.

항공기 엔진의 리스가 필요한 이유는 항공기의 정상 운행을 위해 정기적으로 엔진을 기체에서 분리해서 정비를 해야 하기 때문입니다. 분해하고 정비하고 다시 조립하는 데 2~3개월이 소요됩니다. 예전에는 항공사가 직접 여분의 엔진을 보유했으나 리스를 하는 것이 여러 모로 유리하다고 판단해 지금은 리스의 비중이 점차 높아지고 있습니다.

선박펀드란
무엇인가?

해운업은 해상 운송을 주체로 이윤을 창출하는 산업을 말합니다. 해운업의 발전으로 선박과 관련된 산업도 함께 발전했습니다. 선박은 종류가 많습니다. 현재 우리나라의 해운사들은 주로 컨테이너선, 벌크선, 탱커선 등을 운항하고 있습니다. 컨테이너선은 제품 포장이 완료된 화물을 적재한 컨테이너를 전용으로 정기 항로에서 수송하는 선박을 말합니다. 벌크선은 철광석, 곡물, 석탄 등을 별도의 포장을 하지 않고 화물창에 그대로 선적해 운송하는 선박입니다. 탱커선은 유류, 가스 등 액체 화물을 선창 내 그대로 싣고 운반하는 배를 총칭합니다.

영업 형태별로 해운사를 구분해보면 정기용선, 항해용선, 전용선으로 구분할 수 있습니다. 정기용선은 선박 사용에 관한 권리를 일정 기간 용선자(배를 빌려 쓰는 사람)에게 이전하고 그 대가로 용선료(배를 빌려 쓰는 대가로 지불하는 돈)를 받습니다. 항해용선은 화주(화물의 소유주)에게 일회성 화물 운송서비스를 제공하고 시장 수준의 운임을 받습니다. 전용선은 화주에게 장기간에 걸친 운송서비스를 제공하고 사전에 합의된 운임을 받습니다.

선박금융은 해운사의 입장에서는 신조선 발주, 중고선 매입, 선박 수리 및 개조 등을 위한 자금을 은행을 비롯한 자금 제공자로부터 조달하는 것입니다. 선박투자자의 입장에서는 선박 자체 또는 선박이 창출해내는 현금흐름을 담보로 금융을 제공하는 PF입니다.

선박금융의 특징으로는 가장 먼저 투자 규모가 크다는 점을 꼽을 수 있습니다. LNG 수송선 1척의 가격은 2억 달러가 넘고 초대형 유조선도 1척당 1억 달러가 넘습니다. 투자 규모가 큰 만큼 상환기간도 최소 5년 이상인 경우가 대부분입니다. 선박별로 독립된 소유구조를 가지고 있고, 용선계약 종류에 따라 금융비율, 상환 조건, 이자율 등의 금융 조건이 제각각입니다. 선박금융의 형태는 신용대출, 선박담보대출, 프로젝트금융, 자산 유동화, 구조화금융 등으로 나누어집니다.

선박펀드는 선박을 담보로 한 펀드에 투자하는 상품입니다. 하이

투자증권이 주주사인 현대중공업과의 시너지를 내기 위해 적극적으로 판매한 상품이기도 합니다. 선박펀드에 투자하기 위해서는 가장 먼저 현금흐름부터 파악해야 합니다. 선박회사의 수입은 화주의 이용료입니다. 화주가 어디인지를 가장 먼저 확인해야 합니다. 만일 화주가 믿을 만한 곳이 아니라면 선박회사에서 돈을 제때 받지 못할 수도 있고, 그럴 경우 펀드에 돈을 지급하지 못할 수도 있습니다. 화주가 부도나면 현금흐름 자체에 문제가 생겨서 손실이 불가피합니다. 그래서 화주의 신용등급이나 부채비율 등을 꼼꼼히 점검해야 합니다. 다음은 대여 기간을 점검합니다. 대여 기간이 펀드의 투자 기간보다 길면 현금흐름에는 큰 문제가 없을 것으로 판단합니다.

대상 선박의 가치도 따져봐야 합니다. 대상 선박이 빌리는 돈보다 가치가 없다면 언제든 선박을 포기할 수 있기 때문입니다. 시장 동향도 살펴봐야겠지요. 경기가 침체되어 물동량이 줄어들면 운임이 하락하는 리스크에 노출되기 때문입니다.

이해를 돕기 위해 실제 선박펀드의 사례를 살펴보겠습니다. 〈머니투데이〉의 2011년 3월 7일 기사입니다.

7일 증권업계에 따르면 하이투자증권은 민간 공모형 선박펀드인 '하이골드오션2호 선박투자회사'를 오는 14일부터 15일까지 공모한다. 케이에스에프선박금융이 운용하는 '하이골드오션2호'는 약 679억 원을 조성해 3만 6,440t급의 곡물, 석탄 등을 주로 수송하는 선박인 벌크선 2척을 현대중공업그룹 계열사인 현대미포조선소에 건조를 맡

긴다. 선박 인수 후에는 한진해운에 5년간 '나용선계약(BBC; Bare Boat Charter)' 조건으로 빌려주게 된다. 첫 선박은 내년 1월에, 두 번째 선박은 3월에 인수받을 예정이다. 나용선계약은 선박 운항에 필요한 인력과 장비 일체를 선박 임차인이 투입하는 방식이다. 만기는 5년이며 3개월마다 연 7.0% 수준의 배당금을 투자자에게 지급한다. 또 5년 만기 시점까지 선박을 팔아 매각 차익도 투자자들에게 돌려줄 계획이다.

하이투자증권 관계자는 "현재 선박가격이 많이 떨어져 있는 상태"라면서 "향후 선박가격 상승이 기대되어 투자해볼 만한 시점"이라고 설명했다. 이어 "장기 용선계약으로 안정적인 수익성은 물론 선박 매각으로 펀드 실적이 악화되더라도 자금 분배에는 큰 무리가 없다."면서 "특히 「선박투자회사법」에 따른 분리과세로 절세 효과도 가능하다."고 덧붙였다. 하이투자증권 관계자는 "현대중공업그룹 편입 이후 선박펀드를 꾸준히 준비해왔다."면서 "앞으로도 좋은 선박펀드를 투자자들에게 제공할 예정"이라고 말했다.

선박펀드의
실패 사례

선박펀드에 투자할 때는 만기가 되었을 때 원금을 제대로 돌려받을 수 있느냐에 대한 검토도 이루어져야 합니다. 어쩌면 이 부분이 가장 중요할 수도 있습니다. 만기가 되었을 때 다른 대출처를 찾아서 그 돈으로 원금을 돌려받을 수 있지만, 재금융이 불발된다면 상당히 곤란한 처지에 놓이게 됩니다. 실패 사례를 살펴보겠습니다. 〈더벨〉의 2020년 4월 1일 기사입니다.

하이투자증권에서 판매된 공모형 선박펀드인 '하이골드오션8호 국제로선박투자회사(하이골드8호)'의 투자자 회수 시점이 또 한 번 늦춰졌다. 한진해운 파산 등으로 예정된 만기 5년을 넘겨 운용되던 해당 펀드는 거래마저 정지되어 뒤늦게 투자에 뛰어든 투자자들은 회수길이 막막해졌다. 1일 금융투자업계에 따르면 하이골드8호는 코로나19 바이러스로 인해 펀드 청산 시점을 1년 더 연장했다. 본래 오는 6월 말 선박 매매계약대로 선박을 인도하고 펀드를 청산할 예정이었다. 펀드 청산 시점이 미뤄진 건 선박 인도가 불가능하기 때문이다. 일반적으로 선박펀드 매각을 추진하는 과정에서 선박 인도를 원하는 구입자 측 선원이 탑승해 배를 살핀다. 예상 인도 시점은 3월이었으나 코로나 바이러스로 인해 인도 시점이 연기되었다. 선원 승선 등이 금지되어 인수계약 절차가 진행되지 않고 있는 상황이다. 이에 펀드를 운용하는 국제선박투자운용과 판매사 하이투자증권은 펀드 청산 시기를 1년 더 연장하기로 했다. 연기된 만기 시점은 2021년 6월이다. 2017년 6월 최초 만기일이 지난 이후 세 번째 연장이다.

2012년 런칭 당시 하이골드8호는 연 7.5% 배당수익을 앞세워 흥행했다. 당시 환율 1,200원 기준으로 6,320만 달러(758억 원)를 모았다. 선박펀드는 연 7~8%대 배당수익률을 약속하며 인기를 끌었다. 하이골드8호는 2012년 컨테이너선을 인수해 한진해운과 7년짜리 용선계약을 체결했다. 발생하는 수익을 투자자에게 지급해왔다. 2016년 한진해운이 기업회생을 신청하면서 용선계약이 해지되었고 이에 머스크(maersk)와 용선계약을 맺고 펀드 청산 시점을 2년 연장했다. 한진해운경영이 어려워지며 용선계약을 유지하지 못하자 급히 머스크에게 용선을 해준 상태에서 컨테이너선의 구매자를 찾기로 했다. 머스크와용선계약은 최단 24개월에서 최장 64개월까지 체결되었다. 용선계약기간 중인 2019년 선박 매도 계약이 체결되었고 예정대로 선박 인도를 진행해오다 코로나 바이러스 악재를 만났다.

6장

보완이 필요한
예비 대체투자상품

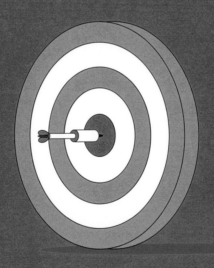

중위험·중수익의
P2P투자

아직까지 대체투자의 핵심은 사모펀드와 부동산, 그리고 인프라입니다. 투자 규모가 기관투자자들이 투자하기에 적합하기 때문입니다. 하지만 이 외에도 향후 대체투자에 편입될 만한 상품들이 많습니다. 다만 대체투자상품으로 편입하기 위해서는 많은 시행착오와 고민이 있어야 할 것으로 보입니다.

P2P(peer to peer)투자는 중위험·중수익의 상품으로 개인투자자가 많이 활용하고 있습니다. 크게 부동산과 신용으로 나눠지는데, 기관투자자들이 투자하기에는 아직까지 규모가 너무 작습니다. 기관투자자들은 보통 100억 원 단위로 투자를 합니다. 따로 어디 명시되지는

않았지만 암묵적으로 100억 원 이하의 투자 규모는 지양하는 편입니다. 사람은 한정되어 있는데 투자금액이 줄어들면 반대로 투자 건수가 늘어나고, 그러다 보면 관리가 소홀해질 수 있기 때문입니다. 반면 P2P투자는 아직까지 100억 원은커녕 1억 원 규모도 제대로 형성되지 못한 상태입니다. 그래서 지금 당장 대체투자의 새로운 종목으로 부각되기에는 힘들어 보입니다. 하지만 여러 P2P업체가 합쳐져 하나의 풀로 운용할 수 있다면 가능성은 있을 것입니다. 이에 대한 고민은 필자뿐만 아니라 P2P업계에서도 많이 하고 있는 것 같습니다.

뒤에서 다루겠지만 암호화폐도 마찬가지입니다. 암호화폐는 초고수익·초고위험 투자상품입니다. 어떻게 보면 투기성이 너무 높아 기관투자자들이 투자하기에 적합하지 않습니다. 좀 더 보완되지 않는다면 멀리해야 할 분야이기도 합니다. 하지만 블록체인 시장의 유망함을 믿는다면 그리고 암호화폐 시장의 투기성이 진정된다면, 벤처캐피탈 투자의 정신에 입각해서 투자가 가능하리라 보입니다. 그러나 현재 우리나라의 암호화폐 거래소의 수준은 너무나 빈약해서 제대로 인프라가 갖추어진 다음에야 투자 대상이 될 것으로 보입니다. 관련법 제정도 시급해 보입니다.

이번 장에서는 향후 대체투자의 새로운 분야로 떠오를 수도 있는 상품들을 소개하겠습니다. 지금 당장은 아니겠지만 20년 뒤, 30년 뒤에는 어쩌면 당당히 대체투자의 한 부분을 차지할지도 모르겠습니다. 첫 번째로 다룰 상품은 P2P입니다.

나의 첫 대체투자 공부

핀테크 서비스
P2P

크라우드펀딩이라고 하는 것이 있습니다. 많은 사람들이 돈을 모아 사업을 진행하는 펀딩입니다. 예전에 문재인 대통령이 선거운동을 위해 만들기도 했고, 영화 제작을 위해 만들어지는 경우도 있습니다. 크라우드펀딩은 크게 대출형, 지분형, 기부형으로 나누어집니다. 대출형은 개인 또는 사업자에 대한 대출입니다. 기간과 금리가 존재하고 투자금에 대해서는 확정된 이자가 지급됩니다. 지분형은 스타트업이나 프로그램에 투자하는 것입니다. 만기가 없습니다. 투자에 따른 주식이나 수익증권을 지급합니다. 필자도 예전에 모 스타트업에 투자한 적이 있었는데 몇 년이 지났지만 여전히 배당을 받지 못하고 있습니다. 그냥 먼 미래를 위해서 투자해둔 것입니다. 기부형은 순수한 기부를 위한 펀딩입니다. 기부를 위한 것이다 보니 보상은 없습니다.

이 중에서 대출형 크라우드펀딩을 P2P라고 합니다. P2P투자는 온라인을 통해 모든 대출 과정을 자동화해 비용을 줄이고, 대출자에게는 보다 낮은 금리를 제공하고 투자자에게는 보다 높은 수익을 제공합니다. 서로가 윈윈할 수 있는 핀테크 서비스인 것이지요.

초기에는 개인 신용대출이 주로 이루어졌지만 이후 부동산 담보대출, PF대출, 소상공인대출 등으로 발전하고 있습니다. 현재 많은 P2P 업체가 난립해 있으며 부실한 P2P는 갑자기 문을 닫기도 합니다. 이런 위험성이 있다 보니 금융정책당국에서는 투자에 제한을 두고 있습니다. 개인투자자의 연간 투자금은 건당 500만 원 이하, 한 P2P업체에 대한 투자 한도는 2천만 원 이하로 규제하고 있습니다. 부동산 PF대출, 부동산 담보대출의 투자 한도는 1천만 원으로 조금 열어두었습니다. 이자배당 소득이 2천만 원을 초과하거나 사업 소득이 1억 원을 초과하는 개인투자자는 4천만 원까지 한도를 늘리고 있습니다.

세금은 25%의 소득세와 2.5%의 지방소득세로 총 27.5%의 세금을 내야 합니다. 일반적인 금융 소득에 대한 세금 15.4%에 비하면 높은 수치입니다. 다만 2020년까지는 한시적으로 15.4%의 소득세율을 적용합니다.

국내 P2P에 투자된 금액은 2020년 5월을 기준으로 6조 9천억 원 수준입니다. 부동산 담보대출이 가장 큰 부분을 차지하고 있고 부동산 PF, 기타 담보대출, 신용대출의 순입니다. 참고로 누적 대출금의 잔액으로 본 우리나라 P2P업체의 순위는 테라펀딩, 어니스트펀드, 피플랜드, 투게더펀딩, 팝펀딩의 순입니다.

개인이 P2P투자를 할 때는 철저한 분산투자가 이루어져야 합니다. P2P업체도 분산해야 하고, 투자 종목도 분산해야 합니다. 예상수익률이 높은 상품에 혹해서도 안 됩니다. 예상수익률이 높다는 것은 그만큼 신용등급이 낮다는 것을 의미합니다. 이는 곧 위험이 높아진다는 뜻이지요. 차라리 적당한 예상수익률을 제시하는 상품을 고르는 편이 마음 편한 투자방법입니다. 당연한 이야기지만 P2P투자는 「예금자보호법」도 적용되지 않고, 원금 보장도 되지 않으며, 연체에 시달릴 수도 있습니다. 따라서 철저하게 여유자금으로 투자해야 합니다.

연체율이
관건이다

P2P업체를 선정할 때 가장 먼저 살펴봐야 할 것은 연체율입니다. 연체율이 높은 곳은 반드시 피해야 합니다. 연체율이 높다는 것은 상품에 대한 분석을 제대로 하지 못했다는 것입니다. 이런 곳과는 굳이 거래할 필요가 없지요.

여담이지만 이렇게 연체율이 높은 곳은 경영진이 횡령 등으로 조사를 받거나, 얼마를 넣으면 얼마를 되돌려준다는 과도한 리워드 이벤트를 하는 경우가 많더군요. P2P업체는 크레딧잡과 같은 사이트를 통해서도 할 수 있습니다. 상당히 열악한 환경이지만 그래도 전체적으로 보면 3조 원이 넘는 시장이기 때문에 잘 설계한다면 대체투자의 한 부분이 될 수도 있지 않을까 생각해봅니다.

인프라 구축이 시급한
암호화폐 시장

예전에 미국에 '실크로드'라고 하는 불법 판매 사이트가 있었습니다. 대마초, 엑스터시, 환각제 등의 마약을 파는 곳이었습니다. 나름대로 철학이 있어서 자신을 망가뜨리는 마약은 팔지만 다른 사람에게 피해를 줄 수 있는 총기류 등은 팔지 않았습니다. 실크로드에서는 마약을 팔면서 경찰의 추적을 피하기 위해 현금을 받지 않고 비트코인을 받았습니다. 이후 실크로드의 운영자가 경찰에 잡히자 미국의 한 상원의원은 마약거래에 사용된 비트코인은 불법에 이용되었기 때문에 없애야 한다고 주장했습니다. 이렇듯 비트코인은 오랜 기간 동안 음지에서 범죄에 연루되거나 다단계 사기에 연루되었고, 심지어 PC를 바이러스에 감염시킨 후 파일 복구 조건으로 비트코인을 요구하는 사례도 있었습니다. 당연히 암호화폐에 대한 이미지가 좋을 수 없었지요.

암호화폐의
발전 배경

암호화폐는 우리나라처럼 금융이 안정된 곳에서는 사실 필요가 없습니다. 하지만 금융이 불안정한 곳에서는 매우 필요합니다. 아프리카에서 금융기관을 이용하지 못하는 사람의 비율은 80%입니다. 남미는 65%, 아시아도 58%에 달합니다. 특히 이슬람 국가에서는 여성들의 통장 개설조차 허용되지 않는다고 합니다. 이런 곳에서는 자기 나라의 화폐가치를 믿지 못하기 때문에 암호화폐에 의존하는 경우가 많습니다.

아프리카에 짐바브웨라고 하는 나라가 있습니다. 짐바브웨의 2008년 물가상승률은 2억%였습니다. 잘못 적은 것이 아닙니다. '2억'이 맞습니다. 이때 나온 지폐가 100조 짐바브웨달러입니다. 하지만 이 지폐 1장으로 살 수 있는 것은 고작 계란 3개 정도였습니다. 짐바브웨 정부는 하이퍼인플레이션을 극복하고자 2006년, 2008년, 2009년 세 차례에 걸쳐 화폐 개혁을 단행했으나 모두 실패하고 말았습니다. 결국 자국의 화폐 정책을 포기하고 미국의 달러를 공식적인 화폐로 채택했습니다. 그사이 짐바브웨 국민들이 가지고 있던 돈은 모두 재가 되어버렸습니다. 만일 짐바브웨 국민들이 자국의 화폐를 가지고 있지 않고 비트코인과 같은 암호화폐로 가지고 있었다면 그들은 본인의 돈을 안전하게 지킬 수 있었을 것입니다.

지중해의 섬나라 키프로스는 유럽의 금융허브가 될 요량으로 각종 금융 규제를 과감히 풀었습니다. 그 결과 키프로스는 조세 피난처가 되었고, 많은 유로자금이 키프로스로 흘러들어갔습니다. 키프로스의 은행들은 그리스채권에 투자를 많이 했는데 그만 그리스가 금융위기를 겪게 됩니다. 2013년 3월 키프로스 정부는 붕괴 위기에 몰린 은행 시스템을 정상화하기 위해 은행 예금의 일정 부분을 압류하기로 결정했습니다. 10만 유로 이상의 가입자는 60%까지 압류당하는 상황이었습니다. 뱅크런(경제 악화로 위기감이 조성되어 고객들이 대규모로 예금을 인출하는 사태)을 방지하기 위해 자금 이체 등도 동결했습니다. 국가와 금융 시스템에 대한 불신이 극에 달했습니다. 중앙은행과 정부의 통제를 받는 유로화는 피해갈 곳이 없었습니다. 이때 사람들이 발견한 것이 비트코인이었습니다. 정부나 중앙은행의 통제도 받지 않고 익명으로 간단히 옮길 수 있었기 때문입니다. 비트코인은 화폐의 신뢰에 상처받은 사람들에게딱 맞는 안전자산이었습니다. 이 시기에 비트코인 가격은 13달러에서 266달러까지 폭등합니다.

2013년 11월 중국의 부유층에서는 자산을 국외로 옮기려는 시도가 줄을 이었습니다. 부동산 버블이 붕괴됨에 따라 거액의 불량채권이 형성될지도 모른다는 전망이 팽배했습니다. 위안화를 팔고 비트코인을 사서 국외로 자산을 옮기려는 시도가 이어졌고, 그 결과 비트코인의 가격은 100달러에서 1,100달러까지 폭등했습니다. 몇몇 국가들이 자국의 화폐보다 비트코인에 더 의지한 것입니다. 이렇듯 비트코인은 화폐의 신뢰가 무너진 곳에서 힘없는 개인이 선택할 수 있는 몇 안 되는 대안이었습니다.

난관이 많은
암호화폐 시장

우리나라에서 암호화폐에 대한 관심이 커진 건 2017년이 절정이었습니다. 비트코인을 비롯한 알트코인(비트코인을 제외한 다른 코인)이 100배가 넘게 폭등하자 사람들은 환호했습니다. 하지만 기쁨은 잠시였습니다. 이후 지속적인 하락으로 투자금의 10%도 건지지 못하는 사례가 늘어나면서 암호화폐에 대한 관심은 싸늘하게 식었습니다. 하지만 그럼에도 불구하고 암호화폐의 기술인 블록체인에 대한 관심과 응용 방식은 계속 확대되고 있습니다.

필자는 암호화폐가 지금 과도기를 지나고 있다고 보고 있습니다. 암호화폐가 대체투자상품으로 인정받으려면 여러 가지 난관을 거쳐야 한다고 봅니다. 난립해 있는 암호화폐 거래소의 정비도 필요하고, 관련법 제정도 이어져야 합니다. 시장의 투명성도 확보되어야 합니다. 지금처럼 투기성이 짙은 시장에서 건강한 투자를 거론할 수는 없습니다. 암호화폐 시장이 좀 더 냉정해지면 대체투자의 한 부분으로 거론될 수 있을 것입니다.

금을 비롯한
다양한 대체투자상품

금은 가장 오래된 귀금속 중 하나입니다. 다양한 국가와 문화에서 어느 정도 보편적 기준으로 그 가치를 인정받고 있습니다. 세계적으로 가장 널리 통용되는 달러조차도 통하지 않는 곳이 있습니다. 하지만 적어도 금은 전 세계 어디서든 통용되는 가치를 갖고 있습니다. 안전한 피난처의 역할을 하는 한편 편익을 제공하고 있고, 파괴 불가능의 특징도 가지고 있습니다. 장기적으로는 인플레이션에 대한 훌륭한 헤지 수단이기도 합니다. 하지만 가격 변동이 원체 예상을 넘어서는 경우가 많아 단기투자보다는 장기투자에 적합합니다.

장기투자에
적합한 금

필자가 금 시세 그래프를 확인해보니 1970년대 후반 10배 가까운 폭등이 있었고, 20년 정도 하락세를 보였다가 다시 2000년 초반부터 2011년까지 10배 가까이 폭등했습니다. 이렇게 긴 시간으로 움직이기 때문에 단기투자에는 적합하지 않은 상품일 수도 있으나, 그 가치를 생각한다면 훌륭한 실물자산입니다.

금에 투자할 수 있는 방법은 여러 가지입니다. 실물을 보유할 수도 있고, 금광 주식을 살 수도 있습니다. 경험적으로 보면 금광 주식은 금 시세 외에도 증권 시장의 영향을 많이 받아 금에 대한 투자로는 높은 점수를 줄 수 없습니다. 금 ETF를 활용해 간접 소유하는 방법도 있고, 시중은행의 골드뱅킹을 이용하는 것도 한 방법입니다.

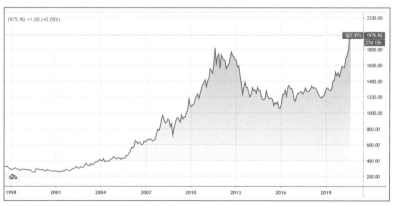

금 시세 그래프. 20년 정도 하락세를 보이던 금은 2000년 초반부터 2011년까지 10배 가까이 폭등했다.

아직까지 금괴를 실물자산으로 투자하는 기관투자자는 많지 않습니다. 투자자들에게 현금을 돌려주어야 하는 상품구조 아래에서는 금괴는 열등한 상품에 불과합니다. 하지만 아주 긴 시간을 고려해서 다양한 합성상품이 연구되고 개발된다면 먼 훗날에는 대체투자의 한 부분으로 편입될 수도 있지 않을까 생각해봅니다.

기타 다양한
대체투자상품

기타 다양한 대체투자상품에 대한 소개는 『대체투자 자산의 이해』(가이 프레이저 샘슨, 김석중 역, 에프앤가이드, 2018)에서 발췌한 것임을 밝힙니다.

1. 원자재

원자재란 재배되었거나 추출된 것으로 안정된 금융 시장이 존재하는 자연적인 생산물을 말합니다. 원자재는 소프트와 하드로 구분되는데, 소프트는 재배된 원자재이고 하드는 추출된 원자재입니다.

소프트 원자재로는 농산품으로 귀리, 밀, 옥수수, 종류별 커피, 코코아, 평지씨, 대두, 대두박, 대두유, 면화, 종류별 설탕 등이 있으며 축산품으로는 삼겹살, 돈육, 소 등이 있습니다. 하드 원자재로는 귀금속으로 금, 백금, 은, 팔라듐 등이 있으며 산업금속으로는 전기동, 납, 아연, 주석, 알루미늄, 알루미늄합금, 니켈, 종류별 철강 등이 있습니다.

소프트 원자재는 날씨와 같은 자연적인 사건으로 수익이 결정되며, 하드 원자재는 기본적인 산업의 업황 변화에 따라 수익이 결정됩니다.

2. 삼림

최소한 북미의 기관투자자들에게만큼은 인정받는 투자자산입니다. 화재와 병충해라는 두 가지 위험을 가지고 있으며, 긴 시간이 소요된다는 특징이 있습니다.

3. 보석

보석의 가치를 크게 상승시킬 수 있는 두 가지 단계는 1차 딜러가 2차 딜러에게 팔 때, 그리고 연마할 때입니다. 보석투자에서 가장 중요한 것은 원석을 알아볼 수 있는 능력입니다. 리스크로는 매우 흔한 흰 토파즈를 매우 드문 푸른 토파즈로 변환할 수 있는 과학의 기술 등이 꼽힙니다.

4. 예술품

우수한 예술품은 시간이 지날수록 최소한 물가상승률과 같은 속도로 상승합니다. 예술가가 사망하게 되면 더 이상의 공급이 없기 때문에 가치는 더욱 상승합니다. 잠재적 이익이 분명하므로 잠재적 손실도 같이 존재합니다.

5. 악기

유럽은 14세기부터 17세기까지 소빙하기를 겪었습니다. 소빙하기는 나무들이 자라는 속도를 급격히 낮추었고 그 결과 나이테가 굉장히 촘촘히 형성되었습니다. 그리고 이들 나무는 아름다운 음색을 만들어냈습니다. 전 세계에는 이런 나무로 만들어진 제한된 개수의 바이올린이 존재합니다.

6. 골동품

시세가 변덕스럽고 거래량이 많지 않아 잠재적으로 위험해 보이는 분야입니다. 투자 요령으로는 완벽한 상태로 보이는 물품만 매입할 것, 가능하면 문서로 된 유래 혹은 증명 가능한 과거 기록이 있는 물품을 선택할 것, 가능한 협소한 분야에 특화할 것, 집에서부터 시작할 것 등이 있습니다.

7. 와인

와인선물(先物)은 특정한 해에 수확된 특정한 와인을 대상으로 합니다. 병입하기 전 상태로 1년 정도 된 것이 주요 대상입니다. 2000년 빈티지의 샤토 라투르의 선물가격은 2001년 1병당 220달러에서 2006년 650달러로 상승한 바 있으며, 반대로 1997년 빈티지 와인은 시간이 지나면서 오히려 가격이 하락하기도 했습니다. 파손과 생물학적 리스크가 있으며, 가끔 사기가 발생하기도 합니다.

8. 클래식카

1971년 한 의사가 5만 9천 달러에 매입했던 부가티 57C타입이 2010년 미국의 경매에서 3천만 달러에 매도된 적이 있습니다. 클래식카는 악기와 같이 수가 한정적이고, 대다수는 개별 기록이 보관되어 있다는 장점이 있습니다. 가장 큰 리스크는 가격의 왜곡 현상입니다.

9. 동전, 메달, 우표, 군수품, 향수병 등

이들은 현존하는 투자 대상이며 몇몇은 투자펀드도 존재합니다. 한 동전펀드는 2006년 런던의 주니어 시장에 상장되었고, 영국박물관이 아닌 곳에서 유일하게 존재하는 에드워드 3세 금전을 40만 파운드에 매입한 적도 있습니다. 2016년에는 1894년에 만들어진 미국 10센트 동전이 액면가의 2천만 배 넘는 금액에 낙찰된 적도 있습니다. 미국 플로리다주 탬파의 플로리다 연합화폐박람회에서 진행된 경매에서 '1894-S다임'이라고 불리는 10센트 동전이 200만 달러에 낙찰된 것입니다. 이 동전은 1894년 샌프란시스코 조폐창에서 주조된 24개의 동전 중 하나로, 24개 동전 중 현재 9개가 시중에 존재하는 것으로 알려져 있습니다. 지난 100년간 나온 동전 중 가장 희귀한 것으로 평가받았다는군요. 리스크로는 다양한 사기 사례가 있습니다.

3부

대체투자,
리스크도 고려해야 한다

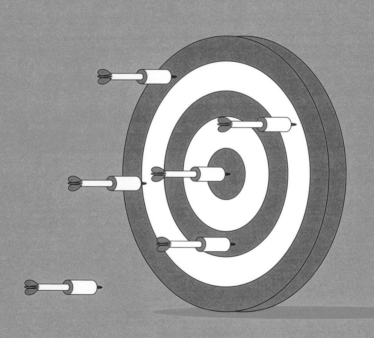

리스크는 손실, 사상, 재난 등이 발생할 가능성을 말합니다. 미래의 불확실성으로 인해 발생할 수 있는 불리한 영향을 뜻합니다. 대체상품의 리스크는 종류가 다양합니다. 사전에 리스크를 정확히 인지하지 않은 상태에서 접근한다면 큰 손실을 볼지도 모릅니다. 3부에서는 대체투자의 평가방법과 리스크의 종류, 리스크 대비를 위한 전략을 알아보겠습니다.

1장

대체투자의
평가와 리스크

대체투자의 평가

일반적으로 투자상품의 수익률을 계산할 때는 보유 기간의 수익률로 계산합니다. 보유 기간의 수익률은 보유 기간 동안 투자자산의 가치가 상승해 생긴 수익과 투자자산 보유로 인한 배당금을 합해서 계산합니다. 예를 들어 삼성전자 주식 1주를 5만 원에 사서 6만 원에 팔고 배당금으로 1천 원을 받았다고 가정해봅시다. 수익률을 구하는 식은 다음과 같습니다.

$$\frac{(60,000-50,000+1,000)}{50,000} = 22\%$$

헤지펀드처럼 한꺼번에 돈을 넣고 한꺼번에 돈을 빼는 경우에는 이런 수익률 계산방법이 가장 보편적입니다. 하지만 PEF처럼 돈을 나누어서 넣고 나누어서 지급받는 경우에는 이런 방식으로 수익률을 계산하는 것이 조금 애매합니다.

내부수익률을
구하는 방법

PEF와 같은 경우에는 직관적으로 활용할 수 있는 내부수익률(IRR; Internal Rate of Return)을 활용합니다. IRR은 현재의 현금투자액과 미래의 현금수익의 현재가치를 같게 만드는 할인율입니다. 어떤 투자에 대해 최초 투자금이 몇 년 후 몇 %의 수익을 올렸는지를 보여주는 수치입니다. 몇 년 후 얼마의 수익이 발생했을 때 IRR을 구하는 방식은 이해하기 조금 어려우니 투자배수 도표를 참조하기 바랍니다. 5년간 투자해서 원금과 수익의 합계가 1.4배가 되었다면 IRR은 7%가 됩니다.

예를 하나 들어보겠습니다. 회사가 100억 원을 투자하고 첫해에 20억 원, 그다음 해에 40억 원, 그다음 해에 60억 원의 현금흐름이 생겼다고 가정합시다. 이 경우 현금흐름을 0으로 만들어주는 값이 바로 내부수익률입니다. 계산해보겠습니다.

$$100억\ 원 = \frac{20억\ 원}{(1+r)} + \frac{40억\ 원}{(1+r)^2} + \frac{60억\ 원}{(1+r)^3}$$

IRR과 투자배수

IRR 기간	2%	3%	4%	5%	6%	7%	8%	9%	10%	11%	12%	13%	14%	15%	16%	17%	18%	19%	20%
2년	1.04	1.06	1.08	1.10	1.12	1.14	1.17	1.19	1.21	1.23	1.25	1.28	1.30	1.32	1.35	1.37	1.39	1.42	1.44
3년	1.06	1.09	1.12	1.16	1.19	1.23	1.26	1.30	1.33	1.37	1.40	1.44	1.48	1.52	1.56	1.60	1.64	1.69	1.73
4년	1.08	1.13	1.17	1.22	1.26	1.31	1.36	1.41	1.46	1.52	1.57	1.63	1.69	1.75	1.81	1.87	1.94	2.01	2.07
5년	1.10	1.16	1.22	1.28	1.34	1.40	1.47	1.54	1.61	1.69	1.76	1.84	1.93	2.01	2.10	2.19	2.29	2.39	2.49
6년	1.13	1.19	1.27	1.34	1.42	1.50	1.59	1.68	1.77	1.87	1.97	2.08	2.19	2.31	2.44	2.57	2.70	2.84	2.99
7년	1.15	1.23	1.32	1.41	1.50	1.61	1.71	1.83	1.95	2.08	2.21	2.35	2.50	2.66	2.83	3.00	3.19	3.38	3.58
8년	1.17	1.27	1.37	1.48	1.59	1.72	1.85	1.99	2.14	2.30	2.48	2.66	2.85	3.06	3.28	3.51	3.76	4.02	4.30
9년	1.20	1.30	1.42	1.55	1.69	1.84	2.00	2.17	2.36	2.56	2.77	3.00	3.25	3.52	3.80	4.11	4.44	4.79	5.16
10년	1.22	1.34	1.48	1.63	1.79	1.97	2.16	2.37	2.59	2.84	3.11	3.39	3.71	4.05	4.41	4.81	5.23	5.69	6.19
11년	1.24	1.38	1.54	1.71	1.90	2.10	2.33	2.58	2.85	3.15	3.48	3.84	4.23	4.65	5.12	5.62	6.18	6.78	7.43
12년	1.27	1.43	1.60	1.80	2.01	2.25	2.52	2.81	3.14	3.50	3.90	4.33	4.82	5.35	5.94	6.58	7.29	8.06	8.92
13년	1.29	1.47	1.67	1.89	2.13	2.41	2.72	3.07	3.45	3.88	4.36	4.90	5.49	6.15	6.89	7.70	8.60	9.60	10.0
14년	1.32	1.51	1.73	1.98	2.26	2.58	2.94	3.34	3.80	4.31	4.89	5.53	6.26	7.08	7.99	9.01	10.2	11.4	12.8
15년	1.35	1.56	1.80	2.08	2.40	2.76	3.17	3.64	4.18	4.78	5.47	6.25	7.14	8.14	9.27	10.54	12.0	13.6	15.4

식대로 값을 구하면 8.21%가 나옵니다. r의 값을 구할 때는 시행착오법, 즉 적당한 숫자를 넣어보고 다르게 나오면 다시 숫자를 조정하는 식으로 구할 수 있습니다.

엑셀을 이용해 구할 수도 있습니다. 예를 들어 B 제일 위의 칸에 −100억을 기입했다면, 그다음 B열 2행에 20억, B열 3행에 40억, B열 4행에 60억을 차례대로 입력합니다. 그리고 '=IRR' 식을 활용하면 됩니다. '=IRR(B1:B4)'로 계산하면 손쉽게 8.21%라고 하는 수치를 구할 수 있습니다. 이렇게 엑셀을 활용하면 간단하게 답을 구할 수 있습니다.

	A	B
		B5 =IRR(B1:B4)
1	1	−10,000,000,000
2	2	2,000,000,000
3	3	4,000,000,000
4	4	6,000,000,000
5		0.082082635483
6		

엑셀의 '=IRR' 식을 활용한 예시

현금 유입과 현금 유출이 여러 번 발생하는 경우에는 다음과 같이 계산합니다. 1천억 원을 투자해서 그다음 해 100억 원을 배당으로 수령하고 1,300억 원을 추가로 투자했습니다. 그리고 그다음 해 150억 원을 배당으로 수령하고 나머지를 모두 청산해서 2,500억 원을 받았습니다. 이 경우 차변에는 현금 유입, 대변에는 현금 유출을 입력해 다음과 같이 계산합니다.

나의 첫 대체투자 공부

$$1{,}000\text{억 원} + \frac{1{,}300\text{억 원}}{1+r} = \frac{100\text{억 원}}{1+r} + \frac{(150\text{억 원} + 2{,}500\text{억 원})}{(1+r)^3}$$

이렇게 계산하면 r은 13.49%가 나옵니다.

PEF의 또 다른
성과 측정방법

DVPI(distributed value to paid-in ratio)는 납입액 대비 분배액을 뜻합니다. 이 지표는 펀드 출자자(LP)들이 펀드에 출자한 금액과 펀드에서 분배한 금액의 비율입니다. TVPI(total value to paid-in ratio)는 납입액 대비 총가치를 말합니다. LP들이 펀드에 출자한 금액과 펀드에서 분배한 금액과 장부가를 더한 금액의 비율입니다. 둘 다 몇 배(multiple)라는 식으로 표시합니다.

예를 들어 PEF의 누적 투자금액은 120억 원이고 누적 회수금액은 24억 원, 장부가는 117억 원이라고 가정해봅시다. 이 경우 DVPI를 구하면 24억/120억=0.20x가 되고, TVPI를 구하면 (24억+117억)/120억=1.17x가 됩니다.

EV/EBITDA도 있습니다. EV(enterprise value)는 기업의 가치를 뜻하고, EBITDA(earnings before Interest, tax, depreciation and amortization)는 이자비용과 법인세와 감가상각을 하기 전의 영업이익을 뜻합니다. 즉 EV/EBITDA는 기업의 가치라고 할 수 있는 현금을

창출해낼 수 있는 능력과 시가총액을 비교해 나타내는 지표입니다. 이 숫자가 높다는 것은 기업가치가 감가상각 전 영업이익보다 고평가되었다는 것을 의미하고, 이 숫자가 낮다는 것은 기업가치가 감가상각 전 영업이익보다 저평가되었다는 것을 의미합니다. 기계 장치 및 공장 등의 보유 비중이 높아 감가상각으로 인한 비현금성 지출이 많은 기업을 평가할 때 유용합니다.

EBITDA에 대해서는 논란의 여지가 있습니다. 영업이익이면 영업이익이지 왜 굳이 이자비용, 법인세, 감가상각을 제하고 산정하는지에 대한 의문 때문입니다. 영업이익으로 하면 숫자가 작게 나오니 숫자를 크게 보이게 하기 위해 일부러 이자비용도 제하고, 법인세도 제하고, 감각상각도 제한 EBITDA를 강조하는 게 아니냐는 의심이 있습니다. 그래서 워런 버핏(Warren Buffett)의 동업자이자 버크셔 해서웨이의 부회장 찰리 멍거(Charlie Munger)는 EBITDA를 '뻥튀기 이익'이라고 폄하하기도 했습니다.

리스크의
종류

리스크는 손실, 사상, 재난 등이 발생할 가능성을 말합니다. 미래의 불확실성으로 인해 발생할 수 있는 불리한 영향으로, 리스크의 종류는 다양합니다. 계량적으로 파악할 수 있는 리스크도 있고 계량적으로 파악이 힘든 비계량적 리스크도 있습니다. 계량적 리스크로는 신용 리스크(credit risk), 시장 리스크(market risk), 운영 리스크(operational risk), 유동성 리스크(liquidity risk) 등이 있습니다.

신용 리스크는 돈을 빌려간 쪽에서 돈을 갚지 않는 위험입니다. 시장 리스크는 금융 시장에 큰 문제가 생겨서 보유한 자산의 가치가 하락하는 위험입니다. 운영 리스크는 잘못된 프로세스에 의해 위험이 발생하거나 사람이나 시스템에 의해 발생하는 위험입니다. 유동성 리스크는 거래하기로 한 쪽에서 제대로 결제 의무를 이행하지 않아 거래 상대방까지 자금 조달 계획에 차질을 주는 위험입니다. 이러한 위험은 숫자로 체크할 수 있습니다.

숫자로 체크하지 못하는 비계량적 리스크로는 평판 리스크, 전략 리스크, 부외거래 리스크, 국가 리스크, 법률 리스크 등이 있습니다. 이 중 가장 중요한 것이 평판 리스크입니다. 눈에는 보이지 않지만 제대로 관리하지 못하면 무형의 큰 손실로 이어지기도 합니다.

리스크를 대비하기 위한 전략으로는 회피 전략, 보유 전략, 축소 전략, 전가 전략 등을 활용합니다. 회피 전략은 상당 기간 전망이 보이지 않는 분야에 대해서는 투자를 회피하는 전략입니다. 보유 전략은 위험이 발생할 가능성이 있다는 것을 알면서도 포트폴리오 차원에서 불가피하게 수용하는 전략입니다. 이 경우 자산 배분비율을 조정하는 방법 등을 강구해야 합니다. 축소 전략은 투자 포트폴리오를 적절히 구성해서 특정 분야에 대한 손실을 최대한 줄이는 전략입니다. 전가 전략은 감당하기 어려운 정도로 큰 위험 발생이 예상되는 경우 보험이나 옵션 등을 통해서 위험을 전가하는 전략입니다.

각각의 리스크를 종합한, 즉 포트폴리오 전체에 대한 리스크를 효과적으로 측정하고 관리하기 위해 VaR(value at risk)이라고 하는 것이 탄생했습니다. VaR의 값은 정상적인 시장 여건하에서 주어진 신뢰 구간(99%) 이내에서 목표 기간(10일) 동안 발생할 수 있는 최대 손실금액을 뜻합니다. 거래 활동에서 발생하는 위험을 보고할 수 있고, 각 분야별로 투자 규모를 정해서 제한된 자원을 가장 효율적으로 분배할 수도 있습니다. 위험에 대한 실적을 조정해 실적 평가에 이용하기도 하고, 감독기관의 규제에도 대응할 수 있습니다. 분석이 용이하고 직관적으로 이해가 가능하다는 점, 자산 간 합산이 가능하다는 점이 장점이지만 모형 자체가 가지고 있는 한계도 있습니다. VaR 값보다 더 큰 손실이 발생할 확률에 대한 정보는 제공하지만, 얼마나 더 큰 손실이 발행하는가에 대한 정보는 알 수 없습니다. 그런데 이런 경우에는 스트레스 테스트(stress test)를 하기도 합니다. 스트레스 테스트는 금융위기가 올 경우 잠재적 손실을 파악하기 위해 실시합니다. 발생 가능한 최악의 상황을 가정하고 그럴 경우 어떤 충격을 받고, 재무건전성에는 어떤 영향을 미치는지 파악하는 것이지요.

VaR 값은 다음의 식을 이용해 계산합니다. E는 시장 위험 노출금액이고, 알파(α)는 신뢰 수준, 시그마(σ)는 변동성, t는 보유 기간을 뜻합니다.

$$\text{VaR} = E \times \alpha \times \sigma \times \sqrt{t}$$

예를 들어보겠습니다. 보유 기간이 10일이고 신뢰 수준이 99%에서 산출된 VaR의 값이 10억 원이라고 가정해봅시다. 이는 10일 동안 발생할 수 있는 최대 손실금액이 10억 원 이상일 확률이 1%라는 뜻입니다.

대체투자상품의
리스크

대체투자에도 당연히 리스크가 있습니다. 시장 전체적으로 영향을 미치는 위험이 있는가 하면 개별 건으로 위험을 미치는 경우도 있습니다. 시장 전체적인 위험을 체계적 위험이라고 하고 개별적인 위험을 비체계적 위험이라고 합니다.

먼저 체계적 위험으로는 국가 및 정치적 위험, 시장 위험, 이자율 변동 위험, 구매력 위험 등이 있습니다. 체계적 위험은 장기투자로 극복할 수 있습니다. 비체계적 위험으로는 영업 위험, 재무 위험, 유동성 위험, 운영 위험, 위치적 위험, 법적 위험 등이 있습니다. 비체계적 위험은 분산투자로 극복할 수 있습니다. 금융 시장에서의 가장 큰 위험은 불확실성입니다. 이자율에 대한 불확실성, 환율에 대한 불확실성, 주가에 대한 불확실성에 노출될 수밖에 없습니다.

대체투자에는 특이한 리스크가 있습니다. 바로 조기상환 리스크인데요. 수익률이 잘 나오고 있는데 갑자기 돈이 필요 없다며 모두 갚겠다고 하면 투자자의 현금흐름은 꼬이게 됩니다. 기간별로 잘 조정하고 업종별로도 잘 조정해서 기껏 투자해놓았는데 돈을 갚아버리면 모든 사업을 새로 재조정해야 합니다. 더 곤란한 점은 지금까지 잘 받아왔던 높은 이자를 대체할 새로운 투자처를 찾아야 한다는 것입니다. 왜 이런 경우가 생기는 걸까요?

예를 들어 성패 여부가 불확실한 개발사업이 있다고 가정해봅시

나의 첫 대체투자 공부

다. 이 사업은 성공할 수도 있고 실패할 수도 있습니다. 위험이 높으면 당연히 수익도 높아야겠지요. 그러다 보니 이자가 높습니다. 그런데 개발사업이 잘 진행되어 사업이 본궤도에 올라섰습니다. 이제는 실패할 위험도 거의 없고 돈 버는 일만 남았는데 여전히 높은 이자를 주어야 합니다. 업체 입장에서는 이자가 아깝습니다. 그래서 더 싼 이자를 주는 곳에서 자금을 융통하고 높은 이자로 돈을 빌린 곳은 갚아버립니다. 이것이 바로 빌려준 돈을 빨리 갚아버리는 위험, 즉 조기상환 리스크입니다. 이런 조기상환 리스크를 방지하기 위해서 사전에 조기상환수수료를 부여하기도 합니다. 돈을 빨리 갚고 싶으면 수수료를 부담하라는 것이지요. 아니면 조기상환을 하지 못하도록 계약서에 기입하기도 합니다.

이 밖에도 고가 매수 리스크, 정부 리스크, 유동성 리스크 등을 유의해야 합니다. 차례대로 살펴보겠습니다.

1. 고가 매수 리스크

주식 시장에 상장된 경우라면 어느 정도 합리적인 가격을 유추할 수 있습니다. 하지만 비상장된 주식이라면 합리적인 가격을 유추하기 힘듭니다. 그나마 기업은 재무구조로 분석한다지만 부동산은 더더욱 가격 산정에 애를 먹습니다. 덩치가 큰 인프라자산은 두말할 필요도 없습니다. 만약 가격 산정을 느슨하게 해 본래 가치보다 고가에 자산을 편입하면 원하는 수익이 나오지 않을 수 있습니다. 더 나아가서는 나중에 엑시트할 때 애를 먹습니다. 아무리 좋은 자산이라도 제 가격에 사야 합니다. 비싸게 사는 순간 내부수익률에도 악영향을 미치고, 만기에도 악영향을 미칩니다.

개인적인 경험이지만 시장에는 적정가격보다 높은 가격으로 물건을 내놓으면서 바가지를 씌우려는 비양심적인 매도자들이 꽤 있습니다. 어수룩해서 이용하기 좋은 손님을 낮잡아 '호갱'이라고 부르더군요. 고가 매수 리스크는 다른 말로 '호갱 리스크'라고도 할 수 있을 것입니다.

예를 하나 들어보겠습니다. 비상장 기업의 지분에 투자한다고 가정해봅시다. 그 기업은 국내 시장점유율도 높고, 안정적으로 성장하는 산업에 영위하는 업체입니다. 해외 사업자의 국내 직접 진출이나 비계열사 기업의 독자 성장이 쉽지 않은 과점적 시장을 형성하고 있습니다. 이 기업은 일부 지분을 처분하려고 합니다. 그리고 몇 년 내에 기업 공개를 하기로 약속합니다. 투자자가 이 지분을 인수해서 수익이 나려면 첫 번째, 몇 년 내에 IPO하는 약속이 지켜져야 합니다. IPO 약속이 지켜지지 않으면 환금성에 문제가 발생합니다. 두 번째, IPO가 이루어진 후 주식 시장에서 거래되는 가격이 매입한 가격 이상이 되어야 합니다. 일부 지분으로 매입한 금액을 주식의 수로 나누면 주당가격이 나옵니다. 몇 년 후 주가가 주당가격보다 높으면 수익을 올릴 수 있지만 낮으면 손실을 보게 됩니다.

당장 내일 주가도 모르는데 몇 년 뒤 주가를 예측한다는 것은 매우 어려운 일입니다. 그래서 이런 투자의 경우 처음에 인수할 때부터 최대한 낮은 가격으로 인수하는 것이 중요합니다. 큰 수익은 보지 못하더라도 최소한 비싼 가격으로 인수하는 것은 피해야 합니다. 비싼 가격으로 매수하는 것이 바로 고가 매수 리스크입니다.

2. 정부 리스크

인프라투자는 수입구조상 정책 및 법률 개정에 따라 현금흐름이 바뀔 수 있습니다. 또한 해당 국가의 지나친 규제가 현금흐름에 영향을 미치는 경우도 있습니다. 해당 국가의 정부 방침으로 인해 발생하는 리스크를 정부 리스크라 하는데요. 정부 리스크를 피하기 위해 인프라투자 환경이나 제도가 우수한 선진국 위주로 인프라투자가 집중되고 있습니다. 북미, 유럽, 호주가 대표적입니다. 아시아, 아프리카, 남미에 인프라투자가 저조한 가장 큰 이유는 현금흐름도 현금흐름이지만, 두 번째 이유는 바로 정부 리스크 때문입니다. 최근에는 아시아, 남미 등에도 인프라투자상품이 나오고 있는데요. 터키의 병원, 미얀마의 가스전, 페루의 송전시설, 칠레의 태양광 등이 대표적입니다. 이런 곳에 투자하는 펀드들은 안정성보다는 수익성에 초점을 맞춘 고위험·고수익 추구형 상품입니다.

3. 유동성 리스크

대체투자에서 눈여겨보아야 할 리스크 중 하나가 바로 유동성 리스크입니다. 유동성이란 보유한 자산을 필요한 시기에 손실 없이 화폐로 바꿀 수 있는 안전성의 척도를 말합니다. 은행에 예금되어 있는 돈은 언제든 출금할 수 있습니다. 하지만 대체투자에 투자한 돈은 필요하다고 바로 출금할 수 없습니다. 혹 현금화가 가능하다고 하더라도 그 과정에서 크고 작은 손실이 발생합니다. 특히 시장이 혼란스러운 경우에는 손실의 폭이 매우 커집니다. 상대적으로 긴 기간 동안 돈이 묶여 있기 때문에 유동성 리스크는 늘 염두에 두어야 할 부분입니다.

4. 예상치 못한 리스크

전혀 예상하지 못한 리스크가 돌발적으로 나타나기도 합니다. 2020년이 시작되면서 발생한 코로나19 리스크가 대표적인 사례입니다. 코로나19 바이러스로 인해 많은 경제적 장애물이 발생했습니다. 일단 대부분의 대체투자 관련 사업이 중단되었습니다. 투자에 앞서 실사가 이루어져야 하는데 실사 자체를 다니지 못하는 형편이 되어버렸기 때문입니다. 사람의 이동이 제한되다 보니 항공기에 투자한 부분에서 손실이 발생했으며, 호텔에 투자한 부분에서도 손실이 발생했습니다. 전혀 예상하지 못한 리스크로 손실을 본 대표적인 예가 될 것입니다. 또한 많은 기업과 개인들이 경제적으로 어려움을 겪다 보니 오피스나 멀티패밀리에 투자한 자금의 수익도 저하되었습니다. 오피스는 공실이 늘어나고 임대료가 하락하는 위험에 처하게 되었고, 멀티패밀리는 임대료가 연체되는 위험에 노출되었습니다.

코로나19가 한참 기승을 부리던 2020년 3월경에 우연히 CNN 뉴스를 보게 되었습니다. 자막에는 '렌트 스트라이크(rent strike)'라는 말이 떠 있었습니다. 내용을 보니 '코로나19로 인해 소득이 없어졌으니 우린 임대료를 내지 않겠다.'라는 취지의 운동이었습니다. 렌트 스트라이크 운동이 일시적일지 아니면 계속 이어질지 모르겠지만 아무튼 이런 새로운 시도 또한 예상치 못한 리스크라고 볼 수 있습니다. 실제로 코로나19로 인한 임대료 면제 요구에 로스엔젤레스, 뉴욕, 보스턴, 샌프란시스코의 시의회에서는 강제 퇴거를 잠정적으로 금지하는 조례안을 만들기도 했습니다.

유가 하락에 대한 리스크도 있습니다. 유가가 고공 행진을 벌일 때 셰일가스산업은 호황을 맞이했습니다. 그런데 2020년 3월, 20달러 이하로 유가가 떨어지면서 셰일가스산업의 의존도가 높은 텍사스, 휴스턴 등에 공실률이 급증하고 임대료도 하락했습니다. 유가가 하락하면서 부동산에 영향을 미친 전혀 예상하지 못한 리스크가 나타난 것입니다.

환 관리도
필요하다

대체투자상품은 대부분 해외에 투자합니다. 이렇게 해외에 투자한 상품은 환율에 따라 수익이 변화하는 환위험이 도사리고 있습니다. 100% 환헤지를 하면 환위험을 상당 부분 방어할 수 있지만, 환헤지에는 비용이 발생합니다(경우에 따라 수익이 발생하기도 합니다). 환헤지를 하지 않고 투자를 하면 수익이 발생했음에도 불구하고 환손실을 보는 경우도 있습니다. 다음의 기사는 〈머니투데이〉의 2015년 9월 18일 기사입니다. 애초에 예상한 임대료보다 절반도 못 미치는 임대료가 나오게 되었고, 빌딩의 가격은 올랐어도 환 때문에 오히려 손실이 난 경우입니다.

미래에셋자산운용이 3년 전에 거액을 들여 매입한 브라질 상파울루 오피스 빌딩을 두고 골머리를 앓고 있다. 건물가격이 현지 통화 기준으로는 매입가 대비 10%가량 올랐지만 브라질 헤알화가치가 매입 시점보다 절반 이하로 폭락하면서 평가금액이 반토막 났다. 미래에셋운용은 2012년 2월에 사모펀드자금과 부동산펀드 공모자금을 통해 5,400억 원을 끌어들여 브라질 상파울루 중심가에 위치한 호샤베라 타워 4개 동 중 2개 동을 매입했다. 이 빌딩의 가치는 환차손을 고려해 약 3천억 원 수준까지 떨어진 것으로 추산된다. 미래에셋운용 관계자는 "건물가치는 현지 헤알화 기준으로 올랐는데 국내펀드이기 때문에 원화로 환산하면 가치가 많이 떨어졌다."며 "환헤지를 하지 않는 펀드로 설정되었고 폐쇄형펀드이기 때문에 환매가 안 되어 만기까지 가져가야 하는 상황"이라고 설명했다.

모든 해외투자상품에 다 해당되는 리스크지만 대체투자는 장기간 투자에 노출되는 만큼 특히 환리스크에 주목해야 합니다.

환헤지에
유용한 선물환

환위험의 헤지 수단으로 가장 많이 이용되는 것은 선물환거래입니다. 선물환거래는 사전에 미래의 환율을 확정함으로써 미래의 환율 변동에서 벗어나고자 하는 거래입니다. 선물환은 미래의 가격이고 현물환은 현재의 가격입니다.

환은 기본적으로 두 나라 돈의 가치 차이입니다. 달러원 환율이 1,200원이라는 이야기는 1달러의 가치가 1,200원이라는 뜻입니다. 그리고 두 나라 돈의 가치 차이는 그 나라의 금리라는 변수가 들어가 있습니다. 2020년 3월을 기준으로 전 세계에서 가장 정책금리가 높은 나라는 아르헨티나로 38%입니다. 반면 스웨덴의 정책금리는 0%입니다. 스웨덴에서 1억 원을 빌려 아르헨티나로 가져가서 38%짜리 금리로 수익을 내고, 이를 다시 스웨덴으로 가져오면 38%의 수익을 쉽게 올릴 수 있을 것 같습니다. 하지만 이는 불가능합니다. 바로 환율 때문인데요. 선물환거래에서는 두 나라의 환율과 금리를 종합해서 계산합니다.

예를 들어 지금 달러원 환율이 1,200원이라고 가정해봅시다. 1년 만기 원화의 금리는 2%, 달러의 금리는 1%입니다. 1달러에 해당하는 원화의 1년 후 원리금은 1,200원×1.02=1,224원입니다. 그리고 1달러의 원리금은 1달러×1.01=1.01달러입니다. 결국 현재 시점에서 공정한 교환비율은 1,224/1.01=1,211.88원입니다. 1년 뒤에 1달러를 주기로 하고 거래 상대방으로부터 1,211.88원을 받는 계약을 체결합니다. 이렇게 하면 1년 뒤 환율이 1,200원에서 1,400원으로 상승해도 200원의 상승 효과를 누리지 못하고, 1,200원에서 1,000원으로 하락해도 하락의 피해는 없습니다. 현재의 환율로 고정을 시킨 것입니다. 필자가 앞에서 설명한 선물의 거래 방식과 같습니다.

참고로 이때 현물환과 선물환의 차이를 스왑레이트(swap rate)라고 합니다. 스왑레이트가 현물환보다 높으면 프리미엄이 얼마라고 이야기하고, 낮으면 디스카운트가 얼마라고 이야기합니다.

2장

리스크
관리 전략

실사 노하우 ①: 부동산

위험을 회피하기 위해서는 실사(實査)가 중요합니다. 실사의 핵심은 예상수익률과 리스크의 관계를 파악하는 것입니다. 예상수익률에 비해 과도한 리스크를 부담하거나 혹은 리스크 자체가 너무 큰 부담일 경우에는 과감하게 투자를 포기해야 합니다. 그러기 위해서 기본적인 사항으로 실제 물건이 있는지, 현재 상황은 어떠한지, 운용하는 회사는 믿을 만한 곳인지 등을 파악합니다. 물론 물건에 따라 체크해야 할 사항들이 다릅니다. 먼저 부동산의 실사 노하우부터 알아보겠습니다.

국내 부동산의
실사 노하우

국내 부동산의 개발사업에 투자할 때는 크게 사업 관련 위험과 상환 위험, 기타 부분으로 나눠서 점검합니다.

먼저 사업 관련 위험부터 살펴보겠습니다. 부동산은 토지가 가장 기본이다 보니 토지 확보가 가장 큰 변수입니다. 사업 설계는 그럴싸해도 막상 토지가 확보되지 않으면 아무것도 할 수 없습니다. 토지 확보가 끝나면 인허가 위험이 기다리고 있습니다. 이 부분에서 의외로 시간이 많이 걸리기도 합니다. 서류만 정확하면 인허가가 날 것 같지만 그렇지도 않은 것이 현실입니다. 각종 민원이 쏟아지면 인허가에 더욱더 시간이 걸리고, 심한 경우 반려되기도 합니다.

인허가 위험이 끝나면 시행사를 살펴봐야 합니다. 시행사들은 대부분 작은 자본금만을 가진 SPC(special purpose company), 즉 특수목적회사입니다. "기한 내 책임 준공 미이행에 따른 채무불이행과 그로 인한 기한의 이익 상실로 대주에게 발생하는 모든 비용과 손실을 배상합니다."라고 말은 하겠지만 실제로는 그럴 능력이 없습니다.

그다음은 책임 준공 여부입니다. 책임 준공은 건설사가 어떠한 일이 있더라도 기간 내에 공사를 책임지고 하겠다는 내용입니다. 그래서 시공사의 능력이 중요합니다. 시공사의 신용등급은 어떻게 되는지, 자본금은 얼마인지, 도급 순위는 어떤지 등을 체크합니다. 책임 준공의 경우 천재지변, 내란, 전쟁 등 불가항력적 사유로 인한 경우는 제외합

나의 첫 대체투자 공부

니다. 일반적으로 사업 부지의 소유권 취득 또는 그 인도의 지연, 지장물 문제, 폐기물 문제, 문화재 발굴 또는 문화재 발굴 조사, 착공 지연, 입주율의 저조, 분양율의 저조, 입주대금의 입금 차질, 분양대금의 입금 차질 등 여하한 사유에 의한 사업의 지연 또는 중단, 정부 또는 지방자치단체의 각종 규제, 사업과 관련된 소송, 분쟁, 민원 등의 사유에도 불구하고 꼭 준공한다는 내용이 담겨 있습니다. 대출약정서에 따른 최초 인출일로부터 ○○개월이 되는 날까지 사업 부지에 대한 조성공사를 준공한다는 약속이 있어야 합니다.

시공사의 의무는 공사도급계약서상 도급금액 내에서 책임 준공하는 것입니다. 증액되는 도급금액은 대출 원리금이 전액 상환된 이후에 지급되고, 공사로 인해 발생하는 환경 문제, 안전사고, 민원사항 등은 시공사가 책임집니다. 만일 책임 준공을 이행하지 못하면 대출약정서상 모든 채무 인수 및 대주들에게 발생한 비용 및 손해를 배상해야 합니다. 물론 상황에 따라 내용이 조금씩 바뀌기도 합니다.

그다음은 상환 위험입니다. 돈을 빌려줬으니 당연히 돌려받아야겠지요. 돈을 잘 돌려받을 수 있을지, 없을지 체크해야 합니다. 상환 위험 중에서 가장 중요한 것은 분양성입니다. 분양이 잘되면 당연히 분양대금으로 돈을 갚을 수 있습니다. 원리금 상환 가능성을 체크할 때는 분양을 통한 상환 가능성을 가장 먼저 체크하고, 만일 분양이 제대로 되지 않았을 경우에는 할인 분양을 하거나 준공 후 담보대출을 하는 등 대안도 살펴보아야 합니다.

기타 부분으로 사업비 증가 리스크가 있습니다. 사업을 진행하는 과정에서 처음에 예상했던 것보다 사업비가 늘어나서 수익에 영향을 주는 부분입니다. 사업비 증가의 원인으로는 토지보상금액이 늘어나거나, 공사 기간 연장에 따른 공사비 증가 등이 있습니다.

해외 부동산의
실사 노하우

해외 부동산에 투자할 때는 크게 부동산 시장과 관련된 부분, 투자자산과 관련된 부분, 투자자산을 운용할 운용사와 관련된 부분으로 나누어 실사에 들어갑니다.

먼저 부동산 시장과 관련된 부분에서 가장 중요한 것은 시장 규모입니다. 대상 국가 내에서 어떤 위치를 차지하고 있는지, 거래량은 어떻게 되는지, 유동성은 괜찮은지 등을 점검합니다. 다음으로는 해당 지역 서브마켓 현황입니다. 주요 권역은 어디인지, 핵심지역 위치는 어떻게 되는지, 임대율은 어떤지 등을 체크합니다. 주요 임차인산업의 변화를 통해 임대차 트렌드를 확인하고, 감정평가사에게서 시장 전망 및 감정평가액의 근거에 대해 설명을 듣습니다. 경쟁 빌딩을 파악하는 것도 빠트릴 수 없습니다. 경쟁 빌딩의 규모, 퀄리티, 위치, 임대 현황, 소유주 등에 대해서 비교 분석합니다. 거래 사례 및 국내 기관투자 사례를 알아보고, 신축 빌딩의 진행사항 및 편의시설 등 인근 계발계획도 점검합니다.

투자자산과 관련된 부분은 입지, 자산 품질, 임대차 현황으로 나눠서 점검합니다. 입지 부분에서는 도보 접근성, 대중교통, 고속도로 및 공항에서의 소요 시간 등을 점검하고 주변 시설로는 공원, 주요 관공서, 문화시설, 주거시설 등을 확인합니다.

자산 품질 부분에서는 건물의 디자인 및 외관을 점검합니다. 자연 친화적인 건물인가도 파악합니다. 준공은 제대로 되었는지, 현 소유주의 소유 형태는 어떤지, 혹시 소송과 같은 법률적 이슈는 없는지 파악합니다. 임대 및 공실 면적을 확인하고 바닥 면적의 효율성도 파악합니다. 층고를 파악해 쾌적성을 확보하고 있는지도 살펴봅니다. 로비, 오피스 및 리테일 공간의 마감 수준을 파악해 시설에 대한 퀄리티도 점검합니다. 공조 장치, 지붕, 엘리베이터 등의 자본적 지출을 점검하고 건물의 보안시설에 대한 점검도 잊지 말아야 합니다. 또한 외관 및 내관 변경에 제한이 없는지, 랜드마크 지정 여부도 확인합니다. 마지막으로 주차장도 확인합니다. 주차 가능 대수는 몇 대인지, 이용 현황은 어떻게 되는지, 수입 비중은 어떤지 등도 체크합니다.

다음은 임대차 현황입니다. 앵커테넌트(고객을 끌어 모으는 핵심 점포), 즉 앵커임차인의 임대 조건을 파악합니다. 업종은 어떻게 되는지, 기간은 언제까지인지, 몇 년 계약인지, 임대료는 얼마인지, 신규 임대 시 인테리어 등을 바꿔주는 TI(tenant improvement)비용이나 신규 임대에 들어가는 수수료인 LC(leasing commission)비용도 체크해야 합니다. 임대차의 마케팅 방식 및 현재 협의 중인 임대차 현황도 살펴보고 임차인의 만족도도 조사합니다. 임차인의 만족도는 가급적 직접 임차인을 만나서 인터뷰하는 것이 좋습니다.

운용사와 관련된 부분도 꼼꼼하게 점검해야 합니다. 주요 연혁과 주주 구성, 재무 여건 등은 기본적으로 점검해야 할 부분입니다. 운용 현황에 대한 부분은 특히 꼼꼼하게 확인해야 합니다. 현재 운용하고 있는 자산의 규모는 어떻게 되는지, 펀드의 수는 몇 개인지도 파악합니다. 운용조직과 관리조직, 리스크조직도 확인하고, 과거 투자 실적에 대해서도 체크합니다. 간혹 보면 직원 수가 매우 적은 운용사가 있습니다. 시장 상황이 정상적일 때는 아무 문제가 없을지도 모르지만 무슨 일이 생기면 직원 수가 적어서 제대로 대응하지 못하는 경우도 발생합니다. 그래서 가급적 운용사의 직원이 지나치게 적은 경우는 피하는 것이 좋습니다.

구체적으로 투자 대상의 운용 전략 및 사업계획을 들어보고, 수익 창출 요소를 파악한 다음 최근 5년간의 임대율 및 수익 추이, 공실 해소 방안, 시장 유동성과 주요 매각 대상도 같이 파악합니다. 이를 통해 가장 중요한 엑시트 플랜을 점검합니다. 기타 투자 대상 부동산의 현 소유주 및 관련 사업계획, 소유주의 파악, 주요 파트너사 및 거래기관을 확인하면서 실사를 끝냅니다.

나의 첫 대체투자 공부

실사 노하우 ②:
PEF, 인프라

PEF에서 가장 중요한 것은 운용사의 능력입니다. 따라서 운용사의 현황과 운용 인력, 조직체계, 과거 및 현재 운용 중인 펀드의 내역을 확인하는 데 초점을 맞추어야 합니다.

PEF의
실사 노하우

가장 먼저 운용사 현황에서는 사무실이 제대로 있는지, 본점과 지점의 현황은 어떠한지, 최근 3년간의 감사보고서를 통해 재무제표를 분석합니다. 또한 주주명부를 통해 지배구조도 분석합니다. 운용사에 대한 실사에서 특이사항이 발견되지 않으면 운용조직에 대한 실사에 들어갑니다. 제안된 핵심 운용 인력이 실제로 근무하고 있는지, 그 사람들의 약력은 정확한 것인지, 운용 및 지원 인력 현황은 어떠한지, 성과보수를 포함한 보상체계는 어떠한지를 점검합니다. 또한 준법감시 및 내부 감사체계도 점검합니다. 투자심의위원회 문서 등을 통해 투자 절차와 관리 절차에 대해서도 알아보고, 리스크 및 컴플라이언스(법 위반을 예방하는 관련 활동)의 절차, 내부 관리 시스템도 점검해야 합니다.

다음은 운용 실적입니다. 운용사의 능력을 분석하는 가장 쉽고 직관적인 방법은 기존 펀드들을 어떻게 운용했으며 어떤 성과를 보이고 있는지 파악하는 것입니다. 과거에 운용했던 펀드의 성과를 파악해서 지난 기간 동안 경제 상황 및 시장의 변화에도 불구하고 꾸준히 투자 기회를 발굴했는지, 그리고 우수한 운용 성과를 올렸는지 점검해야 합니다. 특히 2008년 글로벌 금융위기와 같이 어려운 시기에 이룩한 실적도 평가합니다. 최악의 상황에서 어떤 실적을 나타냈는지를 보면 그 회사의 내공을 짐작할 수 있습니다. 현재 운용하고 있는 펀드의 내역을 확인해서 어떤 실적을 보이고 있는지도 체크합니다.

모집 펀드의 투자 조건과 약정 현황, 투자 가능 물건 등에 대해서도 알아보고 대표 성공 사례와 실패 사례에 대해서도 의견을 청취합니다. 대출펀드의 경우에는 가장 먼저 대출 부도율을 확인해봐야 합니다. 시장 부도율이 높으면 아무래도 펀드에 악영향을 미치니까요. 또한 운용사가 투자한 종목의 부도율도 점검해야 합니다. 긴 기간 동안 분석한 결과와 손실투자 건에 대한 회수율도 같이 확인합니다. 금리 변동에 대한 리스크도 점검해야 합니다. 시장금리 수준이 변경되면 당연히 펀드수익률에도 영향을 미치게 됩니다.

경기 하락과 산업 변동에 대한 부분도 점검해야 합니다. 이를 방지하기 위해서 여러 산업으로 투자 포트폴리오를 구축할 필요가 있고, 경기 변동성이 큰 업종의 비중은 감소시키는 전략이 필요합니다. 경기 하락 시 과도한 레버리지 활용은 투자 손실로 이어질 수 있기 때문에 수익률 제고를 목적으로 레버리지를 활용했는지, 활용했다면 어느 정도 규모인지 확인해야 합니다.

기타 사항으로 펀드 모집 현황이라든지, 펀딩 계획 및 진행 일정 등에 대해서도 점검합니다. 또한 계류 중인 소송 등의 법률 이슈는 없는지, 규제 이슈 여부는 없는지에 대해서도 점검해야 합니다. 이런 절차를 통해서 이 블라인드펀드에 투자할 것인지 말 것인지를 결정합니다.

인프라의
실사 노하우

인프라 역시 시장 동향을 먼저 분석하고, 대상 자산을 실사하고, 현지 운용사를 점검하는 순으로 실사가 진행됩니다.

먼저 시장 동향 분석에서는 대상 자산이 소재하고 있는 국가나 도시의 주요 거시경제 지표 및 인프라투자 동향을 점검합니다. 또한 대상 투자 섹터의 시장 동향을 점검합니다. 해당 국가의 규제 시스템 및 제도 점검에서는 향후 변동 가능성에 초점을 맞춰 점검해야 합니다. 시장 관계자들의 다양한 의견을 수렴해 대상 자산 및 투자 섹터의 투자 타이밍 적정성 여부에 대해서 고민합니다.

대상 자산 실사에서는 대상 자산의 입지, 접근성, 주변 여건 등을 살펴봅니다. 혹시 경쟁시설은 없는지, 환경 조건은 적정한지에 대해서도 점검합니다. 대상 자산이 잘 운영되고 있는지도 파악합니다. 운영 개시 후 운영상 문제점은 없었는지, 매출은 안정적인지, 주요 변동 요인은 무엇인지를 파악합니다. 사업운영권, 발전사업자 면허 등 자산 운영상 필수 자격이나 면허를 보유하고 있는지도 체크합니다.

주요 계약 조건 및 보험 가입 현황도 파악해야 합니다. 투자 및 운용에 있어서 핵심 리스크 요인이 무엇인지, 대응 계획은 어떠한지에 대해서도 알아봅니다. 수익률 분석을 위해 매출과 비용을 세부적으로 가정해 재무 모델을 도출하고, 이를 근거로 대상 자산의 품질 및 매입가의 적정성에 대해 점검합니다. 또한 자산 매각의 예상 시기를 산정해 주요 엑시트 전략을 점검합니다.

현지 운용사 점검에서는 운용사의 연혁, 운용 규모 및 인력, 해당 건 전담팀, 주요 거래처 등을 살펴보고 운용사의 과거 투자 실적과 주요 운용 전략에 대해서도 청취합니다. 투자 기간 동안 주요 의사결정 관련 프로세스를 살펴보고, 투자 후 사후관리 시스템 및 전담 인력 현황을 점검합니다. 운용사에 대한 평판 조회도 놓쳐서는 안 되는 부분입니다. 이런 실사를 거쳐 투자에 대한 결정을 내리게 됩니다.

엑시트 플랜을
세워라

대체투자의 가장 큰 리스크는 엑시트입니다. 주식이나 채권과 같은 전통투자상품은 언제든지 빠져나올 수 있습니다. 매일 표준화되고 공개된 시장이 열리기 때문입니다. 이곳에서 매매하면 주식은 3일 후, 채권은 당일에 돈을 지급받을 수 있습니다. 설령 경제 상황이 나빠져 주가가 폭락하고 금리가 급등하더라도 손실을 감수한다면 현금화하는데 무리가 없습니다.

하지만 대체투자상품은 다릅니다. 표준화되고 공개된 시장이 없습니다. 누군가가 내 물건을 사주어야 엑시트가 가능합니다. 만일 물건의 가치가 하락했다면 낮은 가격에 매매될 것이고 이는 손실로 귀착

나의 첫 대체투자 공부

됩니다. 낮은 가격에라도 팔고 싶은데 사는 사람이 없다면 울며 겨자 먹기로 기간을 늘리거나 조건을 변경할 수밖에 없습니다. 매달 혹은 매 분기 만족할 만한 배당 혹은 이자를 받아왔지만 엑시트 시점에서 물건의 가치가 떨어지면 전체적으로 손실이 발생할 수도 있습니다. 심지어 매수 희망자가 나타나지 않아 기간을 질질 끌면서 고민하고 있는 사모펀드도 많습니다. 그래서 엑시트를 어떻게 잘할 것인가가 가장 큰 이슈입니다. 이를 해결하고자 운용자는 시장 상황을 보면서 시기를 조절합니다. 만기가 되었을 때 억지로 파는 것보다 물건가치가 높을 때 미리 파는 것을 고려해봐야 합니다.

운용사의 문제도 큰 리스크입니다. 지금까지 운용을 잘했다고 믿고 맡겼는데 공교롭게 맡긴 다음부터 실적이 안 좋게 나올 수도 있습니다. 주식의 경우도 그렇지요. 필자가 증권사에서 지점장을 할 때 펀드수익률을 조사한 적이 있었습니다. 어느 한 해에 실적이 좋은 펀드 20개를 조사했더니 우연의 일치인지 그다음 해에는 실적이 좋지 않은 펀드에 대부분 속해 있었습니다. 그래서 기간을 늘려 조사해보았더니 대부분의 펀드가 '해갈이'를 하고 있었습니다. 어느 특정한 해에 실적이 좋으면 그다음 해에는 실적이 나쁘고 그러다가 그다음 해에는 실적이 좋고, 이런 식으로 반복되고 있었던 것입니다.

대체투자, 특히 블라인드펀드도 '이런 식으로 한 해 좋고 한 해 나쁘고 반복하면 어떡하지?' 하는 걱정이 있었습니다. 다행히 블라인드펀드는 주식과는 다른 결과를 보여주었습니다. 이전까지의 성과가 향후의 성과를 책임지지는 못하지만, 그래도 이전에 잘한 곳이 현재도 잘하고 미래에도 잘할 확률이 컸습니다. 아마도 주식과 대체투자라는 투자상품의 차이 때문이 아닐까 생각해봅니다.

비상장 종목의
엑시트

한국거래소에서 거래되는 상장 종목에 투자한 경우라면 언제든지 매매가 가능합니다. 하지만 상장되지 않은 비상장 종목은 매매가 어렵습니다. 비상장 종목의 엑시트는 두 가지입니다. 첫 번째는 상장시키는 것입니다. 주식을 상장시킴으로써 자연스럽게 투자금의 회수가 이루어집니다. 과거 교보생명은 2012년 대우인터내셔널이 보유한 교보생명의 지분 24%가 팔려 경영권이 위협당할 위기에 처했습니다. 교보생명은 PE(사모펀드 운용사)들에게 교보생명 지분을 사주면 2015년까지 교보생명을 상장시켜 투자금을 회수할 수 있게 해주겠다고 약속합니다. 만일 상장이 되지 않으면 그 지분을 도로 사주겠다고 하는 풋옵션 계약을 맺습니다. 그 결과 PE들은 교보생명 지분을 인수했는데, 문제는 교보생명이 2015년까지 상장되지 않았다는 점입니다. 결국 투자금을 회수하지 못한 PE들은 교보생명과 불편한 다툼을 벌이게 되었습니다. 예정된 상장이 실현되지 않아 분쟁이 생긴 케이스입니다.

　두 번째는 청산 기간을 연장하는 것입니다. 상장이 되지 않았을 경우 엑시트는 또 다른 투자자를 찾아서 해결해야 합니다. 기업가치가 크게 상승했다면 투자자들이 나타나겠지만 그렇지 않은 경우는 이 또한 힘듭니다. 만기가 되었는데 제대로 엑시트가 되지 않으면 결국 청산 기간을 연장하는 수밖에 없습니다. 청산 기간의 연장은 LP, 즉 유한책임사원의 전원 동의가 필요합니다. 만일 부결이 될 경우에는 지분율대로 포트폴리오를 실물 주식으로 배분하게 됩니다. LP가 실물을 받아도 제대로 처리하기 힘들기 때문에 실익이 없습니다. 따라서 청산 기간 연장으로 결정되는 경우가 대부분입니다.

실물자산의
엑시트

부동산의 엑시트도 마찬가지입니다. 건물의 가치가 상승해 다음 투자자가 나타나면 좋지만 그렇지 않으면 고민에 빠지게 됩니다. 그나마 임대료라도 제대로 나오면 덜 고민되지만 공실률이 높아지고 임대료도 낮아지면 더 큰 고민이 됩니다.

흔히 삼성처럼 큰 회사가 100% 임대해서 사용하면 안전하다고 생각하지만 이때도 임대 기간을 잘 따져봐야 합니다. 만일 펀드의 만기와 임대계약의 만기가 비슷하게 되면 갑자기 한꺼번에 공실이 발생할 수도 있어 엑시트가 잘 안 될지도 모릅니다. 그래서 우량한 회사 한 군데보다는 오히려 조금 공실이 있더라도 덜 우량한 회사 여러 곳이 있는 편이 더 안전하다고 판단하기도 합니다.

나의 첫
대체
투자
공부

초판 1쇄 발행 2020년 8월 25일

지은이 | 김대중
펴낸곳 | 원앤원북스
펴낸이 | 오운영
경영총괄 | 박종명
편집 | 이광민 최윤정 김효주 강혜지 이한나
디자인 | 윤지예
마케팅 | 송만석 문준영
등록번호 | 제2018-000146호(2018년 1월 23일)
주소 | 04091 서울시 마포구 토정로 222 한국출판콘텐츠센터 319호(신수동)
전화 | (02)719-7735   팩스 | (02)719-7736
이메일 | onobooks2018@naver.com   블로그 | blog.naver.com/onobooks2018
값 | 18,000원
ISBN 979-11-7043-118-3 03320

이 도서의 국립중앙도서관 출판예정도서목록(CIP)은 서지정보유통지원시스템 홈페이지(http://seoji.nl.go.kr)와 국가자료공동목록시스템(http://www.nl.go.kr/kolisnet)에서 이용하실 수 있습니다. (CIP제어번호: CIP2020031527)